交通运输学导论

主　编　刘圣勇　顾玉萍
副主编　刘玉芬　王　慧

合肥工业大学出版社

图书在版编目(CIP)数据

交通运输学导论/刘圣勇,顾玉萍主编. 一合肥:合肥工业大学出版社,2024.5
ISBN 978-7-5650-5296-5

Ⅰ.①交…　Ⅱ.①刘…　②顾…　Ⅲ.①交通运输学　Ⅳ.①F50

中国版本图书馆 CIP 数据核字(2022)第 176571 号

交通运输学导论

主编　刘圣勇　顾玉萍　　　　　　　　　　责任编辑　张择瑞

出　版	合肥工业大学出版社	版　次	2024 年 5 月第 1 版
地　址	合肥市屯溪路 193 号	印　次	2024 年 5 月第 1 次印刷
邮　编	230009	开　本	787 毫米×1092 毫米　1/16
电　话	理工图书出版中心:0551-62903204	印　张	15.5
	营销与储运管理中心:0551-62903198	字　数	349 千字
网　址	press. hfut. edu. cn	印　刷	安徽联众印刷有限公司
E-mail	hfutpress@163. com	发　行	全国新华书店

ISBN 978-7-5650-5296-5　　　　　　　　　　　定价: 46.00 元

如果有影响阅读的印装质量问题,请与出版社营销与储运管理中心联系调换。

前　言

　　交通运输是国民经济和社会发展重要的基础性、战略性、引领性产业,党的十九大作出了建设交通强国的重大战略部署,习近平总书记也明确提出,要"加快形成安全、便捷、高效、绿色、经济的综合交通体系",这为新时代我国综合交通运输发展指明了方向。作为经济发展的先行官,我国交通运输基础设施、服务水平和转型发展在"十三五"期间迎来了黄金发展期。"十三五"以来,交通运输行业积极扩大交通运输有效投资,5年累计完成交通固定资产投资16万亿元。铁路营业里程约14.6万公里,覆盖99%的20万人口及以上城市,"四纵四横"高铁通道提前建成运营,有序推进"八纵八横"高铁网建设,高速铁路营业里程约3.8万公里,100万人口及以上城市高铁覆盖率达95%。公路总里程510万公里,其中高速公路15.5万公里,覆盖98.6%的20万人口及以上城市和地级以上行政中心,国家高速公路网已基本建成。内河高等级航道达标里程1.61万公里,沿海港口万吨级及以上泊位数2530个。民用运输机场241个,覆盖92%的地级市。沿海和内河主要港口铁路进港率分别超过90%和70%,枢纽机场轨道接入率达到66%。天然气、原油、成品油骨干管网基本建成。我国"十四五"规划的交通运输行业发展目标是:以"十三五"期间已取得的交通运输成就为基础,加密优化交通基础设施建设,提升交通运输生产组织技术与管理方法,实现交通运输产业的转型升级发展,为我国实体经济通过流通领域降本增效实现高质量发展提供技术保障。

　　"交通运输学"作为高职运输类专业的专业基础课程,旨在向学生介绍最基本的概念、交通运输方式构成及特点、相关基础设施构成以及基本的运输生产组织方法,让学生对交通运输各业务类型、具体作业内容及方法有较深的感性认识;同时结合相关潜在化的理论介绍,也让学生有一定的理性认识,为学生学习后续的专业课奠定扎实的基础。

　　本教材以水路运输介绍为主,兼顾综合运输体系的完整性,全面系统地介绍了公路、水路、铁路、航空以及管道5种运输方式的基本概念、原理、应用以及发展趋势,在内容编排方面力求弱化晦涩难懂的理论讲述,大幅度增加和行业发展相关的国家政策、行业发展前沿动态等相关的内容,并通过预留问题的形式引导学生进行思考,以提升学生的学习兴趣,提高学生分析问题和解决问题的能力。

全教材由江苏航运职业技术学院刘圣勇、顾玉萍负责设计结构、草拟写作提纲、组织编写和最后统稿定稿工作。具体章节编写分工如下:绪论部分由顾玉萍负责编写,公路运输、水路运输、铁路运输部分由刘圣勇负责编写,航空运输部分由刘银芬负责编写,管道运输部分由王慧负责编写。

本教材在编写过程中,参考了大量有关书籍与资料,在此向其作者表示衷心的感谢!

由于编者水平有限,教材中难免存在疏漏之处,敬请广大读者提出宝贵意见,以便进一步修改完善。

编 者

2023 年 12 月

目　录

模块三　水路运输

模块四　铁路运输

模块五　航空运输

模块六　管道运输

模块一　交通运输绪论

学习目标：

◆ 掌握交通运输的基本定义以及评价交通运输经济性的指标体系。

◆ 了解交通运输发展不同阶段、不同历史时期的主要成就。

◆ 能通过对运输经济性指标体系的比较来分析各运输方式优缺点。

◆ 了解典型的交通运输信息技术的种类及应用前景。

模块导读：

交通运输作为现代社会的血脉，在历史的长河中演绎着人类走向现代文明的发展轨迹。自中华人民共和国成立以来，我国社会发展的各项事业都取得了辉煌的成就，其中交通运输业尤为突出。从"用双脚丈量"到乘坐时速 350 公里的高铁，从劳动密集型港口运作模式到港口智能化运营，从坐飞机想都不敢想到务工者春运乘机回家过年，改革开放 40 多年来，居民出行方式发生了巨大变化，交通运输业发展成绩斐然，创造了举世瞩目的"中国速度"和"中国模式"。通过 70 多年的发展建设，我国交通运输业实现了跨越式发展，以公路、铁路、航空、水运等为主的综合运输网络初步形成，交通运输基本满足了国民经济增长和人民生活的需要。

单元一 交通运输的形成与发展

学习目标:

1. 掌握交通运输概念。
2. 理解交通运输对社会经济发展的作用。
3. 了解交通运输发展阶段的划分。

情境导入:

社会经济、科学技术诸多方面的快速发展,再加上经济全球化进程的日趋深入,使得全球的产业分工协作更加紧密,商业竞争加剧,生产企业的成本控制覆盖全产业链,也使得运输系统更加的复杂。对"物流是第三利润源泉"理念的深入理解与贯彻,已经成为新的商业模式竞争的强有力武器,在运输管理领域体现为运输链的整合以及协作,用综合运输的思想来统筹规划、提升供应链的核心竞争力。今天人们享受着便利化的生活服务,可以很方便通过跨境电商平台、实体超市等渠道以低廉的价格即时购买进口商品,其实是在享受着运输组织方式变革所带来的福利。综合运输在运输组织优化、运输环节整合、企业降本增效方面有着巨大的推动作用和发展空间。

一、交通运输业的基本概念

1. 运输

运输这一词语在日常生活、专业领域和科学研究中,都用得十分广泛。《辞海》对运输的解释是:"人和物的载运和输送"。而对 Transportation 一词(翻译为运输)的解释,《不列颠百科全书》为:"将物品与人员从一地运送到另一地及完成这类运送的各种手段。"《简明大英百科全书》为:"将货品与人从一地运送到另一地及完成这类运送的各种手段。"《大美百科全书》为:"运输即把人或物体从一地方搬运到另一地方。"

运输是指借助公共交通网络及其设施和运载工具,通过一定的组织管理技术,实现人与物空间位移的一种经济活动和社会活动。

运输作为一项经济活动和社会活动的四要素是:公共交通网络及其设施、运载工具、组织管理技术和运输对象——人与物。

2. 交通

《辞海》对交通的解释为:"各种运输和邮电通信的总称,即人和物的转运和输送,语言、文字、符号、图像等传递和播送。"我国第一部大百科全书《中国大百科全书·交通卷》对交通的解释则为:"交通包括运输和邮电两个方面。运输的任务是输送旅客和货物。邮电是邮政和电信的合称,邮政的任务是传递信件和包裹,电信的任务是传送语言、符号和图像。"

专业的角度来说交通是指"通过一定的组织管理技术,实现运载工具在公共交通网络上流动的一种经济活动和社会活动"。

交通作为一项经济活动和社会运动的三要素是:公共交通网络及其设施、运载工具和组织管理技术。

3. 交通与运输的关系

交通强调的是运载工具在公共交通线网上的流动情况,而与交通工具上所载运人员与物资的有无和多少没有关系。运输强调的是运载工具上载运人员与物资的多少、位移的距离,而并不特别关心使用何种交通工具和运输方式。

交通与运输反映的是同一过程的两个方面。同一过程就是运载工具在公共交通线网上的流动;两个方面指的是:交通关心的是运载工具的流动情况,运输关心的是流动中运载工具上的载运情况。有载时,交通的过程同时也就是运输的过程。从这个意义上讲,由交通与运输构成的一些词语中,有一部分是可以相互替换使用的。因此,可以说,运输以交通为前提,没有交通就不存在运输;没有运输的交通,也就失去了交通存在的必要。交通仅仅是一种手段,运输才是最终的目的。交通与运输既相互区别,又密切相关,统一在一个整体之中。

4. 交通运输

根据交通、运输意义及交通与运输关系的分析,可以将"交通运输"这一概念的意义概括为:运载工具在公共交通线网上流动和运载工具上载运人员与物资在两地之间位移这一经济活动和社会活动的总称。

随着对交通与运输及两者相互关系认识的深化,人们看到了交通与运输既有相互区别又有密切联系,感到了其中任一概念都不能包括交通与运输的全部内容。而"交通运输"同时表明了同一过程的两个方面。

二、现代交通运输业的作用

交通运输业是国民经济的命脉,国民经济发展的规模和速度在很大程度上是以交通运输业的发展为前提条件的。交通运输是利用各种运载工具及道路,将人或货物从一地移至另一地的行为。这种活动推进不同地区之间的人和物的交流和交换,它是流通领域的支柱,它是沟通工农业、城乡、地区、企业之间经济活动的纽带,是面向社会为公众服务的公用事业,是对国民经济和社会发展具有全局性、先行性影响的基础行业。

1. 社会发展推动作用

运输业中的交通网络,就好像是布满祖国各地的脉络,把全国联成一个统一的整体,为各民族的团结,提高人民的生活水平发挥着重要的作用。城市化水平高低代表一个国家一个地区经济社会发展水平,交通运输促进了大规模生产和地区专业化分工,导致大城市的出现,而大城市的高效运转又对交通运输提出了更高的要求,两者形成相互影响的有机整体,呈现螺旋式递进发展态势。

一个社会系统的有效性(机动性和效率),是由其人流、物流、能源流、信息流和资金流等的速度和质量所决定的,而运输业是载运人流、物流、能源流和信息流的最重要的社会基础结构之一。交通运输的发展增加了社会的机动性,促进不同国家、不同地区、不同民族和不同阶层的人民之间的广泛交往和文化交流,增进了相互的理解。交通运输的迅速发展也改变了人们的时间和空间观念,同时也影响着人们生活方式的变化。

2. 经济作用

运输业把国民经济中各生产部分的产、供、销有机地结合在一起,成为发展社会主义市场经济和实现工农业现代化的先导。

运输是物质生产得以进行的必要条件。物质的生产通常是首先通过运输活动,供应生产所必需的原料或半成品和燃料,同时又必须通过运输活动,将完成的半成品或成品输送到其他加工部门或者送入流通领域(市场)。因而,运输是物质生产过程中的必要组成部分,也是生产过程在流通领域内的继续。社会分工越精细、生产组合越复杂、商品流通越发达,这种运输活动也越频繁,从而也越显出其重要性。

生产过程中的运输,其所投入的费用是产品价值的一部分;而在流通领域中的运输,其费用追加到产品的价值上,成为商品价值的一部分。因此,运输的成本将直接影响到商品的价格。交通运输的发展意味着输送的便利、速度的快捷、效率的提高和运输费用的降低。它对于经济发展的各个方面都会产生积极的影响。

首先如促进生产的地区分工,运输条件的改善使得区域经济之间的分工协作成为可能和必要,相关产业会根据生产要素成本的最小化进行产业链的重新布局;其次交通运输发展能鼓励生产规模的扩大,通过产业聚集取得比较优势,当下各地兴起的产业园就是一个非常明显的代表;再次交通运输对开发自然资源,发展落后地区经济具有很强的推动作用,目前我国区域经济发展水平不协调,国家正在积极实施经济发展平衡战略,例如西部地区生产力落后,经济欠发达,主要原因是交通闭塞,西部大开发首当其冲就是大力发展交通运输,其中以公路建设和铁路建设成为交通基础设施建设的重点;最后交通运输具有加速土地开发、平抑物价、促进与运输相关工业部门(如汽车、石化、建筑、电子等产业)发展的作用。

3. 政治作用

运输业对巩固国防,实现国防现代化以及在反侵略战争中具有重要的作用,甚至是用经济尺度所不能衡量的。交通运输将各个边远地区同其他地区,特别是中央地区沟通在一起,从而形成并提高了国家的统一性。快速的运输系统可提高兵员、装备和后勤供应的机动能力,是国防力量的重要组成部分。现代化的交通运输系统对提升军队反应能力、后勤战略物资补给能力、兵力调配能力以及野战演习实战化水平具有十分重要的支撑作用,也是联系前方和后方、调动部队、运送武器弹药和粮食等物质的保证。

4. 对外开放的桥梁,国际交流的纽带

运输业在对外开放、对外贸易和发展同世界各民族间的友好往来以及国际经济、技术、文化交流中发挥着重要的作用。现今在全球化背景下,各国经济社会的发展都离不开国际合作,交通运输特别是国际航空业、国际海运业的发展为各国之间人与物的交流与交易提供了便利,也反过来促进了全球经济一体化的进程。

5. 环境影响

交通运输的发展一般会对环境产生许多不利影响。例如,大规模修建运输工程设施,有可能破坏植被,造成水土流失,并改变生态环境;而维持运输系统的运转,则需消耗大量的能源资源,主要是石油;运载工具的行驶,会排放大量污染物质,使空气和水质遭到污染,同时还带来严重的噪声,影响临近地带居民的工作和生活。

三、现代交通运输业的性质

现代交通运输业是国民经济的有机组成部分,它具有物质生产和为社会公众服务的多重属性,是一个具有明显服务功能的物质生产部门。交通运输是生产过程在流通过程中的继续,是独立的物质生产部门,它参与社会物质财富的创造。运输生产的产品不是改变劳动对象的性质和形态,而只是改变其在空间的位置(位移),也就是以运送旅客所产生的"人公里"和运送货物所产生的"吨公里"计量的。

1. 运输业具备生产力的三要素

劳动者、劳动对象和劳动资料是生产力的三要素,劳动者借助于劳动资料,作用于劳动对象,使之适合自己的需要就是物质生产。以铁路运输为例:线路、站场、机车车辆等各种固定和移动的设备,是铁路运输业从事物质生产的劳动资料,铁路职工利用劳动资料,按照旅客和货主的要求,有目的地改变旅客和货物在空间上的位置,由此发生的场所变动,就是运输生产的产品,铁路职工是劳动者,旅客和货物是服务对象。运输业对它的劳动对象只提供服务,而不能自由支配。

2. 运输是进行物质产品生产的必要条件

运输业不创造新的物质产品,不改变劳动对象的形状和性质,只变动劳动对象的空间位置,但它是进行物质生产的必要条件,也是物质生产过程不可缺少的重要环节。

3. 运输业的产品是"位移"

它的计算单位是"人·km"或"t·km",为了统计上的方便,通常采用换算成"人公里"和"吨公里"来计算。运输业的产品不能储存、调拨和积累,这是因为运输业的产品——旅客和货物的位移,同运输过程不能分离,即位移的生产和消费是同时进行的,在它生产出来的同时就已经被消费了。

四、现代交通运输系统的构成

现代交通运输系统主要由铁路、公路、水路、航空及管道运输等方式所构成(表1-1-1)。

表 1-1-1 各种运输方式主要技术经济特性比较

运输方式	运输能力	最高速度	通用性	连续性	机动性	运输成本	运输能耗	正点率
铁路	2	2	2	2	3	3	3	1
公路	4	3	3	1	1	4	4	3
水运	1	4	3	5	4	1	1	4
民航	5	1	4	4	2	5	5	2
管道	3	/	5	1	5	2	2	/

说明:表中数字表示各项指标的排名等级,其中"运输成本""运输能耗"两项是由低往高排名,其余6项是由高往低排名。

1. 铁路运输

铁路运输是以固定轨道作为运输道路,由轨道机械动力牵引车辆运送旅客和货物及由动车组运送旅客的运输方式。铁路运输具有运量大、速度快的特点,每一列车运载旅客和货物的能力远比汽车和飞机大得多,我国常规铁路的旅客列车运行速度一般为80km/h左右,特快旅客列车为120～160km/h,高速旅客列车可达200～350km/h。此外,铁路运输还具有占地少、能耗低、污染小、成本低、全天候等特点。

2. 公路运输

公路运输是在公路上运送旅客和货物的运输方式。现代所用运输工具主要是汽车,因此,公路运输一般即指汽车运输。它的主要优点是机动灵活、使用方便和实现门到门的直达运输,对客货运量大小具有很强的适应性,同时可担任铁路、水路等运输方式的补充和衔接。公路运输(高速公路除外)与其他运输方式相比较,具有投资少、资金周转快、投资回收周期短和技术改造较容易等优点。但其装载量小,单位运输量的能源消耗大,运输成本高,容易发生交通事故,排放污染物和产生噪声污染等,容易造成汽车公害。

3. 水路运输

水路运输是以船舶为交通工具,在水域沿航线载运旅客和货物的一种运输方式。水路运输按航行的区域分为远洋运输、沿海运输和内河运输等三种类型。水路运输的运输能力相当大,在海洋运输中,目前世界上超巨型油轮的载重量可达55万吨,巨型客船也可达8万吨。此外,水路运输具有占地少、运输成本低、能耗少、投资省等突出的优点,但其运输速度较其他运输工具慢且受自然条件限制较大。

4. 航空运输

航空运输是用飞机运送旅客和货物的一种运输方式。航空运输在20世纪崛起,是运输业中发展最快的行业。它的最大的优点是速度快、一定的机动性,不受山川地貌、河流湖泊等限制,只要有机场和导航设施保证,即可开辟航线。其缺点是载运能力小、能源消耗大、运输成本高。

5. 管道运输

管道运输是以管道作为运输通道,并备有固定式机械动力装置的现代化运输方式。管道运输是近几十年来得到迅速发展的一种运输方式,主要以流体能源石油、天然气、成品油为运输对象,现在还可以运输煤和矿石等货物。管道运输具有运送能力大、效率高、成本低、能耗小等优点。管道运输所用的管道埋于地下还具有占地少、不受地形坡度限制、不受气候影响、能长期稳定运行、沿线不产生噪声且漏失污染少等优点,是一种很有发展前景的现代运输方式。但管道运输由于长期定点、定向、定品种运输,因此调节范围窄且不能输送不同品种的货物。

综上所述,综合交通运输体系是在5种运输方式的基础上组建起来的,是对单一运输方式而言的,是各种运输方式在社会化的运输范围内和统一的运输过程中,按其技术经济特点组成分工协作、有机结合、连接贯通、布局合理的交通运输综合体,形成的统一运输过程,是生产力发展到一定阶段的产物。总之,交通运输业是国民经济的基础,各种运输方式都有自己的优缺点和适用范围,既相互独立,又相互依存,既有协作,又有竞争。

只有多元化的综合利用、合理布局、协调发展,建成科学的综合运输体系才能在我国的国民经济发展中发挥最大的作用。加快综合交通运输体系的建设,将是中国交通运输业发展的重要方向,具有现实和深远的意义。

五、交通运输业的发展历程

1. 世界交通运输发展简史

自有人类以来,即有运输。因为运输乃是人类获取食物、衣服、居室材料、器具及武器的手段,故交通运输发展的历史与人类文明的发展史相始末。

1)早期发展史

最早期的交通运输发展主要集中在水陆运输领域,以水路运输为甚,基本上都是早期人类认识自然并加以在水陆运输方面应用的成果体现。早期的人类,在进入文明时期之前,是以其本身作为运输的工具,即以肩扛、背驮或以头顶作为运输方式。其后,随着时间的推移,方知驯养牛、马、骆驼、狗、象等动物驮运或拉拽重物以减轻人类本身的负担,并增进运输的数量。其后则更进而有马鞍、牛轭等器具的发明,因之能充分利用动物的力量以增进运输的效能,使运输的发展进入文明时代。及至轮轴的发明,车辆的出现则更是揭开了现代陆路运输发展的序幕。在水运方面,木筏是早期人类使用的工具。人类从一开始就知道,水路是最方便的运输方式,而木头的浮力可以为运输所用。美洲的印第安人与因纽特人甚至知道挖空木头可以增加浮力道理,因而曾发展过十分精良的独木舟作为水上运输工具。在中国的周朝或其前,就已出现了独木舟;春秋时期的吴国已能制造出乘载92人的中型木船;到了汉武帝时期,还建造了能乘载千余人的大木船。尔后,人类又知道在舟、筏之上,装架动物的皮可以利用风力作为航行之助,这是帆船的前身。简言之,在文明初始之际,人类已制造出简单的车辆与帆船作为陆上与水上的交通工具,并且中国人还修建了历史上最早的大运河,改善了航路。

随着技术的进步,帆船首先获得改良。船帆改用编织物制造,船身也有了较佳的设备,在船身之下还有骨架结构以为支撑。同时,船具的装置方法也有了改进。到了古希腊罗马时代,帆船在性能与尺寸方面都有了更进一步的发展。罗马的运货船达到可以装载400吨以上货物,自埃及的尼罗河谷远航至罗马的水平,这种情况一直维持到19世纪才有突破。陆路运输方面,我国在秦朝就已自国都咸阳铺设驿道通达各地。在欧洲,罗马人也有极为重要的贡献,他们广铺道路,其范围不仅限于意大利境内,甚至连西欧、小亚细亚及北非都有他们铺设的道路系统。此外,他们发明了可使四轮马车回转的前轴及车把,借以发展了他们的马车运输。

总之,在文明时代的早期,人类的货物运输及贸易系利用帆船、固定车轴的简陋车辆及骆驼商队而进行,人员的运输方式则以骑乘动物为主。遇有战争,在陆上使用战车,海上则使用桨帆船的战舰作为战争工具。及至进入中世纪,一般说来运输工具并无大的改进。其中值得一提的是10世纪中期马颈项圈的发明,后来证实它较之先前惯用的木轭,更能充分利用牛、马的力量以为运输之用。海运方面,最重要的是发明则是罗盘。在罗盘发明之前,中国人、腓尼基人、埃及人,或是古希腊、罗马人都只能在近海之内沿海岸线航行,才能把握方位。虽然当时也有天测航法,但这一方法在天空布有乌云时便失去效用,因而并不可靠。罗盘发明之后,人类海上运输的时代才算真正开始。

2)工业化革命以来的交通运输发展史

进入近代以后,机械化运输开始出现。但在18世纪之前,受道路路面崎岖不平的影响,二轮马车仍然是当时最主要的陆上运输工具。到了18世纪中叶,道路改进了,四轮马车才成为陆上运输的重要工具。19世纪以后至今的交通运输,不但交通运输的技术进步了、运输方式改变了、运输工具增加了,同时交通运输的领域也扩大了。

(1)水路运输

1765年詹姆士·瓦特发明的蒸汽机于19世纪初被应用于水路运输,从此开始了海上运输的机械化时代。1807年,富尔敦将他所发明的汽船"克莱蒙脱"号展示于哈德逊河,证明了使用蒸汽机的汽船可以在海上及河上航行。至1833年,一艘名叫"皇家威廉"号的加拿大汽船首次横渡了大西洋。其后的50年内,汽船的发展一日千里。船身由木制变成铁造,然后又变成钢制;早期的明轮推进器于19世纪中叶被螺旋桨推进器所取代,1854年、1897年的两年里第一个复合往复式蒸汽机及蒸汽涡轮先后均由英国人首次成功地应用于轮船上。进入20世纪后,蒸汽涡轮取代了蒸汽机,先由客轮开始,然后又用于货轮。

(2)铁路运输

17世纪前后,英国的煤矿开始用木轨和有轮缘车轮的车辆运送煤和矿石。后因为木轮在行驶中受路面铺板磨损严重,改用铁车轮。后又把铺板改为铁板,而后又发展成棒形,这就是最初的铁轨。1776年,英国的雷诺兹首次制成凹形铁轨。1789年,英国的杰索普提出在车轮上装上轮缘的方案,这样就用不着防备脱轨的铁轨凸缘了。这时的铁轨形状已接近工字形。促使铁路获得巨大发展的是蒸汽机的发明和锻铁铁轨的出现。1804年,英国的特里维西克制成了牵引货车在铁轨上行驶的机车。1825年,英国的乔治·斯蒂芬森在斯托克顿和达林顿之间铺设了世界上第一条客货两用的公共铁路。1831年,美国人设计了现在使用的平底铁轨。到1855年,开始用钢来制造钢轨,形状和长度与现在的钢轨相似,它对铁路的发展起到了很大作用。

到了19世纪,英国、美国和西欧各国都进入了铁路建设高潮期,横贯美国大陆的铁路就是在这个时期建成的。这种形势也影响着其他一些国家,到19世纪后半期,铁路已扩展到非洲、南美洲和亚洲各国。从此,铁路成了陆地交通的主要工具。

在二战以前,蒸汽机车在马力与效能两方面都有长足的进步,直到战后它才被柴油动力所取代。但除了内燃机车外,铁路的发展还受自动车钩、空气制动机及标准轨距采用等因素的影响。进入20世纪后,铁路运输所完成的改进,包括焊接的无缝钢轨、机械化养路设备、电子中央控制系统、闭塞信号系统及自动化的列车运行控制系统等。尽管有了这一系列技术上的重大进步,但自一战之后,铁路运输还是无法避免来自小汽车与货车的公路运输的激烈竞争。为提高与公路运输竞争的优势,在长途城际铁路旅客运输方面,1964年日本首先推出了运行速度最高达200km/h以上的高速铁路系统——新干线高速铁路,当时的东海道新干线最高速度为210km/h。随着高速铁路网的扩展,列车运行速度随后又提高到300km/h。法国TGV是欧洲最先发展的高速铁路系统,由1981年起陆续改进,至今第二代TGV车速可达310km/h,而实际最高运行速度已达300km/h。

德国铁路在 1988 年开始了高速铁路系统的运营,目前运行速度为 250～280km/h。此外,西班牙、意大利等国也相继建成了部分高速铁路系统。

在当今世界的各大、中城市,轨道交通系统被公认是解决城市交通问题最现代化、最有效的交通运输方式之一。第二次世界大战前,仅有 10 多个城市设有轨道交通系统,目前世界主要的大中型城市都建有轨道交通运输系统。

(3)公路运输

汽油发动机使用于道路车辆首先由德国人戴姆勒于 1887 年尝试成功。大约 8 年之后,美国开始发展汽车。其后若干年世界各先进国家的汽车运输,因道路缺乏坚固路面而停滞不前。但由于汽车的便利,时至今日,世界上各先进国家均建有巨大的、经过改造的公路系统,其中还包括高速公路,使得载货汽车、拖车能够运送大量的货物,而每日利用小汽车或大客车旅行的旅客,为数以百万、千万计。

德国高速公路建设简介

(4)航空运输

在古代,人们曾尝试过模仿鸟类飞行,而最先把这一梦想变成现实的是 1782 年法国的蒙高菲亚兄弟。他们把燃烧羊毛和稻草、麦秆时产生的轻气体充进球形的袋子里当作气球飞了起来。1783 年,人类第一次成功地搭乘气球在巴黎郊外飞行了约 10km。法国的吉法尔在 1852 年研制了功率大、质量轻、可装在气球上的蒸汽机,往指定方向飞行得以成功。这就是最初的飞艇。德国的利林塔尔研究了利用翼的升力在空中自由操纵的问题。根据对翼的正确认识,进而想到用重力和风力做动力,在 1850 年发明了没有发动机的飞机,这就是最初的滑翔机。

美国的莱特兄弟研制成功了可装在滑翔机上的轻型汽油发动机。1903 年第一次实现了用螺旋桨做动力的飞行,这就是飞机的雏形。1914 年在美国首次开辟了从坦帕到圣彼得斯堡的定期航班。1919 年,又开设了从伦敦到巴黎的定期航班。另一方面,飞机及飞机用的航空发动机的不断改进和完善,提高了运载能力、航程和速度,也推进了形成世界范围航空网的过程。

二战后,民航机广泛采用了航程大的四发动机飞机。从而使横跨大西洋和太平洋的航线愈加活跃,而且又开辟了从欧洲通过亚洲大陆南部沿岸直达远东的新航线。1959 年,随着喷气式客机的航行,又出现了从欧洲经过北极飞往远东的航线,这就大幅缩短了飞行时间。1967 年又开辟了从欧洲经西伯利亚到远东这条最短距离的航线。航空港的建设、大型喷气式客机的就航和飞行技术的发展,对现代民航事业的发展起了很大作用。

(5)管道运输

管道运输是历史最短的一种运输方式。在美国人开发宾夕法尼亚州油田之后不久,人们于 1865 年开始利用管道来运送石油。但在此后 50 年间,美国油管运输的发展非常缓慢。进入 20 世纪后,大量油田的发现,使得油管运输成为一种重要的运输方式。自 1971 年后,油管运输的货物已不限于原油及汽油等油类产品,甚至可采用煤浆管道来运送煤炭或石灰。

最早期所用的油管都是口径小、管壁厚的重铁管,容易腐蚀或破裂。二战后,以改用大口径、薄管壁的轻管做实验,结果证实了轻管的实用性,因此使油管运输的输油量大大增加。另一方面,压油技术也日新月异,早期所用的蒸汽推动的往复式压油机,后来改成柴油发动机推动的压油机。二战后,采用可以遥控的、由电力推动的离心式压油机,省了人力,也减少了管道上的加压站数目。

2. 世界交通运输发展阶段划分

从世界范围内交通运输业发展的侧重点和起主导作用的角度考虑,可以将整个交通运输业的发展划分为5个阶段,即:水运阶段,铁路阶段,公路、航空和管道运输阶段,综合运输阶段以及综合物流阶段。

1)水运阶段

水上运输既是一种古老的又是一种现代化的运输方式。出现铁路前,同以人力、畜力为动力的陆上运输工具比,其在运输能力、运输成本和方便程度等方面,都处于优越的地位,因此人类早期的工业大多沿通航水道设厂。在历史上,水运的发展对早期工业布局的影响很大。在水上运输中,海上运输还具有其独特的地位。由于地理上远隔重洋的因素,海上运输几乎是不能被其他运输方式所替代。所有这些都使水上运输在运输业的早期发展阶段起主导作用,水上运输是这个阶段的标志。

2)铁路阶段

1825 年,英国在斯托克顿至达林顿修建的第一条铁路投入公共客货运输,这标志着铁路时代的开始。由于铁路能够高速、大量地运输旅客和货物,为工农业的发展提供了新的、强有力的交通运输工具,几乎垄断了当时的陆上运输,因而极大地改变了陆上运输的面貌。从此,工业生产摆脱了对水上运输的依赖而深入内陆腹地,加速了工农业的发展。由于铁路运输在当时技术经济上处于优越的地位,因此 19 世纪工业发达的欧美各国都相继进入了铁路建设的高潮。以后,铁路建设的浪潮又扩展到亚洲、非洲和南美洲,使铁路运输在这个阶段几乎处于交通运输发展的垄断地位。

3)公路、航空和管道运输阶段

20 世纪 30~50 年代,公路、航空和管道运输相继发展,与铁路运输展开了激烈的竞争。就公路运输来说,由于汽车工业的发展和公路网的扩大,尤其是发展了大载重量专用货车、集装箱运输、各种设备完善的长途客车以及高速公路等,使公路运输能充分发挥其机动灵活、迅速方便的优势。不仅在短途运输方面,而且也在长途运输方面公路运输也占有重要的地位。航空运输在速度上的优势,不仅使其在旅客运输方面,特别是长途旅客运输方面占有重要的地位,而且也使其在货运方面得到发展。而以连续运输形式出现的管道运输,虽然其运输货物的品种有限,但由于运输成本低、输送方便,因此发展很快,至今方兴未艾。这三种运输方式发挥的作用在那一时期显著上升,从而成为交通运输业发展第三个阶段的特征。

4)综合运输阶段

到 20 世纪 50 年代,人们开始认识到在交通运输业的发展过程中,铁路、水运、公路、航空和管道5种运输方式之间是相互联系和相互制约的。因此,需要有预见、有计划地进行综合考虑,协调各种运输方式之间的关系,构成一个现代化、高效的综合运输体系。综合运输阶段的重点之一是合理进行铁路、水运、公路、航空和管道运输之间的分工与合作,发挥各种运输方式的优势。此外,还必须从人类同环境和能源关系的角度来考虑交通运输业的发展。因此,调整交通运输布局、提高交通运输质量和与环境协调发展是综合运输阶段交通运输业发展的主要趋势。

5)综合物流阶段

20 世纪 80 年代,世界经济进入后工业化形态,交通运输业也相应地进入了综合物流阶段。这意味着交通运输业与商品的生产和流通领域的各个环节更紧密地结合在一起,并融为一体。

案例分析:认识各运输方式在我国的地位

新中国成立以来,特别是改革开放以来,我国的交通运输业有了长足的发展,技术水平也有了很大的提高,现已基本形成了横贯东西、沟通南北、联系世界、水陆空并举的综合运输体系。但是,它的发展仍然不能满足国民经济快速增长的需要。因此,在今后的一段时期内,发展交通运输业仍然是经济建设的重点。交通运输业能否快速健康的发展关键在于运输业体制的转变和运输能力增长方式的转变。根据我国国情和交通运输发展规划,我国的交通运输业要统筹规划、合理布局交通基础设施,做好各种运输方式相互衔接,发挥组合效率和整体优势,形成便捷、通畅、高效、安全的综合交通运输体系。当前,我国交通运输业的发展方向是:加快发展铁路、城市轨道交通,进一步完善公路网络,积极发展航空、水运和管道运输。

1. 加快发展铁路运输(发挥骨干作用)

我国疆域辽阔、人口众多、资源分布不均,各地区经济发展极不平衡,需要铁路长大距离运输物资和人员交流。从我国国情出发,铁路是国家重要的基础设施、国民经济大动脉、交通运输体系的骨干。铁路运输是我国主要运输方式,正在得到快速发展,截止到2022 年全国铁路营运里程已达 15.5 万公里,货物周转量达到 35906.5 亿吨公里,旅客周转量达到 6577.5 亿人公里,分别占全国各类交通周转量的 16% 和 51%。

铁路今后重点建设并初步形成纵贯南北、连接东西的客运专线网络;加快京津冀、长江三角洲、珠江三角洲地区城际轨道交通建设;改造提高既有煤运通道运输能力,开工建设北煤外运新的通道,初步形成煤炭运输网络;进一步扩大西部地区铁路路网规模,强化中部地区路网,完善东部地区路网;加快发展铁路集装箱系统和主要客货枢纽建设,建成18 个集装箱中心站。

2. 进一步完善公路网络(发挥基础作用)

公路运输是人们最普遍使用的交通运输方式,是交通运输行业的基础,国家一直将公路作为加快基础设施建设的重要内容之一。我国的交通基础设施建设取得令人瞩目的成就,路网结构进一步完善,运输安全得到显著提升,交通事业保持了持续快速健康发展的好势头,截止到2022 年全国公路营运里程已达 535.48 万公里,货物周转量达到 68958.04 亿吨公里,旅客周转量达到 2407.5 亿人公里,分别占全国各类交通周转量的 30% 和 19%。

公路今后重点建设以首都放射线、沿海通道和东西通道为主的 14 条高速公路,基本形成国家高速公路网骨架;完善国道、省道干线公路网络,打通省际通道;加快农村公路建设,基本实现全国所有具备条件的乡镇通油路、建制村通公路,总里程达到 230 万公里,其中高速公路 6.5 万公里。

3. 积极发展水路运输

水运在我国有悠久的历史,并不因为铁路、高速公路和航空等运输方式的大发展而降低它的作用。其中远洋和沿海运输是水运发展的重点,90%以上的外贸物资是由远洋运输完成的。截至 2022 年末全国港口生产用码头泊位 21323 个,其中,沿海港口生产用码头泊位 5441 个,内河港口生产用码头泊位 15882 个。全国港口万吨级及以上泊位 2751 个,从分布结构看,沿海港口万吨级及以上泊位 2300 个,内河港口万吨级及以上泊位 451 个。从用途结构看,专业化万吨级及以上泊位 1468 个,通用散货万吨级及以上泊位 637 个,通用件杂货泊位 434 个。年末全国内河航道通航里程 12.80 万公里,比上年末增加 326 公里。等级航道通航里程 6.75 万公里,占内河航道通航里程比重为 52.7%,其中三级及以上航道通航里程 1.48 万公里,占内河航道通航里程比重为 11.6%。年末各水系内河航道通航里程分别为:长江水系 64818 公里,珠江水系 16880 公里,黄河水系 3533 公里,黑龙江水系 8211 公里,京杭运河 1423 公里,闽江水系 1973 公里,淮河水系 17610 公里。水运的货物周转量达到 121003.1 亿吨公里,旅客周转量达到 226.6 亿人公里,分别占全国各类交通周转量的 54% 和 0.2%。

水运今后重点建设集装箱、煤炭、进口油气和铁矿石中转运输系统,扩大港口吞吐能力,扩建、疏浚、加深主要港口进出港航道,适应船舶大型化发展的需求。改善出海口航道,提高内河通航条件,建设长江黄金水道和长江三角洲、珠江三角洲高等级航道网,完善内河港口设施的布局建设,推进江海联运。

4. 通过优化民用机场布局以新的姿态迎接更大发展

航空运输是先进的运输方式,有着广泛的发展前景。进入 20 世纪 90 年代,我国的民航事业得到了快速发展,已形成了连接全国各大中城市的航空网络,航空运输对我国国民经济发展的作用越来越显著。截至 2022 年末全国在用颁证民用航空运输机场 254 个,比上年末增加 6 个,其中定期航班通航机场 253 个,定期航班通航城市(或地区)249 个。全年旅客吞吐量达到 100 万人次及以上的机场 69 个,其中达到 1000 万人次及以上的机场 18 个。全年货邮吞吐量达到 10000 吨以上的机场 51 个。货物周转量达到 254.1 亿吨公里,旅客周转量达到 3913.7 亿人公里,分别占全国各类交通周转量的 0.01% 和 30%。

随着人民生活水平的提高,国际交往的日益频繁,民航不仅提供了便捷的运输服务,缩短了国与国的距离,因此地位越来越重要。为了促进我国航空运输业更快的发展,须大力发展航空制造业,研制先进的导航设备、交通管制设备,开发先进的航空运输技术。各航空企业在营运过程中要保证"安全第一,正点飞行,优质服务"。

民用航空今后还要重点扩充大型机场,完善中型机场,增加小型机场,提高中西部地区和东北地区机场密度;完善航线网络;建设现代化空中交通管理系统。

5. 加快发展管道运输

现代管道运输的发展和能源工业特别是石油工业的发展密切相关。我国的第一条管道网是 20 世纪 50 年代建设的全长 147 公里,管径为 150 毫米的克拉玛依独山子输油管道。20 世纪 90 年代以来,由于天然气消费领域逐步扩大,城市燃气、发电、工业燃料、化工用气大幅度增长,我国天然气管道得到快速发展。截至 2022 年全国长输天然气管道总里程 11.8 万公里(含地方及区域管道),新建长输管道里程 3000 公里以上,西气东输三线中段、西气东输四线(吐鲁番—中卫段)等重大工程快速建设。全国新增储气能力约 50 亿立方米。货物周转量达到 5621.8 亿吨公里,占全国各类交通周转量的 2.5%。

随着石油天然气产量的提高,管道运输网络将得到重点调整和改造。特别是随着"西气东输"工程的建设,管道运输必将得到快速发展。管道建设今后的目标是:重点加快油气干线管网和配套设施的规划建设,逐步完善全国油气管线网络,建成西油东送、北油南运成品油管道,同时适时建设第二条西气东输管道及陆路进口油气管道。

思考题:

正确认识各运输方式在我国的地位对我国的交通事业发展有何意义?

单元二　各种运输方式技术经济特性比较分析

学习目标：

1. 掌握技术经济特性的内涵。

2. 理解技术经济特性的指标内涵。

3. 掌握各种运输方式技术经济特性比较差异。

情境导入：

竞争白热化背景下产业融合式发展为我们提供了一种系统思维视角来思考如何从全局角度去筹划运输系统，使得它能以更快的速度、更省的成本、更具有保障的服务来提供远距离运输，为商品在国内乃至于全世界进行高效运输。为寻求系统最优，需要在诸多约束条件下思考速度、成本、安全、运能等问题，这时各种运输方式在选择以及组合方面就需要从运输方式的技术经济特征入手，通过充分的比较来帮助制订最优的方案。

物流被称为"第三利润源泉"，运输是物流系统的基础功能要素之一。统计资料表明，运输成本是物流成本的最大组成部分，占到50%以上，所以运输合理化是物流合理化的关键，如何降低运输成本，提高运输决策就显得尤为重要。运输决策的一个重要内容是根据运输商品对运输时间与运输条件的具体要求，选择适当的运输方式，使企业花最小的成本在最短的时间内把货物从一个地方安全运送到另外一个地方。具体方法主要是对各种运输方式的技术经济特征进行论述和比较分析，通过合理选择运输方式来降低企业运输成本，提高运输效益。

一、各种运输方式的特点

1. 公路运输方式的优势

公路运输是运输市场的重要组成部分，改革开放以来，我国公路运输方式在综合运输方式中的发展速度尤为明显，基本上由传统的"卖方市场"转变为现在的"买方市场"。公路运输和其他运输方式相比，其优势主要体现在以下几个方面：第一，公路运输具有机动、灵活、可以实现门到门运输的特点。公路运输不但可以进行直达运输，而且在运输时间上具有非常强的机动性和灵活性，也能为铁路运输、航空运输和水运集散货物，对货运量和客运量大小都有很强的适应性。第二，建设投资少，资金周转较快，回收期比较短。据有关资料表明，在美国公路运输企业每收入1美元，只需要投资0.72美元，而铁路运输则需要投资2.7美元。公路运输投入的资金每年可以运转3次，而铁路运输3到4年才可以运转1次。第三，送达的速度快。由于公路运输具有机动、灵活、门到门运输的特点，在运输的过程中可以不必转载，所以在中短途运输中具有较快的送达速度。第四，公路运输的运输工具和一些相关基础设施的技术改造相对容易。

2. 铁路运输方式的优势

铁路运输方式的技术经济优势主要体现在以下几个方面:第一,运输量大。铁路运输的运量远远大于公路和航空运输,它是大宗、通运的运输方式,既可以运货也可以运客,目前,铁路运输是我国交通运输的主干。第二,速度快。在我国一般铁路列车的速度为每小时可以达到 60 至 80 公里,而我国高铁客运时速可达每小时 210 至 350 公里。第三,可靠性强。由于铁路运输受气候等自然条件的限制较小,对环境的适应性强,所以具有较强的可靠性。第四,对环境的污染小。由于我国铁路大都是以电力作为动力源,排放的有害气体较少,因此对环境的污染也少。与公路和航空运输方式相比,其对环境和生态平衡的影响程度较小。第五,运输成本较低。由于铁路运输成本没有原料支出,固定资产折旧费所占的比例较大,而且铁路运输一般都是长距离、大运量运输,因此,铁路运输的单位运输成本比公路运输和航空运输成本低,在有些情况下甚至比水运的单位运输成本也低。

3. 水路运输方式的优势

与其他运输方式相比,水路运输具有以下的技术经济特性:第一,运量大。据有关数据表明,在远洋运输中,目前世界上最大的超巨型油船的载重量可达 55 万吨,集装箱船可达 20 万吨,巨型客船可达 8 万多吨。在内河运输中,我国的大型顶推船队运载能力已达 3 万吨。第二,运营的成本低。由于运输船舶的运输量大,运输的里程较远,运输费用较低,所以与其他运输方式相比,水运运输的单位运输成本较低。第三,投资少。由于水运运输大多利用的是天然的航道,所以投资较省。在远洋运输中,运输航道的开发几乎不需要支付费用,因为利用的基本上都是天然航道。而在内河运输中,对其航道的开发支出也远远小于修建铁路或公路的费用支出。

4. 航空运输方式的优势

航空运输是近几十年来发展速度最快的一种运输方式,与其他运输方式相比,航空运输具有的经济技术优势主要体现在以下几个方面:第一,是速度最快的一种运输方式(针对静态技术经济特性而言)。目前,有些喷气式飞机的速度可达每小时 900 公里左右,是火车的 5～10 倍,海轮的 20～25 倍。第二,机动性强、通达性好。由于航空运输不受地形的限制,可以到达其他运输方式难以到达的地方,只要有相关的一些基础设施作为保证,就可以开辟航线,因此,具有较强的机动性和灵活性。第三,安全性和舒适性较好。第四、建设周期短,投资较少,投资回收快。

5. 管道运输方式的优势

与其他运输方式相比,管道运输方式的优势体现在以下这么几个方面:第一,连续性强,通达性好。第二,所占的土地资源较少。由于管道埋于地下,所以其对土地的占用较少。第三,运输量大,运输的连续性强。第四,能耗小,运输成本低。第五,对环境的污染较小。由于管道埋于地下,如不发生管道泄漏,几乎不会对环境造成污染。

二、各运输方式就技术经济指标的比较分析

1. 运送速度的比较

运送速度指旅客、货物在运输过程中平均每小时被运送的距离。在各种运输方式

中,铁路的技术速度较高,一般在 80～350km/h,但是列车在运行过程中,一方面需要进行会让(单线)、越行(复线)及其他技术作业,因而营运速度比技术速度低。水路船舶运输的技术速度慢,准时性差,海运时速一般 10～30 节,河运 8～20 节。公路运输短距离的运送速度较高,营运时速一般 80～120km/h。航空运输技术速度远远高于其他运输方式,一般在 900～1000km/h。管道运输速度受到管径、运输对象、管道工艺的影响。从运输速度看,从大到小依次是:航空、铁路、公路、水路。

2. 运输成本的比较

运输成本指某种运输方式的前期投资及后续投资的总和。运输成本是一个综合性指标,反映了劳动生产率的高低、燃料的节约与浪费、设备利用率的高低、运输组织工作的改进。运输成本包括:

(1)固定设施成本。如铁轨、公路、机场、管道等的建设,管道是唯一仅使用固定设备的运输方式。

(2)移动设备拥有成本。如机车车辆、卡车、船只、飞机等的购置、维修、折旧费用。

(3)运营成本。根据与运输量是否有关分为直接运营成本,如燃料、直接运营人员的工资等;间接运营成本,如辅助、管理人员的工资等。

影响运输成本的因素有运输工具的类型及利用程度、载重量、运距、货运密度、货物种类和运输方向均衡度等。

1)铁路货运成本结构具有两个最显著的特点。

(1)"与运量无关"的成本费用(指线路、通信设备、大型建筑物、技术建筑物的运用、维护费用,以及管理人员工资等)占铁路货运成本的 50% 左右,单线铁路每公里造价为 100 万～300 万元之间,复线造价在 400 万～500 万元之间;铁路运输能耗较低,每千吨公里耗标准燃料为汽车运输的 1/11～1/15,为民航运输的 1/174,但是这两种指标都高于沿海和内河运输。

(2)始发和终到作业费用约占运输成本的 18% 左右,所以运距短时,成本较高,只有运距较长时,成本才能大幅度下降。

2)水运业的基本成本由高的可变成本和低的固定成本构成。

由于海运平均运距较长,所以海运货运成本大大低于其他运输方式。总体上有,水路运输只需利用江河湖海等自然水利资源,除必须投资购造船舶、建设港口之外,沿海航道几乎不需投资,整治航道也仅仅只有铁路建设费用的 1/3～1/5;水路运输成本低,我国沿海运输成本只有铁路的 40%,美国沿海运输成本只有铁路运输的 1/8,长江干线运输成本只有铁路运输的 84%,而美国密西西比河干流的运输成本只有铁路运输的 1/3～1/4;但搬运和装卸费用高,装卸作业量大。

3)汽车货运的成本结构包括较高的可变成本和较低的固定成本。

汽车货运营运成本一般比铁路、水运要高很多倍。

4)航空运输的成本结构是低可变成本和高固定成本。

航空运输的成本结构可分为运营成本和期间费用两大部分。航空公司的运营成本是指飞机在航班生产过程中发生的各种费用。运营成本由直接运营成本和间接运营成本构成,其中直接运营成本,包括燃油成本、航材消耗、机场起降费、空地勤人员工资奖金津贴及补贴、福利费、制服费、飞机发动机的折旧费、修理费和保险费、飞机的经营租赁费、国内外餐饮供应品费、客舱服务费等。间接运营成本,主要是指保证飞机安全正常飞行及维修管理部门发生的费用。期间费用是指本期发生的、不能直接归入某种航线产品的各项费用,包括管理费用、销售费用、财务费用、主营业务税金及附加、民航基础设施建设基金等。

5)与铁路运输业相似,管道运输业的固定成本比较高,而可变成本所占比例低

总的来说从线路建设投资看,从大到小依次是:铁路、管道、公路、内河、航空和海运。从运输工具投资看,从大到小依次是:飞机、轮船、火车、汽车。从运营成本看,从大到小依次是:航空、公路、铁路、水路和管道。

3. 运输能力的比较

运输能力是指在单位时间内某一运输系统所能完成的最大换算周转量。运输能力的大小与运输线路的通过能力和运输工具的承载能力成正比。在 5 种运输方式中,水路运输能力最大,在长江干线,一支拖驳或顶推驳船队的载运能力已超过万吨,国外最大的顶推驳船队的载运能力达 3 万～4 万吨,世界上最大的油船已超过 50 万吨;一般每列客车可载旅客 1800 人左右,一列货车可装 2000～3500 吨货物,重载列车可装 20000 多吨货物;单线单向年最大货物运输能力达 1800 万吨,复线达 5500 万吨;运行组织较好的国家,单线单向年最大货物运输能力达 4000 万吨,复线单向年最大货物运输能力超过 1 亿吨;国外一条直径 720mm 的输煤管道,一年即可输送煤炭 2000 万吨,几乎相当于一条单线铁路的单向输送能力。

水路运输、管道运输、铁路运输都是运输能力很大的运输方式,在满足国民经济对运输的大量需求方面有明显优势,特别是大宗物资运输。与水路运输、管道运输、铁路运输相比较,公路运输和航空运输的能力要小得多。航空运输的运输能力一般为 200 吨左右,公路运载工具的容量最小,通常载重量是 5～10 吨。

从运输工具的承载能力看,从大到小依次是:水路、铁路、管道、航空和公路。

4. 运输灵活性的比较

运输灵活性是指一种运输方式在任意给定的两点间的服务能力。公路运输机动灵活、迅速,它能直接连接起点和终点,便于实行"门到门"运输。公路运输不仅可以直接运进或运出货物,而且也是车站、港口和机场集散货物的重要手段,公路运输可以选择不同的行车路线,灵活制定营运时间,实现门到门的服务,市场覆盖率高。公路运输的送达速度快,对不同的自然条件适应性强,空间活动的灵活性很大,特别是在短途和某些货物的中距离运输中有明显优势。同时,公路运输可以直接深入中、小城市和偏僻山区、农村,可以做到"门到门"直达运输,减少中转环节,加速货物的运送,提高货运质量,加快资金的周转。航空运输机动性较强,飞机在空中运行,受地理因素的影响较小,只需在航线两端配备必要的设施就可以实现航空运输。特别对于那些紧急少量的运输需要,如救灾、军事、警务等,航空运输更能显示出灵活机动的特点。而水路运输灵活性相对较差,由于是水上航行,难免会受到气候因素的干扰,而且航道等级和港湾水深差别较大,使得水运的灵活性和直达性较差,往往需要地面其他运输方式的配合才能完成运输过程,将货物送达目的地。铁路运输和管道运输的灵活性差。

5. 经济里程比较

经济性是指单位运输距离所支付费用的多少。运输的经济性与运输距离有紧密的关系。不同运输方式的运输距离与成本之间的关系有一定的差异。从国际惯例来看,公路运输经济里程在 300 公里以内,300～500 公里主要选择铁路运输,500 公里以上则选择水路运输。

6. 运输安全性的比较

安全是人们对运输最基本的要求。从经济角度看,安全具有避免与减少事故经济损耗和损失,以及维护生产力与保障社会经济财富增值的双重功能和作用。现有理论主要采用结果性统计指标描述运输安全,如交通事故损失额、交通事故伤亡率、减少交通事故损失率、减少交通事故伤亡率等。而更完善的安全性评价体系应该更全面地考虑运输质量的技术经济保障,可以从车辆等级、新旧程度、驾驶技术以及运输企业对安全提供的经济保障等方面进行分析。

在 5 种运输方式中,管道运输能保证运输安全,因为管道运输主要依靠机械操作,只需要少数的劳动力,其次为铁路运输、航空运输,一般看法以为铁路较民航安全。民航业一直以持续安全为首要目标,已经成熟运营多年,截至 2011 年 12 月 31 日,中国民航已经实现连续安全飞行 738 万小时。民航也是目前唯一执行常态化的严格安全检查的交通运输方式。水路运输受环境因素、天气因素等影响,安全性较差。同样,公路运输安全性差,主要是由于公路运输组织和运行的复杂程度高,车辆状况和驾驶员的状态一定程度上不可控,使得公路运输的事故率远远高于其他运输方式。

三、总结

通过对每种运输方式技术经济特性比较分析,可以看出各种运输方式各自具有其他运输方式所不具有或者不完全具有的优点。也就是说,各种运输方式都有其最有利的应用范围。但若是全面加以考察时,就会发现各种运输方式互有优劣,各有其存在和发展的必要。运输方式的选择是物流系统决策中的一个重要环节,是物流合理化的重要内容。当然,运输方式选择不仅限于单一的运输手段,而是通过多种运输手段的合理组合实现物流的合理化,也即"联运"。它是运输性质不断改变的一个反映,标志着物流管理者将两种或更多种运输方式的优势集中在一起,从而比单一方式更能为顾客提供速度更快、风险更小的服务。物流管理者要对以上几种运输的基本方式进行优选匹配,优化匹配运输方式有利于物流运输合理化,有利于做好物流系统决策,有着重大的意义。

单元三　我国交通运输系统发展概况

学习目标：

1. 了解各运输方式的发展情况。

2. 了解各运输方式的发展趋势。

情境导入：

改革开放以来，我国交通运输行业发展迅速取得了令人瞩目的成就，特别是进入 21 世纪，随着国家经济高速发展，交通基础设施建设在国民经济发展中起到的引领作用越发突出，通过构建从国家层面到地级市覆盖公、铁、水、航空、管道的交通运输网络系统，可以为推进以多式联运为代表的综合运输发展打下坚实的基础，从而赋能中国未来经济高质量发展。

交通运输作为基础产业，对国民经济和社会发展至关重要。改革开放以来，我国交通运输发展迅速，综合交通网络规模不断扩大，网络布局和结构得到改善，设施装备水平取得较大提高，运输能力显著增强。但从总体上看，交通运输仍然不能适应国民经济和社会发展的需要，"瓶颈"制约尚未完全消除，结构性矛盾仍较突出。因此，全面建成小康社会总体目标的实现，需要加快建立便捷、通畅、高效、安全的综合运输体系，以最小的资源和环境代价满足经济社会对运输的总需求。为明确我国交通基础设施的发展目标和任务，统

2022 年交通运输行业
发展统计公报

筹协调各种运输方式，合理配置和有效利用交通运输资源，发挥综合交通的整体优势，2007 年，国家发展改革委会同有关部门，组织编制了到 2020 年的《综合交通网中长期发展规划》。

一、各种运输方式的发展现状

1. 水路运输

我国是外向型经济比较强的国家，因此作为经济发展派生需求的海上贸易运输在我国国民经济发展中占有十分重要的地位。从 2022 年的煤炭、原油、矿石几大货类的具体分析来看，我国海运煤炭调入量（煤炭一次下水与外贸进口总和扣除外贸出口量）11.4 亿吨，与前一年基本持平，沿海港口煤炭吞吐量 23.9 亿吨，同比增长 0.2%，其中受国际能源危机影响，我国 2022 年全年进口煤炭 2.9 亿吨，同比下降 9.2%。在原油方面，我国自从 1993 年开始成为原油净进口国后，每年石油消耗呈现快速增长态势，已成为全球第二大石油消费国。2022 年，受多重因素的影响，国内石油消费同比下滑。根据中石油经济

技术研究院的统计数据,2022年,中国石油表观消费量[当年产量加上净进口量(当年进口量减出口量)]为7.19亿吨,同比下降0.6%,是近30年以来的首次负增长;2022年,我国进口原油50827.6万吨,同比下降0.9%,在地缘政治影响下,国际油价异常高涨,原油进口成本过高,是2022年我国原油进口量同比下降的主要原因。2022年,我国原油对外依存度降至71%左右。矿石方面据海关总署相关数据显示,受国内外经济环境因素影响,2022年我国进口铁矿砂11.07亿吨,同比减少1.5%。但是,随着我国参与国际分工的进程加快,沿海港口运输业务在今后一段时间里仍将保持较快的增长。

截至2022年末,全国港口生产用码头泊位21323个,其中,沿海港口生产用码头泊位5441个,内河港口生产用码头泊位15882个。全国港口万吨级及以上泊位2751个,从分布结构看,沿海港口万吨级及以上泊位2300个,内河港口万吨级及以上泊位451个;从用途结构看,专业化万吨级及以上泊位1468个,通用散货万吨级及以上泊位637个,通用件杂货泊位434个。2022年末全国内河航道通航里程12.80万公里,比上年末增加326公里。等级航道通航里程6.75万公里,占内河航道通航里程比重为52.7%,其中三级及以上航道通航里程1.48万公里,占内河航道通航里程比重为11.6%。年末各水系内河航道通航里程分别为:长江水系64818公里,珠江水系16880公里,黄河水系3533公里,黑龙江水系8211公里,京杭运河1423公里,闽江水系1973公里,淮河水系17610公里。水运的货物周转量达到121003.1亿t·km,旅客周转量达到226.6亿人·km,分别占全国各类交通周转量的54%和0.2%。

水运建设投资增速显著加快。在未来的一段时间里加快港口结构调整,适应集装箱运输快速发展和外贸货物运输需要,新建和扩建以适应我国石油、天然气、铁矿石大量进出口需要的港口等有关项目是十分必要的。另外在科技进步的推动下,各种新技术的应用对港口作业效率的提高显得尤为重要。各种大型、高效、连续性的专门装卸设备将会得到充分应用,开发港口生产作业优化与自动控制技术、码头智能信息系统技术、加速港口机械设备的技术改造和更新换代,也会是一个发展的重点。

2. 铁路运输

"十三五"期间,全国铁路营业里程由"十二五"末的12.10万公里增加到14.63万公里,增长20.9%;高铁由1.98万公里增加到3.79万公里,翻了近一番。"四纵四横"高铁网提前建成,"八纵八横"高铁网加密成型;国家铁路完成货物发送量157.8亿吨,较"十二五"增长1.7%,完成旅客发送量149亿人次,其中动车组发送90亿人次,较"十二五"分别增长41%、152%。高速、高原、高寒、重载铁路技术达到世界领先水平,复兴号高速列车迈出从追赶到领跑的关键一步。最近几年,我国铁路运营里程大大增加,路网布局趋于平衡,到2022年底我国铁路运营里程已达15.5万公里。根据国家铁路局发布的《2022年铁道统计公报》显示,2022年,中国铁路货运发送量达49.84亿吨,比上年增加2.11亿吨,增长4.4%;全国铁路货运总周转量完成35945.69亿吨公里,比上年增加2707.69亿吨公里,增长8.1%。

从我国经济发展趋势看,根据联合国预测,到2030年中国城市化率将达约71%,对应城镇人口为10.3亿,比2020年增加约1.3亿,其中约0.7亿来自乡城迁移。居民用于旅行消费的支出会明显上升。同时,党的二十大报告提出,"到二〇三五年,我国发展的总体目标是:经济实力、科技实力、综合国力大幅跃升,人均国内生产总值迈上新的大台阶,达到中等发达国家水平。"根据《中国铁路 2035 年总体规划》,到 2035 年,中国铁路的客运量将达到 3 亿人次以上,货物运输量将达到 3.5 亿吨以上,实现铁路交通网络的现代化。我国铁路的综合运输能力至少要比目前增加一倍以上,才能基本满足需要。我国铁路将由货物运输为主逐步演变为旅客略重,煤炭等大宗货物运输仍将占较大比重,高附加值、保鲜货物和快件货物运输增长幅度较大。为满足货物运输数量和质量的要求,将逐步实行客货分线运输,并逐渐形成货物运输重载化、快捷化的格局。同时受技术创新的带动,高速铁路将继续发展,时速 400～500km/h 的磁悬浮列车将在较多项目上使用。

然而,随着水运和公路运输的发展,铁路运输的市场份额越来越受到挑战,这是由于货主对运输方式选择的余地越来越大,对运输服务质量的要求越来越高。因此,估计铁路运输除了在硬件方面提升外软件方面的发展也不容小觑。首当其冲的便是运价管理,一定要逐步形成一套符合价值规律,富有弹性,能对市场变化做出快速反应的铁路运价机制;其次便是服务质量,需要根据市场竞争的需要同步提高。

3. 公路运输

国家统计局发布的相关信息显示,2022 年末全国民用汽车保有量 31903 万辆(包括三轮汽车和低速货车 719 万辆),比上年末增加 1752 万辆,其中私人汽车保有量 27873 万辆,增加 1627 万辆。民用轿车保有量 17740 万辆,增加 1003 万辆,其中私人轿车保有量 16685 万辆,增加 954 万辆。

2022 全年完成营业性货运量 371.19 亿吨,比上年下降 5.5%,完成货物周转量 68958.04 亿吨公里、下降 1.2%。2022 全年完成营业性客运量 35.46 亿人,比上年下降 30.3%,完成旅客周转量 2407.54 亿人公里、下降 33.7%。

截至 2022 年末,全国公路里程 535.48 万公里,比上年末增加 7.41 万公里。公路密度 55.78 公里/百平方公里,增加 0.77 公里/百平方公里。2022 年末全国四级及以上等级公路里程 516.25 万公里,比上年末增加 10.06 万公里,占公路里程比重为 96.4%、提高 0.6 个百分点。其中,二级及以上等级公路里程 74.36 万公里、增加 2.00 万公里,占公路里程比重为 13.9%、提高 0.2 个百分点;高速公路里程 17.73 万公里、增加 0.82 万公里,国家高速公路里程 11.99 万公里、增加 0.29 万公里。国家高速公路网骨架基本形成,等级公路所占比重明显提高。

我国公路运输发展的主要趋向是:

(1)干线公路高等级化,汽车运输高效化;

(2)进一步向着专业化方向发展,公路运输市场细化;

(3)逐步向物流的全过程拓展,以扩大市场,提高自身的经济效益。

4. 航空运输

2022 年,我国共有定期航班航线 4670 条,国内航线 4334 条(其中港澳台航线 27 条,国际航线 336 条)。按重复距离计算的航线里程为 1032.79 万公里,按不重复距离计算的航线里程为 699.89 万公里。2022 年,定期航班国内通航城市(或地区)249 个(不含香港、澳门和台湾地区)。我国航空公司国际定期航班通航 50 个国家的 77 个城市,内地航空公司定期航班从 20 个内地城市通航香港、从 5 个内地城市通航澳门,大陆航空公司从 7 个大陆城市通航台湾地区。截至 2022 年底,我国境内运输机场(不含香港、澳门和台湾地区)254 个,比上年底净增 6 个。2022 年新增机场有:昭苏天马机场、阿拉尔塔里木机场、鄂州花湖机场、塔什库尔干红其拉甫机场、山南隆子机场、日喀则定日机场。颁证运输机场按飞行区指标分类:4F 级机场 15 个,4E 级机场 39 个,4D 级机场 37 个,4C 级机场 158 个,3C 级机场 4 个,3C 级以下机场 1 个。全年货邮吞吐量达到 10000 吨以上的机场 51 个。货物周转量达到 254.1 亿吨公里,旅客周转量达到 3913.7 亿人公里,分别占全国各类交通周转量的 0.01% 和 30%。同时伴随中国经济持续稳定发展以及经济转型升级发展,国内外航空旅游市场将迎来更大的发展空间,特别是国内支线客运将呈现快速发展态势,由此可知,我国航空运输的发展将有很大的提升空间。

5. 管道运输

据国家统计局 2023 年初发布的数据显示,2022 年我国管道运输里程迅速增加,运输能力大幅提升。管道输油(气)里程达 13.64 万公里,比上年增加 0.52 万公里。管道货运量达 86260 万吨,管道货物周转量达 5621.73 亿吨公里。

对于具有易燃特性的石油运输来说,管道运输有着安全、密闭等特点。管道运输具有建设占地少、运输损耗少、无"三废"排放、可全天候连续运输等明显优势,因此必将成为中国未来能源供应的热点建设项目。

二、各种运输方式未来的发展趋势

改革开放以来,我国加大了交通建设的力度,5 种运输方式都取得了长足的发展。随着城市化进程的加快,从总体上看,我国交通运输能力仍显不足,依然存在着很大的发展空间。由于科学技术的进步和经济社会的发展,各种运输方式总体趋向于专业化、大型化、高速化、环保化、智能化的发展趋势。

1. 运输工具专门化

即特定运输工具的运输对象专门化。例如,许多汽车运输企业按照专为搬家服务的搬家运输公司、专门运送汽车产品的汽车专运公司,以及运输各类液体(油品、化工产品)和干散货的其他专运运输公司进行分工,等等。

2. 大型化

大型化的目的在于提高运输效率,体现规模经济。为适应货物运输的需要,发展大轴重、轻自重、低动力作用的大型化货车是铁路货车未来的发展方向。公路运输大型化主要体现在大件运输和汽车列车上。民用客机正在酝酿最大载客量达 1000 人。世界上最大的邮轮载重量达 56.3 万吨,实现了水运工具的大型重载化。管道运输正朝大口径(1400mm 以上)、高压力方向发展。

3. 高速化

为满足运输时效要求,提高运输效率,各种运输方式均趋于向高速化发展,而运量大、时效性高的铁路运输发展将是未来的主力军。

《国家综合立体交通网规划纲要》提出,到 2035 年基本建成便捷顺畅、经济高效、绿色集约、智能先进、安全可靠的现代化高质量国家综合立体交通网,实现国际国内互联互通、全国主要城市立体畅达、县级节点有效覆盖,有力支撑"全国123出行交通圈"(都市区1小时通勤、城市群2小时通达、全国主要城市3小时覆盖)的目标。铁路方面,《国家综合立体交通网规划纲要》提出,至2035年,铁路营运里程达到20万公里左右(相比2021年提高33%),其中高铁营运里程7万公里(相比2021年提高75%),形成由"八纵八横"高速铁路主通道为骨架,区域性高速铁路衔接的高速铁路网。随着我国高铁网络进一步拓展至"八纵八横",在更高密度的路网和更强的路网保障能力的保驾护航下,高铁客流及份额有望持续提高。

2021年底印发的国家《"十四五"铁路发展规划》和2022初印发的国家《"十四五"现代综合交通运输体系发展规划》明确提出:全面启动高铁主通道缺失段建设,提升沿江、沿海、呼南、京昆等重要通道以及京沪高铁辅助通道运输能力,有序建设区域连接线。目前"八纵八横"高铁主通道剩余未建设路段已基本纳入了国家"十四五"铁路发展规划。"十四五"初期这两年,各通道重点路段已密集开工。据不完全统计,"八纵八横"通道规划总里程约4.6万公里,目前已建设完成约七成,其中5条通道已全面建成;在建总里程约8000公里,建成和在建占比近九成,剩余未开工段落总里程约5000公里。

高速公路继续加快建设,2022年我国高速公路已达14.96万公里,居世界第一,高速车辆最大时速可达150公里以上,大大提升了客货运输效率,辅助促进了区域经济一体化升级发展。管道运输的高速化体现在向着高压力(最大工作压力达8.2MPa)方向发展。

4.智能化

随着计算机应用技术的出现,为实现我国现代化的发展要求,各种运输方式开始与计算机应用技术的联系已经密不可分。利用计算机数据通信网的支持实现5种运输方式的管理信息化,是运营管理自动化向综合化发展的必然结果。

案例分析:交通运输部预计今年降低物流成本1209亿元

"我部研究制定了《降低交通运输物流成本工作方案》,预计今年降低物流成本1209亿元。"交通运输部新闻发言人吴春耕今天在例行新闻发布会上说。据介绍,从今年开始,交通运输部每个季度都会在国新办举行例行新闻发布会。

为实现今年降低物流成本的目标,在"结构性"降本方面,将加快实施铁路运能提升、公路货运治理、水运系统升级、多式联运提速等六大行动。完善国家物流枢纽网络建设,近期,交通运输部将和国家发展改革委共同启动第一批国家物流枢纽布局建设。

在"制度性"降本方面,将着力治理乱收费、乱罚款、乱审批,降低高速公路、港口、机场等领域有关收费。在"技术性"降本方面,将发展"互联网+"高效物流,推进货运车型标准化,加快模块化中置轴汽车列车、轻量化车型推广应用。

在"管理性"降本方面,将提升公路通行效率,推动取消全国高速公路省界收费站,开展ETC服务专项提升行动。

来源:《工人日报》2019年03月29日

思考题:

我国交通运输物流成本降低的方法措施主要有哪些?

单元四 智能交通应用概述

学习目标：

1. 掌握智能交通的概念。

2. 了解智能交通的应用范围。

情境导入：

2015 年，百度无人驾驶车在北京完成了路测，它的行驶路线是从北京中关村软件园的百度大厦出发，经过 G7 高速公路、五环，到达了奥林匹克森林公园，然后按原路线返回。在往返全程，这辆基于宝马 3 系 GT 改装而来的无人驾驶车，完成了多次跟车减速、变道、超车、上下匝道、调头动作，以及驶入和驶出高速，最高时速达到了 100 公里/小时。

无人驾驶只是智能交通应用的一幕小插曲，未来智能交通将融合人工智能、物联网技术来解决困扰城市发展的交通阻塞以及出行效率低等一系列顽疾问题，也将为我们提供安全、快捷、高效的出行服务提供了无限遐想与可能。

南方科技大学智能交通研究中心—自动驾驶倒车入库

一、智能交通的概念

智能运输系统（Intelligent Transport System，即 ITS）是在较完善的交通基础设施之上，将先进的信息技术、通信技术、控制技术、传感器技术和系统综合技术有效地集成，并应用于地面交通系统，从而建立起来的大范围内发挥作用的，实时、准确、高效的交通运输系统。智能交通系统就是以缓和道路堵塞和减少交通事故、提高交通利用者的方便与舒适为目的，利用交通信息系统、通信网络、定位系统和智能化分析与选线的交通系统的总称。它通过传播实时的交通信息，使出行者对即将面对的交通环境有足够的了解，并据此作出正确选择；通过消除道路堵塞等交通隐患，建设良好的交通管制系统，减轻对环境的污染；通过对智能交叉路口和自动驾驶技术的开发，提高行车安全，减少行驶时间。

二、智能交通系统的构成与功能

ITS 主要包括几个典型的系统：交通管理系统、交通信息系统、公共交通系统、电子收费系统、车辆控制系统、车辆监护系统、智能货运管理系统和智能运输设备等。

1. 交通管理系统

作为智能交通系统中先进的交通管理系统，其是一种主动控制的综合交通运输管理系统,包括实时地自动检测突发事件(如由事故产生的阻塞等)和交通状况、道路自动收费系统、停车场诱导系统及交通信息与显示系统、列车运行管理系统等。

2. 交通信息系统

智能交通系统中的交通信息系统,是系统通过光纤、移动、卫星、微波等通信手段,建立起服务于交通运输管理的数据与话音通信网络,由交通信息中心直接向车辆、船舶和飞机发出有关各种交通信息,提供最佳路径咨询,而驾驶员可根据所提供的信息和咨询意见合理安排自己的行驶路径。例如,美国最新开发出一种采用语音识别技术的汽车导向系统,驾驶员只要讲出想要去的街道或地点标志中的一个字,该系统便会用声音报出可能要去的目的地供选择,经驾驶员确认后,便会告诉驾驶员开车到达目的地的方向、路线、距离和估计所需的时间。

3. 智能货运管理系统

该系统以高速交通网和信息管理系统为基础,综合利用卫星定位、地理信息系统、物流信息及网络技术等有效组织运输,及时掌握物流的配载、流向、换乘等信息,及时提供换乘和仓储方面的服务,使货运流向合理,减少空载,从而充分提高了运输效率。

4. 公共交通系统

该系统包括公共交通车辆定位系统、运量自动检测系统、行驶信息诱导系统、自动调度系统、电子车票及视野支持系统等。西方国家首先将 ITS 技术应用于公共交通优先道路和优先信号等的控制和管理上。例如,德国、法国等国家的城市,在公共汽车、公共电车上安装无线电话并修建公交运营自动高度辅助系统(AVM),起到了对公交车辆的运营自动监控、收集信息及向乘客提供服务信息等作用。巴黎从 1991 年开始研究借助卫星对公交车辆进行全方位的监控管理,实施该项技术,不用大规模进行基础设施建设就能做到准确、随时地监控管理所有运营中的公交车辆。该系统的调度人员可随时与驾驶员通话,下达调度指令;如果营运中发生事故,驾驶员可开启一台隐蔽的摄像机,配合中心安全控制台直接观察到车内的情况,如有需要,中心安全控制台还可以调度装备有同样定位系统的车辆前往现场进行处理。

5. 电子收费系统

现行的公路收费系统大部分是人工收费,账目不便于管理,停车时间较长;一些道路上实行了人工收费计算机管理,这虽有进步,但仍是初级的。从技术上讲,可以实现全自动收费和采用磁卡或 IC 卡的收费方式。近年来,通过声表面波技术、超声、激光及微波技术可以建立不停车收费系统,从而大大提高车辆通行能力,强化了对车辆的管理,节省了时间,提高了缴纳公路费的意识。这种不停车收费系统不仅在国外正在实施,我国也已经全面推广。

6. 车辆控制系统

该系统是对车辆本身而言的,主要包括行车安全警报系统与自控、自动驾驶系统和列车运行控制系统等。例如,日本最近开发出一种可用于大型车辆的防后部碰撞报警系统,它由激光雷达装置、控制装置、警告灯和显示警告字母专用灯组成。当后方车辆进入临界距离时,即触发警告灯,如果靠近的车辆不减速或不改变行驶路线,警告灯开始闪烁,同时还接通带有警告字母的专用灯。道路上的浓雾经常是引起交通事故的主要原因,德国一家公司最近成功开发出一种红外激光防雾测位仪,它体积较小,可随意固定在汽车保险杠或挡风玻璃上。激光每秒发出数次肉眼看不见却能很好地透过浓雾的短闪光,仪器上的光接收器将前方障碍物反射回来的光谱记录下来,驾驶员就能从光盘上得到车前头存在障碍物的信息,以便及时采取应急措施。

7. 车辆监护系统

该系统是利用全球定位系统(GPS)和地理信息系统(GIS),对重点车辆和车队实施整个运行过程中的监视保护,例如一些运钞车、邮车、囚车、重点货物车、首脑车等等,都可以采用该系统实行全程的监护。目前,通过差分技术可以使车辆定位误差不超过 3~5 m,若建立覆盖全国的广域差分系统,那么在全国各条公路上运行的车辆都可以得到更准确的定位与导航服务。

GPS 工作原理

8. 应急管理系统

这套系统主要是处理应急事件,包括紧急电话系统的配置和值守、现场维护系统的指挥调动、事件及事故的处理系统、全球海上遇险与安全系统等,以便及时处理突发事件。

9. 智能运输设备

运输工具作为现代化智能交通运输系统的一个组成部分,要求车辆、船舶和飞机加装必要的电子设备使运输工具智能化,如船舶使用的组合导航系统、汽车使用的不停车收费系统和重点车辆监护系统等。通过在车上装配应答机、IC 卡 GPS 接收机、通信数据链、通信电台等,同时一些车辆配备地理信息系统(GIS)液晶显示屏等,还可以实现汽车自主导航及行程预制,为驾驶人员带来更多的便利,提高运输安全。

总之,智能交通系统是新一代的交通运输系统,目前对其的研究主要集中在交通控制与管理、车辆安全与控制、旅行信息服务、交通中人的因素、交通模型开发、通信广播技术与系统等方面。从车辆方面看,其开发前景首先是开发能够从道路设施接受交通信息的车辆,然后是利用控制技术开发具有高度安全技术的安全车辆,最后实现车辆的自动驾驶。通过 ITS 技术的开发和应用,使人与载运工具、载运工具与载运工具、载运工具与运输环境等各交通要素相互协调,达到交通系统化、智能化,从而建立起快速、准时、安全、便捷的交通运输体系。

案例分析:阿里云 ET 助力城市交通畅通

2016 年 9 月 9 日,广州市交警宣布"互联网+信号灯"控制优化平台试点成功。平台首次引入了人工智能技术——阿里云 ET。ET 可对路口车辆运行情况进行分析,并输出对红绿灯时间的调整建议。试点结果显示,部分路段拥堵指数下降超 25%。

ET 对路口运行效率的监控主要包括两个方面,一是路口运行失衡,二是出口溢出。当一个路口某个方向非常拥堵,而其他方向运行顺畅,则称之为路口失衡。出口溢出指的是前方路段都已经堵死了,但绿灯还在放行车辆进入。ET 还能够分析绿波带的运行效率。绿波带是"多路口信号联动"路段的俗称,原理是根据道路车辆行驶的速度和路口间的距离,自动设置信号灯的点亮时间差,以保证车辆从遇到第一个绿灯开始,只要按照规定速度行驶,之后遇到的信号灯将基本上是绿灯,或者少遇红灯。引入 ET 之后,平台实现了对多种数据源的关联分析,做到了监测无盲点,弥补了固定交通监控探头的盲区。

在海珠区的试点中,ET 发现南华中路—宝岗大道有严重的路口失衡现象,失衡指数达到 1.14。南华中路非常拥堵,但宝岗大道方向却运行顺畅。交警部门根据 ET 的分析,对红绿灯时间进行了调整。在拥堵时段增加南华中路放行时间至 70 秒,并拆分南华中路放行相位。最终数据显示,经过一段时间优化,南华中路—宝岗大道 9 时～13 时和 15 时～20 时的平均拥堵指数分别下降了 5.75％和 11.83％。

思考题:

人工智能治理城市拥堵顽疾主要的思想是什么?

单元五　综合运输概述

学习目标：

1. 了解综合运输发展的社会经济背景。
2. 掌握综合运输体系的定义。

情境导入：

江苏省政府发布的《江苏省国民经济和社会发展第十三个五年规划纲要》中指出，"十三五"期间江苏要构建现代综合交通运输体系，要求坚持适度超前、综合发展、提升效率的原则，完善交通、能源、水利等现代基础设施体系，促进生产要素高效配置，引导产业人口优化布局，为江苏省"两个率先"提供支撑保障。规划明确要求通过实施铁路与轨道交通、港口航道、公路建设、过江通道、航空机场、综合枢纽等一批交通基础设施重大工程来构建内畅外通的复合运输通道，打造一体化无缝衔接的综合交通枢纽体系，建设畅达高效的综合交通网络，以此持续提升运输能力和服务水平。

图解"十三五"现代综合
交通运输体系发展
规划主要目标

一、综合运输发展背景

综合运输是在社会生产发展到一定历史阶段产生的。18世纪蒸汽机的改良，使交通领域逐渐出现了火车、机动船、汽车、飞机和管道等新型运输工具。采用新型的运输工具，需要配套的工程技术设备和相应的科学组织管理，由此构成了新型的运输方式。资本主义社会运输业由于发展的盲目性，运输企业间竞争激烈，从而造成极大的重复和浪费。在这种情况下，人们开始认识到有从综合角度对各种运输方式的发展及其协作关系进行科学研究的必要。

最初，某些国家的政府和私人企业，只是试图对不同运输企业之间的利害冲突进行某些调节工作。由于人为因素过多，市场对交通资源及社会资源的基础性配置作用没有纳入其中，尽管当时不少运输界的人士从理论上和实践上曾做出过极大努力，到头来效果不佳。

20世纪50年代开始，不少国家设立了主管运输的综合决策部门，并相继建立了若干研究机构，如苏联国家计划委员会综合运输问题研究所、中国国家经济委员会综合运输研究所等，对运输量预测、合理运输、运输网规划、联运、各种运输方式的综合利用和技术经济比较以及运输技术政策等方面进行了大量研究工作，为国家制定运输规划和有效地利用各种运输方式的决策提供了理论依据。

20世纪70年代后期,西方发达国家进入到现代市场经济时,由计划经济国家提出的这一理念开始引起它们的重视,如提倡和鼓励一体化运输、多式联运、联合运输等都是在此间产生的。但由于当时的经济发展阶段所限定,特别是技术手段的限制,这一概念的应用还主要就某种运输方式内部或两种以上的运输方式的联合运输而言,而且主要是以货物运输为对象,其实践的内容和理论体系的形成还不能涵盖现代综合运输体系的全部。

较为系统的综合运输体系的理论思想是由中国的运输经济专家于20世纪80年代完善起来的。理论思想的基本内容包括:交通运输与国民经济和社会发展的关系,各种运输方式间的关系,运输方式内部的干线与支线、场站与枢纽、设施与设备、装卸与运输等关系的协调发展问题。经过近十多年的理论发展和进一步的实践,综合运输体系的概念又得到了补充和完善。现代的综合运输体系的理论思想可概括为:为满足国民经济和社会发展的需要,以及客货用户的要求,将铁路、公路、水运、民航、管道5种现代运输方式作为一个有机整体进行系统研究、系统规划和系统建设,形成整体的系统能力,并以市场经济为导向,以高新技术为基础,在充分发挥各种运输方式的比较优势的前提下,为人类经济发展与社会进步及客货运输用户提供安全、快捷、方便、舒适、经济、优质服务的综合系统,最终实现便利产品流通、增加生产者的经济价值的目标。

二、综合运输体系的含义

综合运输体系,或者叫综合的交通运输体系,是各种运输方式在社会化的运输范围内和统一的运输过程中,按其技术经济特性组成分工协作、有机结合、连接贯通、布局合理的交通运输综合体。

🔧 知识链接

运输社会化

运输社会化是指将原先由企业内部完成的运输过程通过合约的方式外部化,即企业将分销、生产、供应等过程需要的运输职能交由专业化的公司完成,从而形成企业间紧密的联系。运输社会化的意义是发展运输的大生产优势,实行专业分工,打破一家一户自成运输体系的状况。

首先,综合运输体系是在5种运输方式的基础上组建起来的。随着经济和社会的发展,科学技术的进步,运输过程由单一方式向多样化发展,运输工具由简陋向现代化发展,而人流和物流移动的全过程往往要使用多种运输工具才能实现。因此,运输生产社会化要求把多种运输方式组织起来,形成统一的运输过程。所以,综合运输体系是运输生产力发展到一定阶段的产物。

其次,综合运输体系把各种运输方式通过运输过程本身的要求联系起来。这就使各种运输方式在分工的基础上,有一种协作配合、优势互补的要求,即在运输生产过程中的有机结合,在各个运输环节上的连接贯通,以及各种交通运输网和其他运输手段的合理布局。从运输业发展的历史和现状看,各种运输方式一方面在运输生产过程中存在着协作配合、优势互补的要求,另一方面在运输市场和技术发展上又相互竞争。这两种要求交织在一起,形成综合运输体系由低级向高级发展的长期过程。

三、综合运输体系的构成

综合运输体系是指各种运输方式有机结合,形成一个完整的、高效的交通运输系统。交通运输业是 5 种运输方式的简单总和,体现运输业的"全";综合运输体系则体现各种运输方式的"协"——运输过程的协作、运输发展的协调和运输管理的协同,它立足于各种运输方式的有机联系,是各种运输方式联合起来,协作配合、有机结合、联结贯通。从交通运输建设看,为了提高交通运输总体效率和效益,各种运输方式要统筹规划、协调发展、合理布局;从交通运输的组织管理来看,在统一的运输市场中实现运输组织结构联合、协作、协同。

综合运输体系大致由三个系统组成:

1. 综合运输网络系统

综合运输网络系统是具有一定技术装备的综合运输网及其结合部系统,是综合运输网络系统这个大系统的硬件,由各种运输方式的线路、港、站、场、运输枢纽和各个换装点以及各种运输设备、生产工具所组成的运输网络系统,它构成了综合运输体系的物质技术基础。综合运输网络系统要求在运输网的布局上合理协调,运输环节相衔接,技术装备成龙配套,使运输网四通八达。

2. 综合运输生产系统

综合运输生产系统是由软硬件结合而形成的系统,是综合运输体系的核心,是由各种运输方式组成的综合运输协作系统、一体化系统、区域运输系统,相互衔接和相互配合而构成的联合运输系统。它要求高效率、低能耗,高质量、低成本,以充分发挥各种运输方式的能力及优势。

3. 综合运输组织管理系统

综合运输组织管理系统是综合运输体系的软件,由三部分组成,一是在各种供给方式内部及其相互之间进行组织衔接、协调的运输生产指挥系统;二是对某种运输方式、某一运输网络及区域运输体系进行调节和控制的综合调控系统;三是对所有运输方式、统一运输网络和运输体系进行生产、调度、指挥所必需的通信、导航、计算机、管理信息系统。综合运输组织管理系统要求既要有宏观上的管理、统筹规划,又要发挥每种运输方式在微观上的基础作用。

四、综合运输体系的运输方式构成

综合运输体系中的运输方式结构,包括铁、公、水、航空和管道等 5 个运输子系统。这些子系统各有优势,在一定的地理环境和经济条件下有其各自的合理使用范围。建立合理的运输结构,不仅要科学地确定各种运输方式在运输系统中的地位和作用,而且还必须在全国范围内根据运输方式的合理分工和社会经济发展对运输的需求,充分发挥各种运输方式的优势,逐步建立一个经济协调、合理发展的综合运输系统。运输系统结构的形式,从不同国家或地区来看,主要有以下几种形式:

1. 串联结构

各运输子系统间为一个串联关系,如图 1-5-1 所示。串联的运输方式可能是多种,其中具体运输子系统可能不同,如铁—公—水、公—铁—水或水—铁—公等。

图 1-5-1 综合运输串联结构图

2. 并联结构

各运输子系统间为一个并联关系,如图 1-5-2 所示。并联结构一般出现在区域面积大、经济发达的国家或地区,当然并联方式可能是多种运输方式的并联。

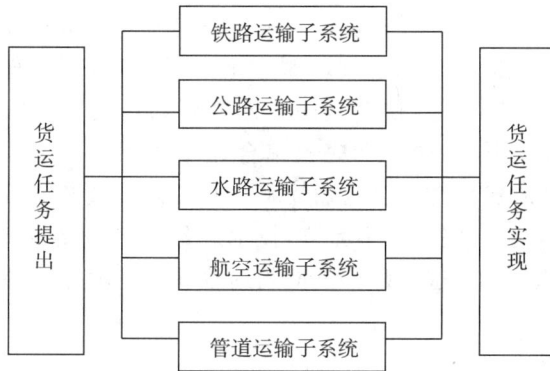

图 1-5-2 综合运输并联结构图

3. 串并联结构

一个国家或地区交通子系统的组成结构,大多数为串并关系,如图 1-5-3 所示。串并联的运输子系统可能又有不同的组合。

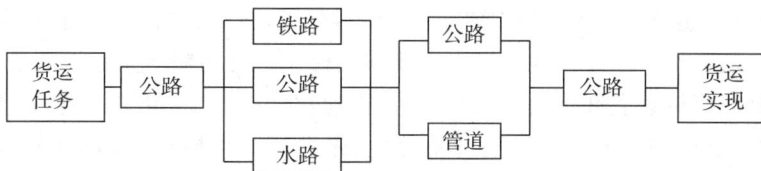

图 1-5-3 综合运输串并联运结构图

五、综合运输体系在我国的发展

我国综合运输体系建设始于 20 世纪 60 年代,是世界上最早提出建设现代综合运输体系的少数几个国家之一。但由于这一时期我国铁路、公路、水运、民航与管道等运输方式的装备水平、管理水平都还很低,加上实行计划经济体制,交通运输的管理以及运输企

交通强国背景下我国
综合交通运输发展
战略思考

业的经营机制难以适应综合运输体系发展的需要。进入20世纪80年代以后,我国的经济社会发展进入到一个崭新阶段,它为我国综合运输体系建设带来新的契机。首先,较为系统地提出了综合运输体系建设的基本内容,从理论上明确了交通运输在国民经济和社会发展中的基础地位,在实践上采取了交通先行的具体措施;其次,加快了铁路、公路、水运、民航、管道等现代运输方式的建设速度,交通运输体系总体规模迅速扩大;再次,交通基础设施和技术装备的现代化水平明显提高。

目前,我国综合运输体系的基础设施网络系统框架已经基本建成。综合运输大通道已基本建成,系统的通达度明显提高,技术装备和运输能力都有较大改善,各种运输方式共同组成的快速客运系统、集装箱运输系统、铁矿石运输系统、煤炭运输系统、进口原油运输系统,以及铁路、公路、内河、沿海运输的枢纽、场站等设施和装备都步入良性发展阶段,智能交通技术的应用开始全面加速,运用现代信息技术建立的安全保障及支持系统、运营管理系统等都已取得了明显的进展。服务理念、用户至上已得到人们的普遍重视,民航全国联网售票系统已经建立,铁路全国联网售票系统已经正式投入运营,客货多式联运的支持系统正在逐步形成,建立和完善综合运输体系的外部环境得到了明显改善。但我国的综合运输体系的建设与综合运输体系自身的发展要求相比还有相当大的差距,如交通基础设施总量不足,网络系统不完善,技术装备水平不高,以及运输领域中的体制改革滞后,市场化进程缓慢等,这些都严重地制约着综合运输体系的进一步建设和完善。

小 结

综合运输体系是一个庞大的系统工程,要在我国逐步建成具有中国特色社会主义的综合运输体系,并使之不断完善和提高,必须从我国国情出发,处理好国民经济大系统与运输系统的关系,综合运输总体系与各种运输方式子系统的关系,各种运输方式内部各个环节之间的关系等等。我国综合运输体系在体系的建设与发展方面取得了较大成绩,但与国家经济和社会发展需要,与世界发达国家一体化运输体系相比,仍有较大差距,尤其是综合运输体系的理论研究还很不完善,具体实践仍存在不少有待解决的问题。根据我国的《"十三五"现代综合交通运输体系发展规划》,未来我国现代化综合运输体系建设的长期目标是:以市场经济为导向,可持续发展为前提,建立客运快速化、货运物流化的智能型综合交通运输体系。这一建设目标体现了交通运输的系统性、先进性和可持续性,同时也体现了交通运输自身的发展和完善离不开市场经济这个大环境。为实现这一目标,交通安全、交通机动性以及交通必须促进经济发展和保证国家安全等,是其必须具备的条件。

案例分析:高铁冲击民航是个伪命题——对手变队友

多年来被视为中短途交通竞争对手的民航和高铁,在综合交通运输体系建设的政策环境下终于不再互为"假想敌",而是决定通过推动空铁联运的方式为综合运输服务一体化发展做出行动。2018年5月10日,中国民用航空局(下称民航局)与中国铁路总公司(下称铁总)签署推进空铁联运战略合作协议,共同宣布将在完善空铁联运基础设施、创新空铁联运产品、提升空铁联运服务、扩大空铁联运信息共享、推动空铁联运示范工程5个方面展开合作。

过去十多年里中国高速铁路网的迅速发展一直被认为将对国内民航运输业造成比较大的冲击,这一判断也曾在局部地区的中短途客运业务上有所体现,在一些高铁线路投运之后,航空公司纷纷采用缩减航班频次或是干脆退出运营的方式应对,特别是一些800公里以内的短途航线受到影响尤为明显。但高铁通车里程年年增加,连接的城市数量持续增长,民航业在局部的收缩之后却并未如市场预判那样国内客流持续受到冲击,反而在基础设施不足、空域受限等不利条件下保持了强劲的增长势头。其内在原因是国内市场的潜力还远远没有被充分挖掘,民航和铁路并不存在谁吃掉谁的市场,而是齐头并进都还远远难以满足市场需求,所以不应该把不同的交通出行方式人为对立起来,而是要让它们有机结合起来,从而形成立体化的综合交通运输网络,发挥各自的优势同时还可以互补。

民航与铁路早期在建设和规划中曾经各自为政,这也使得双方在基础设施建设上缺乏融合,比如有些城市的机场与高铁站相距甚远,客观上对不同交通工具之间的互转造成了阻碍。实际上,航空枢纽除了规模和航线网络的连通性之外,与外部的连接性也是一个重要的优势之一,比如欧洲重要的枢纽机场法兰克福机场、巴黎戴高乐机场、阿姆斯特丹史基浦机场等都直接与火车站相连。

十九大报告首次明确提出建设"交通强国"的目标,打造现代综合交通运输体系显然将对加速改变目前的状况起到关键作用。

实际上行业主管部门早已经认识到综合性枢纽的重要性,一些地方也有所动作。比如上海虹桥机场和虹桥高铁站综合枢纽运营多年,目前国内已经有11个机场将高铁站接入航站楼。而正在修建中的首都第二机场、成都天府国际机场等大型基础设施项目也都明确提出接入高铁线路的规划。

根据民航局和铁总签署的协议,双方将首先在完善空铁联运基础设施方面加强战略协作,"在规划新建和改扩建机场、车站枢纽过程中,根据不同运输方式特点,实现枢纽功能布局紧凑、客流衔接有序、换乘方便快捷;共同推动在有需求有条件的城市机场和高铁车站在规划及建设上无缝衔接,实现'零换乘',在有需求无条件的机场与车站间开展摆渡服务或探索采用其他方式进行衔接。"

为了推行空铁联运更好地实施,民航局和铁总决意在产品的创新性和服务方面引导民航和铁路企业深度合作,共同设计开发联程运输产品,实现旅客"一站购票",研究联程运输票价优惠政策、联运旅客行程延误解决方案、退改签制度和票款清算机制,加强旅客计划、特殊旅客保障等方面的合作。双方将鼓励航空公司、机场、铁路车站在联程服务方面创新服务流程、丰富服务内容、拓展服务范围、完善联合应急保障措施;优化空铁联运机制下的列车与航班计划编排;根据需要在机场、车站互设中转服务中心,互相提供抵离信息;在有条件的情况下,铁路对机场到达转乘火车无托运行李的旅客免除安检等服务。

实际上局部的试点早已经展开,民航局运输司相关人士在4月底举行的云南航空旅游市场推介会上接受本报记者采访时就透露,民航将密切关注各种新技术,研究如何将其应用于改善旅客出行服务方面,包括但不限于基础设施互联互通、基础资源共享,并且争取实现高铁与民航一票到底。

对于航空公司而言,或许高铁在局部市场分流了一部分客流,但实际上在阵痛之后很多航企都意识到与铁路的合作会比对抗带来更多的益处。一些航空公司和机场为了吸引周边地区客源采取买机票赠送高铁票的促销政策,比如国内首家低成本航空公司春秋航空股份有限公司也已经在华东地区和华北部分地区推出了空铁快线业务,实际上就是通过赠送一段火车票的方式将客流吸引到其运营的航线出行的产品上。而中国国际航空股份有限公司早在 2013 年就在上海及周边地区推出空铁联运产品,采用将铁路班次以虚拟航班形式录入国航订座系统的方式,在航空订座系统中实现了铁路运输段的销售。(摘选自《华夏时报》)

思考题:

请结合本单元学习的知识用综合运输思想来解释高铁与民航竞合关系的形成过程。

章节习题

一、选择题

1. ( )可以及时地提供"门到门"的运输服务。
A. 公路运输　　　　B. 铁路运输　　　　C. 水路运输　　　　D. 航空运输
2. ( )是世界各国陆上油、气运输的主要运输形式。
A. 水运　　　　　　B. 公路运输　　　　C. 铁路运输　　　　D. 管道运输
3. 综合运输体系的物质基础是( )。
A. 综合运输网及其结合部系统　　　　B. 综合运输生产系统
C. 综合运输组织、协调系统　　　　　D. 综合运输管理系统
4. 交通运输业发展的第一阶段为( )。
A. 水运　　　　　　B. 铁路运输　　　　C. 公路运输　　　　D. 航空运输
5. 在下列运输方式中,运输的机动性最好的是( )。
A. 公路　　　　　　B. 铁路　　　　　　C. 航空　　　　　　D. 水运
6. EDI 是( )
A. 地理信息系统　　　　　　　　　　　B. 全球卫星定位
C. 电子数据交换　　　　　　　　　　　D. 条码技术

二、问答题

1. 简述现代交通运输业在国民经济和社会发展中所发挥的作用。
2. 简述各种运输方式的技术经济特性。
3. 简述综合运输体系的定义及构成要素。

模块二　公路运输

学习目标:

◆ 掌握公路运输的定义、公路的等级划分标准、公路基础设施的构成与功能。

◆ 熟悉公路运输组织的理论方法。

◆ 了解公路运输的发展趋势。

模块导读:

近年来随着我国经济高速发展,交通基础设施建设也进入快车道,特别是公路建设取得了非常辉煌的成就,为区域经济发展特别是城乡经济一体化发展、乡村振兴战略的推进起到了很好的铺垫作用。当前公路运输发展将利用信息化技术向集约化方向发展,以自己的技术经济特性融入综合运输体系,为综合运输高效发展提供相应的基础条件。

"十三五"时期是我国经济结构战略性调整和转变经济发展方式的重要时期,是推动信息化、工业化深度融合和加快经济社会各领域信息化进程的重要阶段。交通运输业坚持以科学发展为主题,以转变发展方式、发展现代交通运输业为主线,着力调整交通结构、拓展服务功能、提高发展质量、提升服务水平,构建便捷、安全、经济、高效的综合运输体系。必须充分发挥信息化对改造传统产业、发展现代交通运输业的支撑和保障作用,着力在信息化环境下强化各种运输方式高效衔接,提高公众信息服务水平,规范市场运行秩序,增强安全监管和应急处置能力,提升政府决策管理效能,促进行业可持续发展。

单元一　公路运输概述

学习目标：

1. 掌握公路运输的定义和特点。
2. 了解公路运输发展趋势与存在问题。
3. 熟悉公路运输的功能与作用。

情境导入：

中国在经历近十来年的经济高速发展期间，我国的交通运输事业特别是公路运输方面也在蓬勃发展。作为名副其实的"基建狂魔"，2022 年末全国公路总里程 535.48 万公里，比上年增加 7.41 万公里。公路密度 55.78 公里/百平方公里，增加 0.77 公里/百平方公里。2022 年全国公路货运量达到 371.19 亿吨，我国已是世界第一大公路运输市场。这些数据都折射出我国经济发展的强韧动力，公路运输在近几年推动电商经济、城乡融合发展等领域发挥着基础性的作用，助推中国经济转型升级发展。

图解 2020 年中国
公路交通行业发展

在现代化运输业的发展过程中，世界上许多国家有一个共同的发展规律，即海运、铁路运输发展在先，公路运输则后来居上，20 世纪 60 年代以后，其发展速度大大超过铁路和其他运输方式。到了 70 年代，经济发达国家大都改变了一个多世纪以来以铁路运输为中心的局面，公路运输在交通运输系统中成为具有重要功能的骨干运输方式。

一、公路运输概念

公路运输的含义有广义和狭义之分。从广义来说，公路运输是指货物和旅客借助一定的运输工具沿着公路的某个方向作有目的的移动过程。从狭义来说，公路运输即是指汽车运输。

从现货运输业的角度来看，公路运输一般即指在城市之间和城乡间的公路上进行的汽车运输。公路运输亦称城乡道路运输。

二、公路运输特点

与其他运输方式相比，公路运输在经营组织管理以及运输经济特性上有自身的特点。

（1）机动灵活性与深入性。公路运输机动灵活，使用方便，可以深入到工厂、矿山、企业机关、学校、铁路车站、码头、居民点、农村和山区。

（2）广泛的适应性。公路运输能够满足多方面多种运输需求，既能完成零星运输任务又能承担大宗运输业务，既是短途客货运输的主力，又可承担部分货物（如高价值货物、鲜活易腐货物和集装箱等）的中长距离的运输任务，既适合于民用，又适合于军事运输的需要。

（3）公路运输网纵横交错，干支结合，比其他运输网稠密得多。可以说，航空运输是一种点上的运输，铁路、水运是一种线上的运输，而公路则是一种面上的运输或网上的运输（当然，面上运输也包括了线上的运输，线上的运输也包含了点上的运输）。

（4）公用性能强。可以说公路运输是一种全民均可利用的运输方式。在某种意义上可以说铁路运输和管道运输的线路设备是一种专用性质的基础设施，而公路、航空和水运的线路设备则是公用性质的基础设施。凡拥有相应运输工具（如汽车、飞机、轮船）的机关、团体、企业或个人，均可利用公路、航空和水运的公用线路设施。其中，尤以公路运输的公用性为强，这是因为公路运输的站点设备及运输工具比专业运输部门的拥有性更为普遍。

（5）更具有开放性。各种交通运输系统都是开放系统，而公路运输系统的开放性则更为显著。公路运输系统不仅由交通运输枢纽或交通运输节点向四面八方辐射，实现同国民经济各子系统、各经济点、商业点之间的密切联系，而且由于公路运输具有深入性、更强的公用性，而使它同社会经济系统的细胞——工厂、矿山、企业、机关乃至居民点、山区和农村的联系更为密切。这些基层单位、基层集散点同外界的各种社会、经济交往活动大多数要通过公路才得以进行。这些活动都会对公路运输产生一定的干扰，或者说都将成为公路运输系统的任务之一，公路运输系统的这一特点很明显。

（6）直达性好，可以实现门到门运输。由于公路运输机动灵活，具有深入性，可以深入到城市和区域的各个角落，做到取货上门、送货到家，从而实现从门到门的直达运输。

（7）在适运距离内送达速度快。由于公路运输可以实现门到门运输，运输途中不需要换装作业，因而可以大大缩短送达时间。

（8）建设初期投资较少，资金周转快、回收快，较易兴办且资金和设施转移的自由度亦大。由于公路运输公用性强，兴建公路地方受益极大，可充分调动地方的积极性。同时，由于公路运输的活动设备可分散投资，因此兴办公路运输资金筹措渠道广泛，较易兴办。

（9）一般公路的技术要求较低，受到破坏后较易恢复。

（10）运输工具载运量较小，运行持续性较差，单位运量能耗较大，运输成本较高。

（11）环境污染较大，主要是废气污染及噪声污染。

三、公路运输系统的功能

公路运输系统是交通运输大系统的一个要素子系统，它在交通运输系统中的主导作用日益增强。一个区域或国家的发展，有赖于地区间、部门间、企业间经济联系的扩大和密切，通过经济联系促进区域或国家的社会经济的发展。这些联系，除了借助邮电通信实现的信息交流外，主要是借助交通运输进行物资交流和人员往来，这是它们赖以生存和发展的物质保证。在有铁路、水运和航空运输的地方,公路运输的优势在于短距离以及较长距离鲜、活、易腐货物及一些高值产品的运输,它又是长距离运输的联运工具和辅助手段,在没有铁路、水运和航空运输的地方,公路运输成了主要运输工具。总之,公路运输是区域或国家经济发展的必要的基础产业,它对确保地区间、部门间、企业间的联系,促进它们的发展,起着重要的作用。因此,公路运输是一个国家或地区社会经济发展所必不可少的一种运输方式。世界上可以有没有铁路、水运或航空运输的国家或地区,却不存在没有公路运输的国家或地区。

自 20 世纪 70 年代以来,世界上一些经济发达国家大都改变了一个多世纪以来以铁路运输为中心的局面,公路运输在各种运输方式中的主导作用日益增强。20 世纪 50 年代以来世界各国公路运输的客货量大幅度增长,许多国家铁路承担的客货运量逐年向公路转移。70 年代起,美国、日本和西欧各国以货物量计的公路运输比重已超过 80%,我国也于 80 年代末达到 75%。以货物周转量计,从 50 年代到 80 年代,美国、日本以及欧洲许多国家,公路运输比例大幅度上升,铁路运输的比重大幅度下降。在客运方面,美国、西欧、日本和苏联以旅客周转量计的公路运输比重均已超过铁路。

综上所述,公路运输系统具有以下主要功能:

(1)公路运输是其他运输方式不可缺少的衔接、补充手段及联系纽带。如前所述,公路运输是一种面上的运输或网上的运输,它除了可以独立完成“门到门”运输任务之外,还可以为航空、铁路、水运等运输方式集散旅客或货物,是其他运输方式不可缺少的衔接和补充手段及联系纽带。货物由生产地到消费地,旅客由出发地到目的地的完整运输过程,一般不是由一种运输方式所能完成的,而往往需要长途和短途、干线和支线的配合,需要几种运输工具的分工协作才能完成。在此过程中,总是离不开公路运输的衔接、补充和纽带作用。公路运输具有的灵活性、深入性,把各种运输方式联结成网,成为一个分工合作、协调发展的综合运输体系。公路运输系统在综合运输体系中的这种衔接、补充和纽带作用,是其他各种运输方式所不能代替的。

(2)公路运输系统是交通运输大系统的一个不可缺少的组成部分。

(3)在一定区域内是用户与其他运输方式间的联系纽带。

(4)公路运输是保证和促进局部地区社会经济实现内外循环的基本手段,特别是满足城郊客货运输需求的基本手段。

(5)公路运输是区域与区域之间或区域内部实现全方位联系的纽带。这种联系,不仅仅是经济上的联系,而且也是包括政治的、文化的、生活的等多方位的联系。公路运输系统的这种全方位联系纽带的功能,是由它的较强的开放性和公用性所决定的。

四、公路运输的作用

公路运输在整个交通运输业处于基础地位,并发挥以下作用:

1. 公路运输灵活机动,快速直达,可实现“门对门”直达运输,是最便捷的也是唯一有送达功能的运输方式;

2. 铁路、水路、航空运输生产时需要公路运输提供集疏运的条件,各种运输方式的衔接也通过公路运输来完成;

3. 随着高等级公路的建成通车及公路技术等级的逐步提高,公路客货运量在综合运输体系中所占的比重不断提高。

4. 公路运输覆盖面广、通达性强,对城乡经济的发展起着举足轻重的作用,特别在我国中西部和一些经济不发达地区,公路运输是最主要的运输方式。

5. 公路运输发展迅速,已经成为许多国家最主要的运输方式,公路交通的现代化程度直接决定了一个国家的交通发展水平。

五、公路运输存在的主要问题

改革开放以来,我国公路运输业快速发展,公路运输方式在国民经济及社会发展过程中发挥着愈来愈重要的作用。随着市场经济的发展,公路运输行业的竞争日益激烈,为了最大限度地占有市场,运输经营者不断扩展其服务方式,服务方式多样化,大大地促进了公路运输业的发展。但是在取得巨大成绩的同时,我国的公路运输也存在一些问题,主要表现在以下几个方面。

(1)公路交通的基础设施还较差,路网密度低,公路品质与发达国家相比差距仍很大,还不能满足国民经济及社会发展的需求。

(2)运输车辆的车型结构不合理,技术性能还较差。

(3)运输生产的效率、效益较低。

(4)运输经营组织与管理的手段还比较落后,经营主体结构不合理,缺乏能在市场上发挥骨干作用的龙头企业,建立高效、有序的运输市场缺乏基础。

六、公路运输发展趋势

(1)世界各国公路运输发展总趋势是它在各种运输方式中所占比重持续增大,并与铁路运输一起发展成为现代化综合运输体系中的主要力量,公铁联运趋势增强。

(2)随着公路技术等级逐步提高,特别是高速公路的建成并投入使用,积极开展公路快速直达客、货运输已成为运输组织形式方面的主要趋势。

(3)在许多国家公路运输经营方式均有从分散走向联合并尽可能实行统一管理的趋势,由于运输服务社会化的特殊性,联合经营可以带来稳定的效益,因此国内外公路运输不同形式的经营联合比较普遍。

(4)随着公路网络的完善,特别是高速公路网的形成,按规模化要求建立集约化经营的运输企业。

(5)公路货运业将纳入物流服务业发展的系统中,更强调在专业化原则上的合作,包括不同运输方式之间的合作,与服务对象的合作。

(6)国内外公路运输企业在运输管理技术方面的发展趋势是系统采用现代技术实现信息化管理,这些技术主要包括全球卫星定位技术(GPS)、地理信息系统(GIS)、移动通信技术(GSM)、电子数据交换技术(EDI)、计算机信息管理技术(CMS)等项。

(7)逐步加强运输规划,使公路建设及运输站场设施的配置与客货流规律更好地协调起来,同时还根据效率与效益原则,把运输服务向纵深推进。

案例分析:我国公路货运行业发展报告

我国当前货运市场,公路运输是最主要的方式。在整个货运行业占比70%以上,公路货运行业处在成熟稳定期。

1. 行业概览

通常货运按照组织方式的不同分为零担货运和整车两类。零担是相对于整车而言的物流概念。零担货运是指按零散货物办理承托手续、组织运送和计费的货运物流。具体是指客户需要运送的货物不足有一车,则作为零担货运,承运企业把运往一个地方的多家客户的货物,通过配载手段,达到一辆车的基本载运能力,然后运送到该地方,在分发给客户的运送方式。而整车运输是按照整车货物办理承托手续,组织运送和计费的货运方式。

2. 当前行业市场化程度

我国当前从货运总量上,公路是最主要运输方式。行业基础较为成熟,但距离现代物流体系有较大距离。2017年全国货运量479.4亿吨,其中公路货运量368亿吨、占整个运输行业的78%。其中分为:快递、零担、整车三个细分子行业。2017年公路货运行业总规模4.5万亿。

3. 货运规模走势

(1)公路货运规模及发展情况,对货车数量规模有着直接影响。从中国公路的新改建公路里程来看,中国2018年新改建公路里程为6000公里,总里程突破14万公里,这对于中国公路货运快速发展提供了基础支撑。

(2)2017年中国公路货物运输量为368.0亿吨,同比增长22.5%。2017年中国公路货物运输周转量为66713亿吨公里,同比增长9.0%;中国公路的货运量和周转量正在逐渐上升。同时,顺丰、申通、圆通、京东等快递和电商企业拥有和整合车辆都超过万辆,近年来,快递市场继续保持50%左右的高速增长态势,预计未来较长一段时期,快递公路运输仍将保持快速增长。

4. 货车保有量规模

交通部公布2016发展统计公报及预测:2018年末全国拥有载货汽车将达到1600万辆,其中,普通货车约1000万辆,公路专用货车50万辆。

5. 新增货车销量走势分析预测

重卡销量维持高位,后续增速或将回落。2017年1—4月货车销售117.5万辆,同比增长13.3%,主要系重卡高增长拉动。自2016年8月实施GB 1589治超以来,重卡维持高速超预期增长,1—4月重卡销售38.8万辆,同比增长80.3%。我们判断,此轮治超带来的物流车更新需求接近饱和,物流车与自卸车两者增速差逐步收窄也佐证了此判断,未来随着基数走高、固定投资增速减慢以及房地产调控的加严,预计重卡增速将有所下降。

6. 行业分布情况

截至2016年底,我国公路专用货车数量排名前五的城市分别是安徽,河北,江苏,辽宁,广东;排名第一的安徽41204辆,比排名第三的江苏超出8.67%。

7. 我国货运行业发展趋势

(1)公路货运行业未来存在较大增长空间。随着我国高速公路建筑的完善,形成14万公里全国网络化布局,为货运提供了有利的基础条件。同时,随着全国GDP的增长,2018上半年我国人均消费水平达到9609元,同比增长8.8%,将间接促进货运行业的发展。2017年中国公路货物运输周转量为66713亿吨公里,同比增长9.0%,各方数据显示,公路货运行业将会维持一个稳定坚实的长期增长。

(2)市场对产品类型及服务质量需求将多样化,未来业务量占比将不断提高。随着我国未来持续对经济结构的调整,货运产品的结构也将发生变化。预计未来公路货运中大宗货物、初级产品所占份额呈下降趋势,但各类消费品、制造业高新技术产品运输需求增大。同时对装卸、包装、监控、追踪要求环节要求加大。

(3)行业集中程度逐步提高。我国公路货运行业会从积累阶段发展到集中阶段,市场集中程度逐渐增加。中国运输行业已经进入市场初步集中阶段。

(4)车货匹配平台诞生,逐步进入"联网化＋"运营模式。进入2010年以后,随着公路货运行业进入了井喷期,高速扩张的速度,攀升至2014年诞生了喧嚣的"车货匹配平台",百余家的App在市场上竞相绽放,到达相对高点。

(5)公路货运日益融入现代物流业。物流作为一种新型的经济运作方式,已经成为国民经济的重要服务部门。但是,我国公路运输的组织形式是以区域企业为主,受体制封闭等人为因素影响,跨区域长途运输回城空载现象严重,运输成本较大,运输效率较低,未来将进一步朝现代化物流体系融合,实现人、车、货的信息整合,以及下游仓储、装卸等市场的一体化整合。

8. 影响行业发展的不利和有利因素

1)有利因素

(1)我国宏观经济增长带动公路运输业的持续发展。根据"十三五"规划纲要提出的经济社会发展目标,到2020年城乡居民收入比2010年翻一番。宏观经济将持续保持稳定发展,将有力保证了中小企业、城乡居民为主的客户业务量增长。

(2)国家宏观经济对公路运输行业的良好支持。早在"十二五"规划中就提到通过创新道路发展货运,提高集约化和标准化水平,加快发展定线的货运方式,并支持零担、快运经营业务的网络延伸。

(3)国家公路网络建设的不断完善提供了基础条件。截至2018年底,我国形成了纵横联合的12万公里的高速网,公路结构明显趋于合理,城乡结合更加顺畅,为公路运输发展提供了保障。

(4)信息化和技术化的持续升级将提升运输企业的运营效率。从全球物流行业来看,信息化和技术化水平的提高,是物流降低成本、提高服务质量的关键因素之一。目前我国公路快运从粗放的扩张方式,向提升服务质量的集约化模式转型,信息化水平的提高,既满足用户查询需求,又为企业实施科学化生产调度提供信息平台,因此,对该行业的信息化改造,将提高行业企业的综合竞争力。

2)不利因素

(1)经营成本的不断上涨影响行业整体利润。随着职工薪酬的不断上涨,而公路运输属于密集型劳动力行业,这导致企业运营成本不断上升。另外,燃油价格的波动将影响运输成本。各类要素价格的频繁波动,对企业运营成本造成一定影响。

(2)行业类价格竞争依然存在。公路货运存在大量中小企业甚至微型企业,在产品提供及服务方面同质化较为严重,通常依靠价格因素来吸引货源。未来企业必须通过提升服务质量、调整产品等差异化措施来赢得市场份额。

(3)高端人才缺乏。企业管理和运营技术方面,较为缺乏在路由设计、线路规划等方面的高素质人才和复合型人才,由于管理理念和技术水平的更新较快,专业人才需要培养时间,整个物流行业仍面临人才匮乏的情况。

(4)铁路运输对公路货运存在分流作用。2014年中国铁路年货物发送量38.1亿吨,涵盖各类物资,也在一定程度上形成对公路货源的分流,造成不利影响。

思考题:

我国的货运行业发展目前存在的问题有哪些?

单元二 公路运输基础设施与设备

学习目标:

1. 掌握公路运输等级划分、交通控制设备类别及其功能。

2. 了解各等级公路的相关运营参数标准、交通信号的发展趋势。

3. 熟悉公路场站的类型及功能。

情境导入:

根据中国公路网数据,截至 2022 年末全国公路总里程达 535.48 万公里,比上年末增加 7.41 万公里;其中高速公路总里程 17.73 万公里,增加 0.82 万公里。2017 年的时候就有机构做过统计,截至该年底我国的高速路总里程已经跃居世界第一位了,比第二名的美国多出 31720 公里,经过五年时间的发展我们已经快突破 18 万公里了。这些都预示着我国经济高速增长带来对交通基础设施建设发展的需求,同时以各级公路为代表的公路基础设施的不断完善又为中国经济的持续快速发展提供了坚实基础。

公路运输基础设施与设备主要包括公路运输线路、运输载运工具、供旅客上下车休息候车的客运站以及提供货物中转划拨的货运站,这些基础设施与设备是公路客货运输得以正常开展进行的基础与保障。

一、公路运输线路

1. 公路

公路是指连接城市、乡村,主要供汽车行驶的具备一定技术条件和设施的道路。根据公路的作用及使用性质,可划分为:国家干线公路(国道)、省级干线公路(省道)、县级干线公路(县道)、乡级公路(乡道)以及专用公路。

按交通部颁发《公路工程技术标准》(JTJ 001—1997),根据交通量及其使用任务、性质将公路分为两类 5 个等级。

1)汽车专用路

作为公路网骨架的干线公路,它分为以下几类。

(1)高速公路

具有 4 个或 4 个以上车道,设有中央分隔带,全部立体交叉并具有完善的交通安全设施与管理设施、服务设施,全部控制出入,专供汽车分道高速行驶的公路。

四车道高速公路一般能适应按各种汽车(包括摩托车)折合成小汽车的远景设计年限年平均昼夜交通量为 25000～55000 辆;六车道高速公路一般能适应按各种汽车(包括摩托车)折合成小汽车的远景设计年限年平均昼夜交通量为 45000～80000 辆;八车道高

速公路一般能适应按各种汽车(包括摩托车)折合成小汽车的远景设计年限年平均昼夜交通量为60000~100000辆。

(2)一级公路

它与高速公路设施基本相同,只是部分控制出入,一般能适应按各种汽车(包括摩托车)折合成小汽车年平均昼夜交通量为15000~30000辆,是连接重要的政治、经济中心,通往重点工矿区、港口及机场等专供汽车分道行驶的公路。

(3)二级公路

一般能适应按各种汽车(包括摩托车)折合成中型载重汽车的年平均昼夜交通量为3000~7500辆,为连接政治、经济中心或大工矿区、港口及机场等专供汽车行驶的公路。

2)一般公路

一般可作为公路网的干线公路,它分为以下几类。

(1)三级公路

一般能适应按各种车辆折合成中型载重汽车的年平均昼夜交通量为1000~4000辆,为沟通县以上城市的公路。

(2)四级公路

一般能适应按各种车辆折合成中型载重汽车的年平均昼夜交通量为1500辆以下,为沟通乡(镇)、村等的公路。

公路等级应根据公路网的规划和远期交通量的发展,从全局出发结合公路的使用任务、性质等综合决定。远景设计年限为:高速公路、一级公路为20年;二级公路为15年;三级公路为10年;四级公路一般为10年,也可以根据实际情况适当缩短。

表 2-2-1 公路分级表

等 级	高 速	一 级	二 级	三 级	四 级
AADT(辆/d)	大于25000	15000~30000	3000~7500	1000~4000	1500(双车道)
标准车	小客车	小客车	中型货车	中型货车	中型货车
出入口控制	完全控制	部分控制	/	/	/
设计年限	20	20	15	10	10

注:AADT=annual average day traffic 其定义是一年的总交通量除以365d,并折算为适应不同等级公路的交通量。

2. 交通控制设备

随着交通量的增长,路上的交通日益拥挤,交通混乱、阻塞的现象屡见不鲜。这不仅影响车辆的行驶速度和公路的通行能力,而且容易产生交通事故,因而特别需要加强对交通的控制与管理。交通控制设备主要有路面标线、交通标志和交通信号三类,其功能主要是对车辆、驾驶员和行人起限制、警告和诱导作用。

1)路面标线

路面标线是将交通的警告、禁令、指示和指路用画线、符号、文字等标示或嵌、划在路面、缘石和路边的建筑物上。例如道路中心线、车道边缘线、停车线、禁止通行区等。路面标线的颜色有黄色和白色两种:白色一般用于准许车辆越过的标线,例如车道线、转弯符号等；黄色一般用于车辆不准许超越的标线，例如禁止通行区、不准超车的双中心线等。

路标为沿道路中线或车道边线或防撞墙埋设的反光标志物。车辆夜间行驶时，在车灯照射下，路标的反光作用勾画出行车道或车道的轮廓，从而向驾驶员提供行驶导向。

2）交通标志

交通标志与路面标线具有相同的作用，是把交通指示、交通警告、交通禁令和指路等交通管理与控制法规用文字、图形或符号形象化的表示出来，设置于路侧或公路上方的交通控制设施。它是交通的先导，交通标志分为以下 4 种。

（1）警告标志：唤起驾驶员对前方公路或交通条件的注意，如陡坡、急转弯、窄桥、铁路平交口以及影响行车安全地点的标志。

（2）禁令标志：禁止或限制车辆、行人通行的标志，如限速、不准停车、不准超车、不准左转等。

（3）指示标志：指示车辆、行人行进或停止的标志，如绕道标志、目的地和距离标志等。

（4）指路标志：指出前方的地名或其他名胜古迹的位置和距离，预告和指示高速公路或一级公路的中途出入口、沿途的服务设施和必要的导向等。

齐全的交通标志，能有效地保护路桥设施，保障交通秩序，提高运输效率和减少交通事故。它是公路沿线设施必不可少的组成成分。交通标志必须简单、明了、醒目，使驾驶员在极短的时间内能看清并识别，并具有统一性，使不同地区或国家的驾驶员都能看懂。

3）交通信号

交通信号是最主要的交通控制设备，是用于在时间上给互相冲突的交通流分配通行权，使各个方向和车道上的车辆安全而有序地通过交叉口的一种交通管理措施。交通信号基本上可分为定时式和感应式两种。

（1）定时式

定时信号是利用定时控制器，按预先设定的时间顺序，重复变换红、黄和绿三色灯。信号周期时间可按照交叉口处不同方向车流的情况预先规定一种或几种。这种方式既经济又准确可靠。

交通信号网络工作方式

（2）感应式

感应信号是通过车辆检测器测定到达交叉口的车辆数，及时变换信号显示时间的一种控制方式。它能充分利用绿灯时间，提高通行能力，使车辆在停车线前尽可能不停车，从而可得安全通畅的通车效果，但感应式信号装置的造价很高。

二、运输载运工具

从事公路客货运输的车辆一般指汽车，汽车是指由动力装置驱动，具有四个或四个以上车轮的非轨道无架线的车辆，货车是指运载货物的汽车，又称载货汽车或卡车。

1. 汽车分类

1)普通用途汽车

(1)轿车:用于载送人员(2～9人)及其随身物品且座位布置在两轴之间的车辆。按照发动机排量划分:有微型轿车(1升以下)、轻级轿车(1～1.6升)、中级轿车(1.6～2.5升)、中高级轿车(2.5～4升)、高级轿车(4升以上)。

(2)客车:具有长方形车厢,主要用于载送人员(9人以上)及其随身行李物品的汽车。按照长度划分:有微型客车(不超过3.5米)、小型客车(3.5～7米)、中型客车(7～10米)和大型客车(10米以上)。

(3)货车:主要用于运送货物的车辆。按照载重量划分:有微型货车(1.8吨以下)、轻型货车(1.8～6吨)、中型货车(6～14吨)、重型货车(14吨以上)。

另外现行国标GB/T3730.1—2001将汽车分为乘用车和商用车。

乘用车(不超过9座)分为普通乘用车、活顶乘用车、高级乘用车、小型乘用车、敞篷车、仓背乘用车、旅行车、多用途乘用车、短头乘用车、越野乘用车、专用乘用车等11类。

商用车分为客车、货车和半挂牵引车等3类。客车细分为小型客车、城市客车、长途客车、旅游客车、铰接客车、无轨客车、越野客车、专用客车。货车细分为普通货车、多用途货车、全挂牵引车、越野货车、专用作业车、专用货车。

2)专用汽车

(1)作业型专用汽车

是指在汽车上安装各种特殊设备进行特定作业的汽车。包括救护车、消防车、环卫车、电视广播车、机场作业车、市政建设工程作业车等。

(2)运输型专用汽车

是指车身经过改装,用来运输专门货物的汽车。包括垃圾运输车、冷藏车厢货车、运输沙土的自卸汽车、混凝土运输车、罐车,此外还有挂车、半挂车、集装箱货车等。

3)特殊用途汽车

如国际赛车比赛使用的专用赛车以及娱乐汽车像房车、高尔夫球场专用车、海滩游乐汽车等。

2. 车辆的选择

在实际运输生产运作业务中,针对具体的客货运输任务要选择合适的车辆来安排运输生产作业,总体来说选配车辆的基本原则主要是技术上先进、经济上合理、生产上适用、维修上方便,选择车辆时,应该考虑的因素包括:车辆的类型、车身的类型、驾驶舒适程度及辅助装卸设备的类型(表2-2-2)。货运车辆类型的选择主要依据主要有货物的特性以及包装的类型和形状。

表2-2-2 车辆选择考虑因素及具体内容表

考虑因素	具体内容
车辆的类型	小汽车、中型车;单车、铰接车、牵引杆拖车
车身的类型	平板车、箱车(Van Body)、边开箱车(Curtain Siders)、可卸的车厢(Demountables)、牵引杆拖车厢(Drawbars)、自卸车(Tippers)、冷冻车(Refrigerated vehicles)。

（续表）

考虑因素	具体内容
驾驶舒适程度	首先要考虑的就是驾驶座、脚踏板和其他驾驶控制杆的位置以及座位的型号。另外,还要仔细考虑温度控制和优良的音响设备。
辅助装卸设备	机械装卸设备的发展带来了集约化装载,避免了一个个货物分别的装卸过程。这样的设备包括:托盘装载设备、尾部吊运设备、电动装货传送带和可动的底板、车载起重机。

三、运输场站

公路运输场站是公路办理客、货运输及仓储保管、车辆保养修理以及为用户提供相关服务的场所,是汽车运输企业的生产与技术基地,一般包括客运站、货运站、停车场(库)、保修场(站)、加油站及食宿站等。

1. 客运站

公路运输客运站的主要功能是发售客票、候车服务、调度车辆、组织乘客上下车、行包受理与交付及其他服务等。

公路(汽车)客运站主要是按日旅客发送量,并结合所在地政治、经济及文化等因素分为四级。

一级站:日旅客发送量为7000人次及以上;

二级站:日旅客发送量为3000～7000人次;

三级站:日旅客发送量为500～3000人次;

四级站:日旅客发送量为500人次以下。

客运站的设施主要由站前广场、停车场、发车位、站房以及车辆维修车间、材料库等辅助设施组成。

2. 公路站场

站场是公路运输办理货物运输业务及保管、保修车辆的场所,它是汽车运输企业的技术基地,又是基层生产单位,是公路运输网点的重要组成部分。按其使用性质的不同,可分为货运站、技术站和停车场(库)。

1)货运站

也称公路货运站(场),货运站是专门办理货物运输业务的汽车站,一般设在公路货物集散点。货运站的主要工作是组织货源、受理托运、理货、编制货车运行作业计划,以及车辆的调度、检查、加油、维修等。站内一般设有营业室、调度室、停车场、驾驶人员食宿站等,有的还有装卸设备和装卸人员。汽车货运站一般规模都比较小,适应汽车运输的灵活性。货运站多设于仓库、工业区或铁路货运站及货运码头附近。

货运站分为两类,一类是运输整车货物的运输公司的基地,它由办公用房和停车场组成,车辆较多时还设有保养场甚至保修厂。另一类是以零担货物运输为主要作业的车站,它与第一类车站的不同之处是站内设有仓库和货物存放场地。仓库或货棚一般设置于站台上,零担货物中转站的货物装卸站台一般分为直线型和阶梯型,根据车辆进行作业时与站台的相互位置,直线型又可分成平行式和垂直式,如图2-2-1所示。在公路运输较发达的一些国家,有些汽车货运站还是组织联运的基地。它将一些长途运输业务安排给其他运输方式,组织和协调各种运输方式的衔接和配合。有些汽车货运站既是运输组织中心,又是货运信息中心。

公路零担货运站又可分为汽车零担站、零担中转站、集装箱货运中转站等。

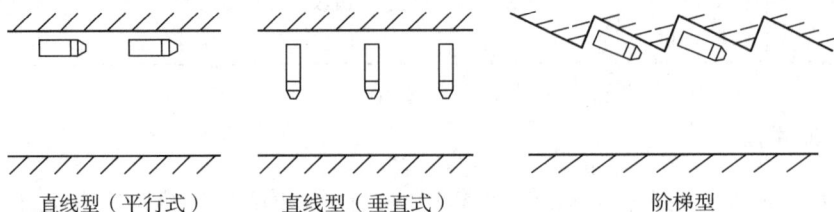

| 直线型(平行式) | 直线型(垂直式) | 阶梯型 |

图2-2-1 零担货物中转站的货物装卸站台平面布局图

2)技术站

技术站的主要任务是对汽车进行保养和维修,按作业性质不同,技术站分为保养场和修理厂,或二者合而为一。

3)停车场(库)

主要任务是保管停放车辆,是公路运输站场的一部分。停车场(库)从建筑形式上可分为暖式车库、一般车库、车棚和露天停车场四种形式。现代化的大型停车场还具有车辆维修、加油等功能。从建筑性质来看,停车场(库)可以分为暖式车库、冷式车库、车棚和露天停车场等。

案例分析:网络货运成为物流业新模式,帮助企业降低运输成本

在互联网的带动下,各行各业都在不断智能化发展,各种平台都能帮助人们更加节省时间,方便人们的生活,物流行业在不例外,在"互联网+货运"的快速发展下,在很多方面改变了以往货运的局面,促进物流行业更加的数字化、智慧化,网络货运成为物流行业的新模式,这样可以很好的帮助企业降低运输成本!

网络货运平台的出现可以帮助企业更好的管理车辆的运输状态,还可以进行实时在线调度,可以看到车辆的运输轨迹,保证运单的准时送达,提高了运输车辆的利用率,还能降低车辆的空驶率,使得传统物流慢慢转变成网络化物流模式。

网络货运就是企业利用互联网技术,通过信息资源的开发和利用,进行资源的整合,从而提高生产、经营、管理、决策的效率和水平,进而降低成本、提高企业经营效益和企业竞争力的过程。

企业降本增效、合规化是行业改革中立足之本,网络货运平台正是要帮助企业实现规范化、精细化运营,打造企业优势,从而在行业发展浪潮中,顺利转型升级。

思考题:

网络货运与传统货运有何区别?

单元三　车辆运行组织管理

学习目标：

1. 掌握车辆路线选择的种类与适用条件。
2. 了解拖挂运输的组织形式与特点。

情境导入：

在传统的车队的日常管理中，主要管理事项以及难点有车辆分配调度问题、车辆费用报销问题、里程油耗、数据分析统计等。如果就几台车不需要花很多心思去管理，一个车队基本都是由几十台、几百台甚至几千台的车辆组成的，就必须借助一些方法手段来进行高效管理，以达到降低运营成本提升运营效率的目的，其中借助于信息化手段如相关的管理软件来对车辆进行管理就是一个典型的方法。

一、车辆选择和线路的选择

1. 车辆类型的选择

运输车辆类型的选择，主要指车辆选择和载重量的选择。

合理选择车辆，不仅可以保证货物完好无损，而且可以提高车辆载重量的利用率、装卸工作效率，缩短运达期限并减少运输费用。在通常情况下，车辆的选择应保证运输费用最少这一基本要求。其影响因素主要包括：货物的类型、特性与批量、装卸工作方法、道路与气候条件、货物运送速度以及运输工作的劳动、动力及材料消耗量等。

车辆类型的选择，主要指对通用车辆和专用车辆的选择。针对不同类型货物的运输需要采用相应的专用车辆，可以保证货物完好无损、减少劳动消耗量、改善劳动条件、提高行车安全及运输经济效果。确定车辆载重量选择的首要因素是货物批量。当进行大批量货物运输时，在道路法规允许的范围内采用最高载重量的车辆是合理的；而当货物批量有限时，车辆的载重量需与货物的批量相适应，否则如果车辆载重量过大，必将增加材料与动力的消耗量，增加运输成本。在特殊情况下，对于在往复式路线上运输小批量货物，采用汇集式运输时可选择载重量较大的车辆。

2. 车辆线路的选择

货运车辆行驶线路是指车辆在完成货物运输工作中的运行线路。由于货运任务的性质和特点不同，道路条件及所用车辆类型的不同，即使在相同发收货点之间，货运车辆也可以选择不同的行驶线路来完成给定的货运任务。车辆里程利用率的高低对运输效率和运输成本有很大关系，而里程利用率的高低，又随行驶线路的不同而不同。因而，在满足货运任务要求的前提下，选择经济效益较好的行驶线路，是组织车辆运行的一项十分重要的工作。在一定货流条件下,货运车辆的行驶线路可分为往复式、环形式、辐射式和汇集式四大类。

往复式行驶线路是指车辆在某线路上两装卸地点之间配作一次或一次以上重复行驶的线路,它又可以分为单程有载往复式、回程部分有载往复式和双程有载往复式(图 2-3-1)。单程有载往复式(a)是最常见的一种,其里程利用效率较低。若考虑进出车场的调空行程在内,其里程利用率不可能大于 50%。若在回程载有货物,但没有达到全程,这就构成了回程部分有载往复行驶线路(b),这种形式的车辆里程利用率有所提高,其一般范围为:$50\% < \beta < 100\%$。若车辆回程中全部有载,就构成了双程有载往复式行驶线路(c),这种形式的车辆里程利用率最高,其值可接近于 100%。由此可见,货车行驶方式不同,车辆里程利用率高低有很大差别,做好空车流方向上的货源组织工作,对于提高运输效率和降低运输成本有很大意义。

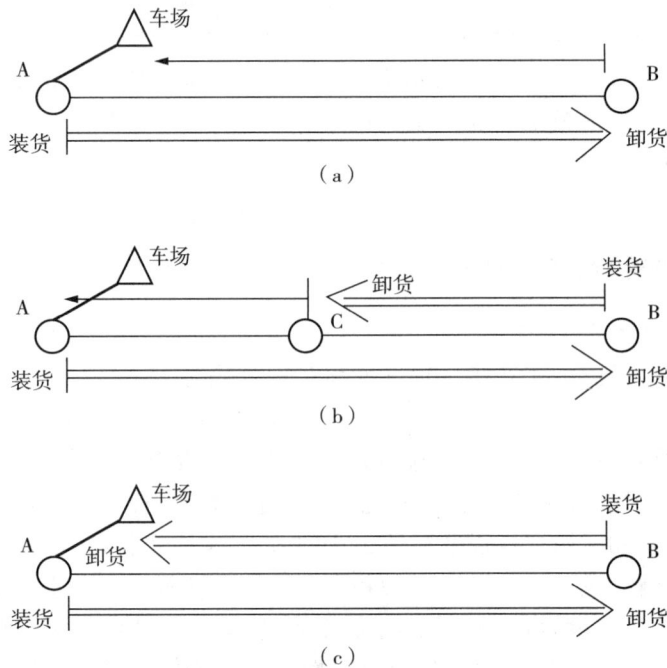

图 2-3-1 往复式行驶线路

环形式行驶线路(图 2-3-2)是指车辆在由若干个装卸作业地点所组成的封闭回路上,作连续单向行驶的线路,它又可以有简单式环形行驶线路、交叉或三角形式环形行驶线路和复合式环形行驶线路三种形式。货物运输方向基本上相向或平行,但两端装卸货场都不在同一点上的循环回路,称为简单式环形线路(a)。由相向的两条单程运输线形成一个三角形或交叉组成两个三角形的循环回路,称为交叉或三角形式环形行驶线路(b,c)。采用交叉或三角形式环形行驶线路,可相应地提高车辆里程利用率。兼有简单式环形行驶线路和交叉或三角形式环形行驶线路特征的环形行驶线路,称为复合式环形行驶线路(d)。组织货车在环形路线上行驶,应使空车流向里程之和小于重车流向里程之和。

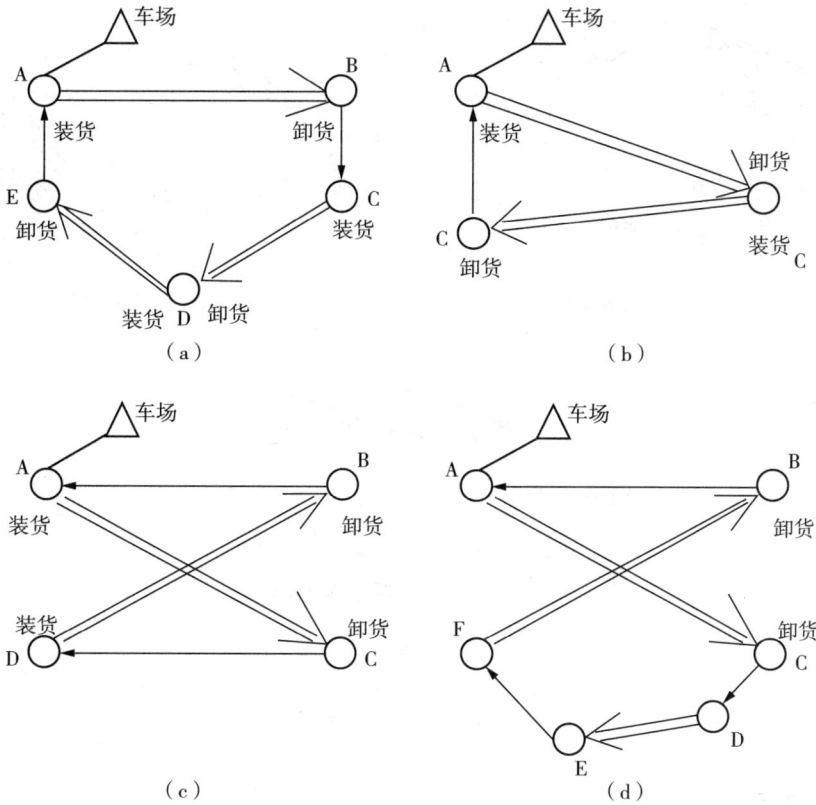

图 2-3-2　环形行驶线路

　　辐射式行驶线路（图 2-3-3）是指货物由某一地点运往不同方向的收货点，或由不同方向发货点运往同一收货点而形成的车辆行驶线路，实际上它是由若干往复式行驶线路组合而成的线路。在城市货运工作中，车站、码头的货物集散，以及煤炭、粮食仓库的煤、粮分运工作，一般都采用辐射式行驶线路。

　　汇集式行驶线路是指车辆沿运行线路上各货运点依次进行装（卸）货物，并且每运次运量都小于一整车时的车辆行驶线路，它可以有分送式行驶线路、收集式行驶线路和分送－收集式行驶线路三种形式

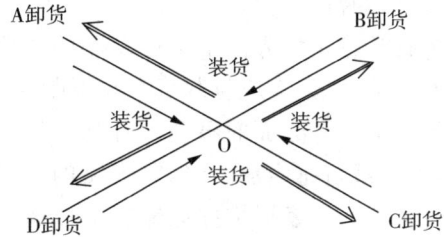

图 2-3-3　辐射式行驶线路

（图 2-3-4）。沿运行线路上各货运点依次进行卸货的线路，称为分送式行驶线路[图 2-3-4(a)]，沿运行线路上各货运点依次进行装货的线路，称为收集式行驶线路[图 2-3-4(b)]；沿运行线路上各货运点分别或同时进行分送及收集货物的线路，称为分送－收集式行驶线路[图 2-3-4(c)]。当车辆按汇集式行驶线路完成运输工作时，通常以单程或周转为基本运输过程进行组织。

（a）分送式行驶线路　　　　　　　　（b）收集式行驶线路

（c）分送-收集式行驶线路图

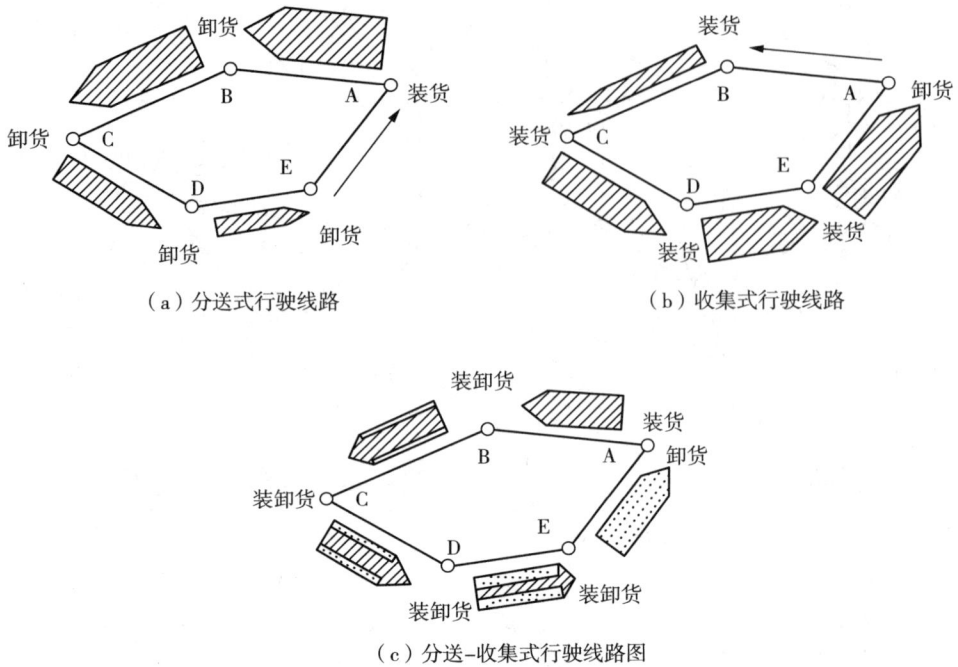

图 2-3-4　汇集式线路

二、拖挂运输组织

1. 拖挂运输概述

拖挂运输也称汽车运输列车化,它是以汽车列车形式参加运输生产活动的组织形式。表现形式由一辆汽车(货车或者牵引车)与一辆或一辆以上挂车组合而成的汽车运输单元,即为汽车列车。

拖挂运输是世界汽车货运发展的主要趋势之一。增加载重量是提高车辆生产率的一个有效途径,但大吨位载货车在不断增加载重量的同时,轴载荷逐渐受到法规、轮胎与道路承载能力等方面的限制。研究表明,载货汽车轴载荷的增加与损坏道路的 4 次方成正比,即轴载荷每增加 1 倍,对道路的损坏程度将为原来的 16 倍。因此,增加载质量更为合理的途径是发展拖挂运输。拖挂运输得到发展固然是因为汽车发动机的功率逐渐增大,道路状况日益改善,但主要还在于挂车与大吨位载货车辆相比它具有结构简单,耗用金属少,造价低,载货面积大等方面的优点,所以拖挂运输的经济性极为显著。拖挂运输的缺点是它虽明显增加了汽车运输每次的装载质量,提高了车辆总的生产率,但因受多种原因的影响,会引起汽车列车技术速度的下降和装卸作业停歇时间的延长,从而使车辆生产率的提高受到一定的限制。

2. 拖挂运输组织分类

根据汽车列车的运行特点和对装卸组织工作的不同要求,拖挂运输可有定挂运输和甩挂运输两种组织形式。

1)定挂运输的组织形式

定挂运输是指汽车列车在完成运行和装卸作业后,汽车(或牵引车)与全挂车(或半挂车)一般不予分离的定车定挂组织形式。在运行组织和管理工作方面基本上与单车相仿,易于推广,是当前我国开展拖挂运输的一种主要形式。

汽车列车的运输组织工作与单车相比,在货物装卸和车辆运行调度方面必须加强组织,否则不能收到预期的效果。

汽车列车易受道路条件的限制。当线路上某一小段因坡度大而影响汽车列车正常通过时,可以考虑采用接挂或助挂的运输方式。

接挂运输也称接力运输,是指在汽车列车不能通过路段的前方,先由汽车(主车或另派汽车)或其他运输工具,为汽车列车集散货物,再由汽车列车运送的挂车运输(图2-3-5)。助挂运输也称高低坡助挂运输,是指在运量大、车次多、运距较长线路中间某处有较大高坡,妨害汽车列车正常通过时,在线路较大高坡处的前方,专门配备一辆负责助挂的汽车(或牵引车),在高坡地段汽车列车采用双机牵引的挂车运输。助挂汽车在汽车列车行驶到高坡下时加挂,汽车列车顺利通过高坡后,在坡上摘下,再返回起始地点(图2-3-6)。

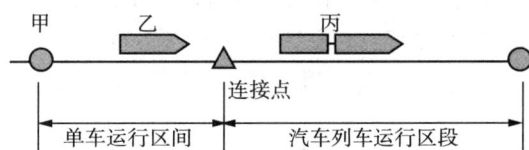

图2-3-5　接挂运输

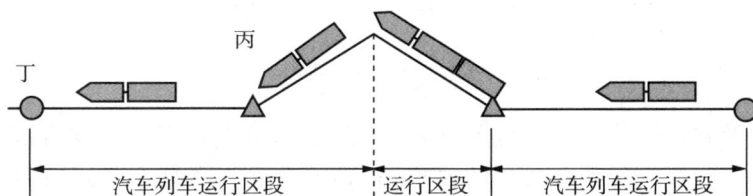

图2-3-6　助挂运输

组织长距离定挂运输时,只要合理安排汽车列车的行车间隔时间,因带挂后增加的货物装卸作业时间对运输效率不会有很大的影响,但在距离较短且装卸能力不足的情况下,这个问题就比较突出,有时甚至相当严重。一方面,这是因为短途运输增加了车辆装卸作业停歇时间在出车时间内所占的比重;另一方面,是因为在同样的装卸条件情况下,汽车列车所需要的装卸作业时间有了增加。

2)甩挂运输的组织形式

甩挂运输是指载货汽车(或牵引车)按照预定的计划,在某个装卸作业地点甩下挂车并挂上指定的挂车后,继续运行的拖挂运输组织形式。甩挂运输也称为甩挂装卸,这种运输组织形式可以保证载货汽车(或牵引车)的停歇时间缩短到最低限度,以充分发挥它的运输效率,最大限度地利用它的牵引能力。甩挂运输是为了解决短途运输中因装卸能力不足,造成车辆过长的装卸作业停歇时间而发展起来的。这种组织方法的特点是:利用汽车列车的行驶时间来完成甩下挂车的装卸作业,使原来整个汽车列车的装卸时间,缩短为主车装卸时间和甩挂作业时间,从而加速了车辆周转,提高了运输效率。

甩挂运输可以有不同的组织方法,甩挂程序也可能会有所区别,但基本作业原理是一样的。从甩挂运输的工作过程可以看出,只有当主车的装卸作业时间与甩挂作业时间之和小于整个汽车列车装卸停歇时间时,采用甩挂运输才是有利的。同时,为充分发挥挂车的运输效率,挂车在完成装卸作业后的待挂时间也不宜过长。

实际上挂车待挂常常是难免的,问题在于如何选择适当的运输距离,尽量减少挂车的待挂时间。甩挂运输一般适宜于短距离运输,在运距太长情况下如果采用甩挂运输,汽车列车装卸作业停歇时间在其出车时间中所占比重不大,而挂车在完成装卸后的待挂时间又太长,致使挂车运输效率不能充分发挥而造成运力的浪费。当运距大到一定程度时,即使甩挂运输可减少汽车列车装卸作业停歇时间,由于汽车列车的技术速度低于同等载重量的汽车,也会使汽车列车的生产率低于同等载重量载货汽车的生产率。

在实际工作中,甩挂运输主要采用如下4种组织形式:

(1)一线两点、两端甩挂

一线两点、两端甩挂是适宜在短途往复式运输线路上采用的一种甩挂形式。这时,汽车列车往复运行于两装卸点之间,在装卸作业地点各配备一定数量的周转挂车,汽车列车在线路两端的装卸作业地点均实行甩挂作业(图2-3-7)。

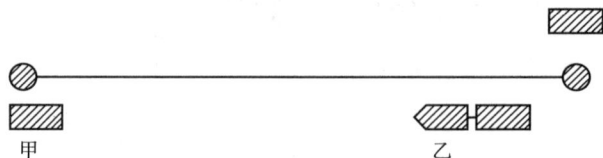

图2-3-7 往复式运输线路上甩挂作业

这种组织形式对于装卸作业地点固定,运量较大的地区,只要组织合理,效果比较显著。但对车辆运行组织工作有较高的要求,它必须根据汽车列车的运行时间,主挂车的装卸作业时间资料,预先编制汽车列车运行图,以保证均衡生产。

根据货流情况,也可以采用一线两点、一端甩挂的组织形式,即装车甩挂、卸车不甩挂,或卸车甩挂、装车不甩挂作业。这种形式适用于装车作业地点能力较强而卸车作业地点能力较弱,或相反的地区。

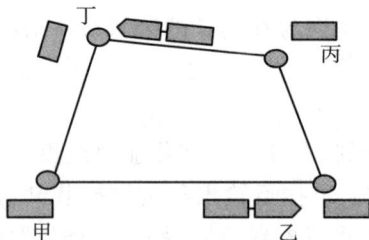

图2-3-8 循环甩

(2)循环甩挂

循环甩挂是在车辆循环运输的基础上,进一步组织甩挂运输的一种方式,它要求在闭合循环回路的各装卸作业地点上,配备一定数量的周转挂车,汽车列车每到达一个装卸作业地点后甩下所带挂车,装卸工人集中力量完成主车的装卸作业,然后挂上预先准备好的挂车继续行驶(图2-3-8)。

这种组织形式的实质是用循环调度的办法来组织封闭回路上的甩挂作业,它不仅可提高载运能力,压缩装卸作业停歇时间,而且提高了里程利用率,所以是甩挂运输中较为经济、运输效率较高的组织形式之一。但由于它涉及面广,故组织工作较为复杂。在组织循环甩挂运输时,一方面要满足循环调度的基本要求,另一方面则还应选择运量较大且稳定货流进行组织,同时也要有适宜于组织甩挂运输的货场条件。

(3)一线多点、沿途甩挂

一线多点,沿途甩挂的组织形式,要求汽车列车在起点站按照卸货作业地点的先后次序本着"远装前挂、近装后挂"的原则,编挂汽车列车。采用这一组织形式时,在沿途有货物装卸作业的站点,甩下汽车列车的挂车或挂上预先准备好的挂车直至运行到终点站(图2-3-9)。汽车列车在终点站整列卸载后,沿原始线路返回,经由原进行甩挂作业站点时,挂上预先准备好的挂车或甩下汽车列车上的挂车,直至运行到起点站。

图2-3-9　一点多线、沿途甩挂示意

一线多点,沿途甩挂组织方式适用于装货(或卸货)地点集中,卸货(或装货)地点分散源比较稳定的同一运输线路上。当货源条件、装卸条件适宜时,也可以在起运站或到达站配备一定数量的挂车进行甩挂作业。定期零担班车也可采用这一组织形式。

(4)多线一点、轮流拖带

多线一点、轮流拖带是指在装(卸)货集中的地点,配备一定数量周转挂车,在没有汽车到达时间内,预先装(卸)好周转挂车的货物,某线路上行驶的汽车列车到达后,先甩下挂车,再集中力量装(卸)主车,然后挂走预先装(卸)好的挂车返回原卸(装)货地点,进行整列卸(装)的挂车运输组织形式(图2-3-10)。这一组织形式实际上是一线两点、一端甩挂的复合,不同的只是在这里挂车多线共用,可提高挂车运用效率。它适用于发货点集中、卸货点分散,或卸货点集中、装货点分散的线路上。

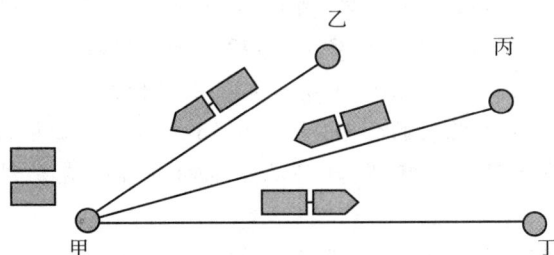

图2-3-10　多线一点、轮流拖带示意

适宜的货源条件是组织甩挂运输的基础,通常应选择装卸比较费时的固定性大宗货源。加强货源预测工作以及日常组织工作,掌握货流的特点及其变化的规律,这是组织甩挂运输应特别注意的问题。装卸组织工作与甩挂运输关系密切,应有计划地安排劳动力和装卸机械,合理地组织装卸作业。

组织甩挂运输应有周密的运行作业计划,在可能的情况下最好绘制运行图,并加强对甩挂运输的调度工作。调度员应根据不同的甩挂形式,掌握每一项作业的需要时间,汽车列车和挂车的周期时间、运行间隔,主挂车需要数等指标,以保证甩挂运输均衡地、有节奏地进行。

甩挂运输需要一定数量的周转挂车,从而也增加管理工作的复杂性。挂车数的配备应根据甩挂运输的不同形式加以确定。周转挂车原则上应在本行车小组内使用,并建立相应的维护、修理和管理制度。要确保挂车的完好率指标,合理运用每一辆挂车,以提高挂车的运输效率。

汽车列车与单辆载货汽车相比,在运行和装卸作业中更易发生事故,因此在机件设备、驾驶操作、甩挂作业等方面都必须具有一定的安全措施,以确保运输服务质量。

汽车列车行驶线路的选择,必须以安全为前提,基本原则是:

① 被选择的线路要适合于汽车列车的通行,路面平坦、没有过大的坡度,道路曲线最小半径应能保证汽车列车顺利通过和安全;

② 运距适宜;

③ 应尽量避开交通流量较为拥挤的路段(尤其在城市范围内),选择的运行线路应能保证汽车列车中速行驶。

显然,在同样的条件下甩挂运输可以比定挂运输有较高的运输效率。在承担相同载重量的情况下,由牵引车和半挂车组成的汽车列车所完成的运输工作量,比由载货汽车和全挂车组成的汽车列车要高。

除了定挂运输和甩挂运输外,一些国家还采用一种称为区段运输的快速运输组织形式。这是一种在长途干线上,由各驾驶员(或牵引车)连续分段接力行驶的拖挂运输组织形式,它具有较高的运输效率和运送速度。

案例分析:"沃尔玛"降低运输成本的学问

沃尔玛公司是世界上最大的商业零售企业,在物流运营过程中,尽可能地降低成本是其经营的哲学。沃尔玛有时采用空运,有时采用船运,还有一些货物采用卡车公路运输。在中国,沃尔玛百分之百地采用公路运输,所以如何降低卡车运输成本,是沃尔玛物流管理面临的一个重要问题,为此他们主要采取了以下措施:

1. 沃尔玛使用一种尽可能大的卡车,大约有16米加长的货柜,比集装箱运输卡车更长或更高。沃尔玛把卡车装得非常满,产品从车厢的底部一直装到最高,这样非常有助于节约成本。

2. 沃尔玛的车辆都是自有的,司机也是他的员工。沃尔玛的车队大约有5000名非司机员工,还有3700多名司机,车队每周每一次运输可以达7000~8000公里。

沃尔玛知道,卡车运输是比较危险的,有可能会出交通事故。因此,对于运输车队来说,保证安全是节约成本最重要的环节。沃尔玛的口号是"安全第一,礼貌第一",而不是"速度第一"。

在运输过程中,卡车司机们都非常遵守交通规则。沃尔玛定期在公路上对运输车队进行调查,卡车上面都带有公司的号码,如果看到司机违章驾驶,调查人员就可以根据车上的号码报告,以便于进行惩处。

沃尔玛认为,卡车不出事故,就是节省公司的费用,就是最大限度地降低物流成本,由于狠抓了安全驾驶,运输车队已经创造了300万公里无事故的纪录。

3. 沃尔玛采用全球定位系统对车辆进行定位,因此在任何时候,调度中心都可以知道这些车辆在什么地方,离商店有多远,还需要多长时间才能运到商店,这种估算可以精确到小时。沃尔玛知道卡车在哪里,产品在哪里。就可以提高整个物流系统的效率,有助于降低成本。

4. 沃尔玛的连锁商场的物流部门,24小时进行工作,无论白天或晚上,都能为卡车及时卸货。另外,沃尔玛的运输车队利用夜间进行从出发地到目的地的运输,从而做到了当日下午进行集货,夜间进行异地运输,翌日上午即可送货上门,保证在15~18个小时内完成整个运输过程,这是沃尔玛在速度上取得优势的重要措施

5. 沃尔玛的卡车把产品运到商场后,商场可以把它整个地卸下来,而不用对每个产品逐个检查,这样就可以节省很多时间和精力,加快了沃尔玛物流的循环过程,从而降低了成本。这里有一个非常重要的先决条件,就是沃尔玛的物流系统能够确保商场所得到的产品是与发货单完全一致的产品。

6. 沃尔玛的运输成本比供货厂商自己运输产品要低,所以厂商也使用沃尔玛的卡车来运输货物,从而做到了把产品从工厂直接运送到商场,大大节省了产品流通过程中的仓储成本和转运成本。

沃尔玛的集中配送中心把上述措施有机地组合在一起,做出了一个最经济合理的安排,从而使沃尔玛的运输车队能以最低的成本高效率地运行。当然,这些措施的背后包含了许多艰辛和汗水,相信我国的本土企业也能从中得到启发,创造出沃尔玛式的奇迹来。

思考题:

通过本案例学习请回答沃尔玛在商超配送行业取得成功的秘诀是什么?

单元四　公路客货运输组织管理

学习目标：

1. 掌握公路货运组织分类与流程；零担货物运输以及整车货物运输的定义。

2. 了解特种货物的种类以及相应的运输组织要求。

3. 熟悉汽车零担货物运输组织业务内容。

情境导入：

公路承担着75%以上货运量的运输任务，已成为保障国民经济和社会发展的重要力量。公路运输业务的发展随着中国经济的不断增长以及市场需求变化也在不断地完善，以市场需求为出发点，以科学技术特别是信息化技术为支撑来拓展业务，实现过去由粗放式规模速度发展向资源高效整合利用方向的转型发展，进而通过降本增效服务实体经济。

一、公路旅客运输组织

1. 公路客运运营方式：班车客运、旅游客运、包车客运、出租车客运。

2. 汽车客运站运输组织：汽车客运站的生产流程包括旅客及其托运行包的发送、到达，参营客车的接送、到达和停靠等工作，生产流程可划分为若干相互联系的作业单元，如售票、行包托运和交付、候车室服务、组织旅客乘车和发车、客车到达等。各作业单元有各自的工作内容、范围和职责，分工较为明确，因此，组织其生产流程时，要在时间上和空间上达到最佳的组合，使站内生产秩序井然，有条不紊，忙而不乱（图2-4-1）。

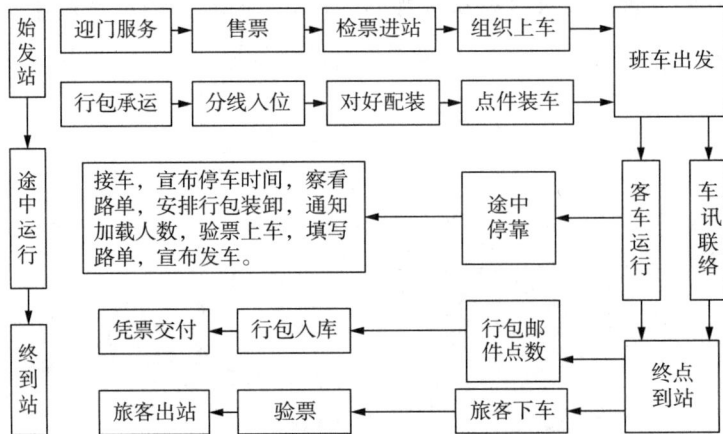

图2-4-1　汽车旅客运输生产流程示意图

二、公路货物运输组织

1. 货物及其分类

凡是由各种运输方式承运的一切商品或物资,如农副产品、原料、材料及其他物料等,在承运期间,都统称为货物。

货物一般可按其物理属性、装卸条件、托运批量、仓储保管以及运输条件等进行分类。

(1)按物理属性可将货物分为固体、液体和气体三大类。

(2)按装卸方法可将货物分为计件货物、堆积货物和灌注货物。

(3)按照运输条件可将货物分为普通货物和特种货物,这里的运输条件是保管中所采取的不同安全措施等内容。

(4)按运输时间缓急要求,可将公路运输货物分为重点货物与一般货物。

2. 公路货运的类型分类

按地区范围:城市货运、城间货运;

按运输距离:短途货运、长途货运;

按车辆从属关系:公用货运、自用货运。

3. 公路运输主要组织形式

1)多(或双)班运输。指在一昼夜时间内的车辆工作超过一个班以上的货运形式。组织双班运输的基本方法是每辆汽车配备两名左右的驾驶员,分日、夜两班轮流行驶。

2)定点运输。指按发货点固定车队、专门完成固定货运任务的运输组织形式。

3)定时运输。指运输车辆按运行作业计划中所拟定的行车时刻表来进行工作。

4)甩挂运输。指利用汽车列车甩挂挂车的方法,以减少车辆装卸停歇时间的一种拖挂运输形式。

5)直达联合运输。即各种运输方式的直达联合运输,指以车站、港口或供需物资单位为中心,按照货物运输的全过程把供销部门、多种运输工具组织成一条龙,将货物从生产地一直运输到消费地。

6)集装箱运输。

包括:

(1)公路集装箱直达运输。

(2)公路、铁路集装箱联运。

(3)公路、水路集装箱联运。

7)零担货物运输。一批货物的重量、体积或性质在 3t 以下或不满一整车装运时,称为零担货物。一般采用定线定站式货运班车或客运班车捎带货物挂车的方法将沿线零担货物集中起来运输的货运形式。

4. 货运作业流程

货物运输过程一般包括货物托运与承运、装运前的准备工作、装车、运送、卸车、保管和交付等环节。按货物运输过程的阶段不同,可将货运作业划分为发送作业、途中作业和到达作业。

1)发送作业

货物在始发站的各项货运工作统称为发送作业,主要由受理托运、组织装车和核算制票三部分组成。认真做好货物托运与承运作业对顺利组织货物运输过程,提高车辆运用效率和运输质量,提高经济效益具有重要意义。

(1)货物托运。无论是货物交给汽车运输企业运输,还是汽车运输企业主动承揽货物,都必须由货主办理托运手续。托运手续是从托运人填写"运单"(表2-4-1)开始,运单的基本格式在《货规》中作了统一规定。

表2-4-1 公路汽车运输货物托运单

发货人		装货地点		车号		
收货人		卸货地点		驾驶员		
货 名	性质	包装	件数	重量(t)	体积(m³)	计费里程(km)	计费重量(t)	运费
发货人声明				装车日期		
车站记载事项						

(2)货物承运。承运,表明运输单位接受了托运人的委托,开始承担了运输责任。

承运以签章返还托运人提交运单的"托运回执"联为凭。返还给托运人的运单"托运回执"联,具有协议书或运输合同的性质,受到法律的保护与约束。

货物承运并已装车完毕后,承运人应填制汽车运输货票(表2-4-2)。运输货票是向托运人核收运费的收据、凭证,也是收货人收到货物的证明。运输货票由各省、自治区、直辖市交通主管部门按照交通部规定的内容与格式统一印制。

表2-4-2 汽车运输货票

公路汽车整车货票											
托运单号:								车号:			
装车地点				发货单位			计费里程				
卸车地点				收货单位			(公里)				
货物名称	包装	件数	实际重量(t)			计费重量(t)			费率	运输金额(元)	费 费 费
			运量(t)			周转量(t公里)					
			合计	主车	挂车	合计	主车	挂车			
合计金额(大写)											
备 注											
站	制票员							年 月 日			

办理承运业务时,应注意以下事项:

(1)货物承运后,承运人对货物运输的全过程负责(有随车押运人员的除外),必须适时检查,妥善保管,注意防火、防潮、防腐、防丢失、发现情况,及时采取措施。有特殊要求的货物,必须遵守商定的事项。

(2)承运中的一项重要条款是运输期限。通常由托、承运双方按下列规定共同商定:托运人负责装卸的,运输期限从货物装载完毕开始至车辆到达指定卸货地点止;承运人负责装卸的,运输期限从装车时间开始至货物运到指定地点卸载完毕止。

零担货物运输期限从托运人货物交给承运人开始,至货物运到抵达站发出货物的领取通知为止。

(3)货物装卸。货物装车、卸车是货物始发或到达所不可缺少的作业。不论它是由托运人自理,还是由承运人承办,都必须强化质量意识,杜绝或减少货损货差事故的发生。货物装卸时,货物承运人监装监卸,保证装卸质量,并尽量压缩装卸作业时间。

2)途中作业

货物在运送中发生的各项货运作业统称为途中作业,主要包括途中货物整理或换装等内容。

3)到达作业

货物在到达站发生的各项货运作业统称为到达作业。主要包括货运票据的交接、货物卸车、保管和交付等内容。

三、汽车零担货物运输组织

我国规定托运人一次托运不足 3t 者为零担货物。零担货物单位体积不得小于 $0.01m^3$,不得大于 $1.5m^3$,单件重量不得超过 200kg,货物的长、宽、高不得超过 3.5m、1.5m、1.3m。零担货物运输是一种集零为整的运输形式,它通过零担站将货物集零为整,按流向分拣后配送或将货物卸车进库,分拣整理,送达货主或等候提取。汽车零担运站(简称零担站)是专门从事公路零担货物运输业务基地,是货物运输重要的基础设施之一。它集零担货物的收集、整理、仓储、编组、装运、中转、分发、交付等环节于一体,实现零担货物运输各个环节间的衔接与贯通。

1. 零担站的基本特点

(1)站务作业计划性差

零担货物具有品种复杂、量小批多的特点,一般由托运单位或个人自行运抵零担运站,也可以预约后由零担站指派业务人员上门代理托运手续。因此,站务作业计划性差,难以采用合同运输等方式将其纳入计划运输的轨道。

(2)站务工作量大而复杂

零担站务工作的内容包括受理托运、退运与变更、检货司磅、验收入库、开票收费、装车与卸车、货物交接、货物中转、到达与交付等环节,这些环节是零担站的基础工作,工作量大而复杂。

(3)设备条件要求高

零担货物的特点决定了普通货运车辆不适于用来运载零担货物,必须选择厢形货车作为零担货物专用运输车辆。站内还应配备高生产率的运输机械和装卸设备。

(4)建站条件要求高

零担站是零担货物集散的场所,是道路货物运输的枢纽。零担站的设置必须合理选址与划分服务范围,减少不必要的中间环节。

零担站的组建必须满足零担货物运输生产工艺的要求,合理地设置零担货运站房、仓库、货棚、装卸作业场、停车场以及有关的生产辅助设施,各部分的相互位置和面积,应符合方便货主、便于作业、适应需要、优质服务的客观要求。

2. 组织零担站生产流线的要求

零担站的生产流线是指货物、车辆和货主在场内的集散、流动过程所产生的流动线路。它包括货物流线、车辆流线(含装卸机械流线,简称车流)、货主流线(含站内工作人员),如图 2-4-2 所示。

(1)正确处理货流、车流和人流三者之间的关系,避免相互交叉和相互干扰,确保分区明确;

(2)各流线的组织,力求简捷、明了、通畅、不迂回,尽量缩短有相互联系的生产环节作业线路间的距离,并使各流线自成体系又有机地联系在一起;

(3)组织货物时,要充分考虑零担站站务作业和生产流程的特点,以满足零担站的功能要求;

(4)组织车流时,应在保证营运货车流线短捷、明确、通畅的基础上,尽可能使装卸机械流线短捷、畅通、不迂回,与营运货车流线交叉干扰少。

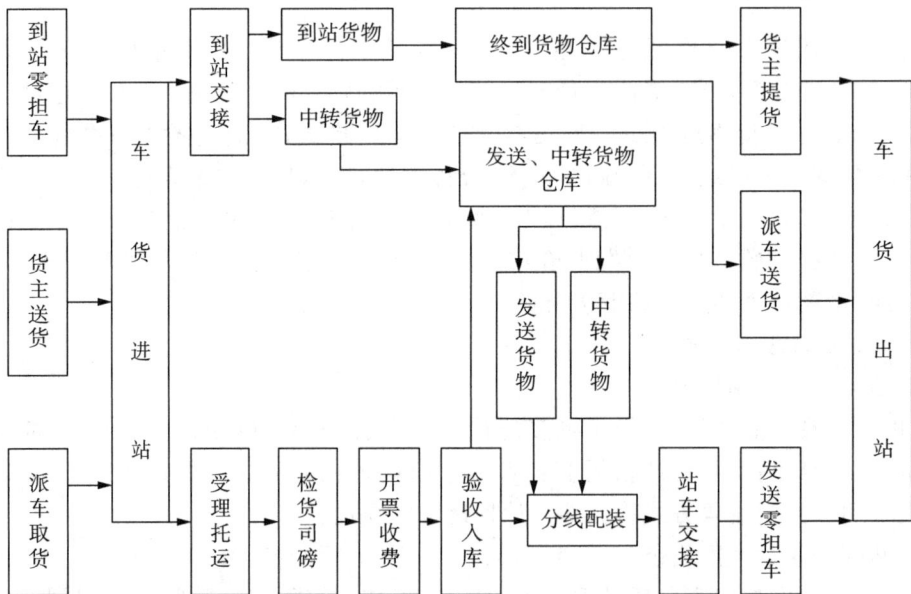

图 2-4-2　汽车零担货运站生产流程框图

3. 汽车零担班车运输组织

汽车零担班车是指以零担货物为主要运输对象,用专用汽车服务,定线路、定站点、定班期开行的汽车货运班车。零担货物运输的业务是根据零担货运工作的特点,按照流水作业构成的。其作业程序可简单地用图2-4-3表示。

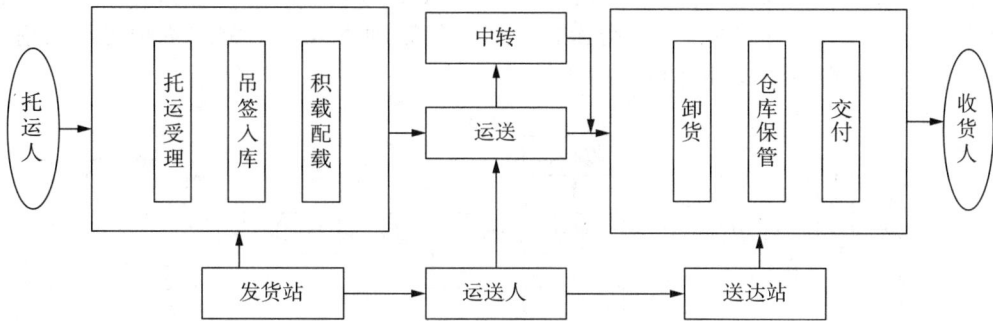

图2-4-3 汽车零担班车作业程序

汽车零担班车的开行线路和营业站点是决定汽车零担班车服务地域范围的重要因素。零担车按发送时间的不同可分为固定式和非固定式两大类：

1)固定式零担车

固定式零担车通常称为汽车零担货运班车，一般以营业范围内零担货物流量、流向，以及货主的实际需要为基础组织运行。运输车辆主要以箱式专用车为主，实行定车、定期、定线、定时运行。零担货运班车主要采取以下几种方式运行：

(1)直达式零担班车

直达式零担班车是指在起运站将各个发货人托运的同一到站，且性质适宜配载的零担货物，同车装运后直接送达目的地的一种货运班车(图2-4-4)。

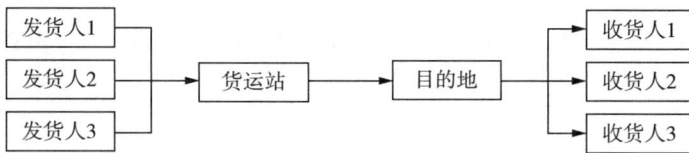

图2-4-4 直达式零担班车

(2)中转式零担班车

中转式零担班车是指在起运站将各个发货人托运的同一线路、不同到达站且性质适宜配装的零担货物，同车装运后直接送达目的地的一种货运班车(图2-4-5)。

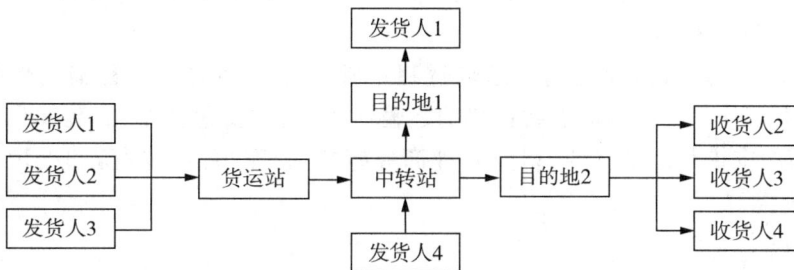

图2-4-5 中转式零担班车

（3）沿途式零担班车

沿途式零担班车是指在起运站将各个发货人托运的同一线路、不同到达站且性质适宜配装的零担货物同车装卸后，在沿途各计划停靠站卸下或装上零担货物再继续前进，直至最后终点站的一种运班车（图 2-4-6）。

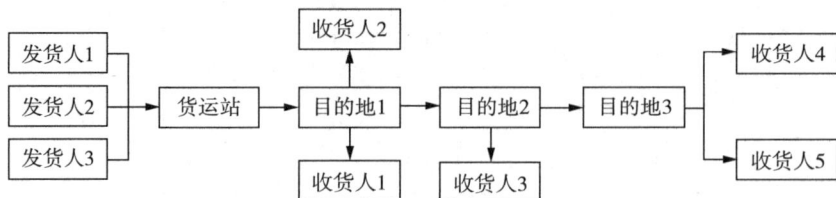

图 2-4-6　沿途式零担班车

2）非固定式零担车

非固定式是指按照零担货流的具体情况，根据实际需要，随时开行零担货车的一种组织形式。这种组织形式由于缺少计划性，必将给运输部门和客户带来一定不便。因此只适宜于在季节性或在新辟零担货运线路上作为一项临时性的措施。

四、汽车整车货物运输组织

托运人一次托运的货物在 3t（不含 3t）以上，或虽不足 3t，但其性质、体积、形状需要一辆 3t 及以上汽车运输的，均为整车运输。为明确运输责任，整车货物运输通常是一车一张货票、一个发货人。为此，汽车运输企业应选派额定载重量与托运量相适应的车辆装运整车货物。

汽车整车货物运输生产过程是一个多环节、多工种的联合作业，由以下 4 个相互关联相互作用的部分组成。

1. 运输准备过程

运输准备过程又称运输生产技术准备过程，是货物进行运输之前所做的各项技术准备性准备工作。包括车型选择、线路选择、装卸设备配置、运输过程的装卸工艺设计等，都属于技术准备过程。

2. 基本运输过程

基本运输过程是运输生产过程的主体，是指直接组织货物，从起运地至到达地完成其空间位移的生产活动，包括起运站装货、车辆运行、终点站卸货等作业过程。

3. 辅助运输过程

辅助运输过程是指为保证基本运输过程正常进行所必需的各种辅助性生产活动。辅助生产过程本身不直接构成货物位移的运输活动，它主要包括车辆、装卸设备、承载器具、专用设施的维护与修理作业，以及各种商务事故、行车事故的预防和处理工作，营业收入结算工作等。

4. 运输服务过程

运输服务过程是指服务于基本运输过程和辅助运输过程中的各种服务工作和活动。例如各种行车材料、配件的供应，代办货物储存、包装、保险业务，均属于运输服务过程。

五、特种货物运输组织

特种货物是指在收运、储存、保管、运输及交付过程中,因货物本身的性质、重量、体积、状态和价值条件特殊,需要特别照料的货物。特别照料通常是指使用特制或专用的车辆运送,或需要采取某些特殊运送条件和措施,以及特殊的储存环境。特种货物一般分为危险货物、大件(长大笨重)货物(超限货物)、鲜活货物、贵重货物四大类。

1. 危险货物运输组织

1)危险货物的概念

凡具有爆炸、易燃、毒害、腐蚀、放射性、污染等性质,在运输、装卸和储存保管过程中,容易造成人身伤害和财产损毁而需要特别防护的货物,均称危险货物。

2)运输危险货物应注意的事项。

(1)托运与承运。托运危险货物,仅限于汽车运输危险货物品名表内列载的货物,托运时须提交技术说明书。承运危险货物,须经有关部门审核批准,危险货物托运单必须是红色或带有红色标志,以引起注意。

(2)包装与标志。危险货物在包装时,应根据不同的货种、要求用特定的材料来制造容器,并要以一定的包装方法进行包装。容器的封口、衬垫、捆扎以及每件最大重量等都必须符合规定要求,每件包装上应有规定的包装标志及危险货物包装标志。

(3)配装。危险货物必须严格按照"危险货物混装表"的规定进行配装,不同性质而相互有影响的货物不得拼装一车。装运火药类的爆炸品,以车辆核定吨位的80%为限。装运一级腐蚀性酸类物资,不得超过两层,严禁用铁货箱、平板车装危险品,并一律不带挂车。装运危险货物的车厢,应配备必要的消防防护设备;装运易燃物资车辆排气管应装置火星熄灭器,防止火星飞溅造成火灾。

(4)装车。在危险货物装车之前,先要调查清楚该危险货物的特性、处理方法、防止措施等。作业场所最好选在避免日光照射、隔离热源和火源、通风良好的地点。要详细检查所装危险货物与运输文件上所载内容是否一致,容器、包装、标志是否完好。如发现包装有损坏,容器有泄漏现象,应请发货单位调换包装、容器或修理加固,符合安全运输要求方可装运,严禁冒险装运。装车时,装卸人员要注意防护,穿戴必要的防护用品,严格执行装卸安全操作规程,不得使用发生火花的工具,必须轻装轻卸,防止货物撞击、震动、摩擦、重压、倒置、滚翻、摔倒,确保安全装卸。

(5)运送。运送危险货物,应选择技术良好,熟悉道路的驾驶员担任。装载爆炸性、放射性物品,托运方必须派人随车押运。凡装载危险货物的车辆,除押运人员外,不得乘搭其他人员。车前悬挂有危险字样的三角旗,并按当地公安部门指定的路线、时间行驶。行驶中,驾驶员应严格遵守交通规则和操作规程,思想集中、谨慎驾驶,保持一定车距和中速行驶,并做到经过不平路要慢,经过铁路要慢,上下坡、起步、倒车也要慢,避免紧急制动,严禁超速和强行超车,中途停车应选择安全点停放,押运人员不得远离。

(6)卸车交付。危险货物卸车时,不得采用抛扔、坠落、拖拽等方法,避免货物之间的撞击和摩擦。要做到交付无误。交付后并对车辆进行清洗、消毒处理。

(7)漏散处理。在装运危险货物中,出现泄漏现象,应按规定的防护办法及时采取措施。

(8)消防措施。装运危险货物的车辆发生火警,有关人员应根据所装货物的特性,采取不同的灭火方法,立即尽力扑救,防止火势蔓延,减少损失。

2. 长大笨重货物运输

1)长大笨重货物的概念

(1)长大货物:凡整件货物,长度在 6m 及 6m 以上,宽度超过 2.5m,高度超过 2.7m时,称为长大货物,如大型钢梁、起吊设备等。

(2)笨重货物:货物每件重量在 4t 以上(不包括 4t),称为笨重货物,如锅炉、大型变压器等。

2)运输长大笨重货物应注意的事项。

(1)托运长大笨重货物时,除按一般普通货物办理托运手续外,还应向发货人索要货物说明书,必要时还应要货物外型尺寸的三面视图(以"十"表示重心位置),拟定装货、加固等具体意见及措施。在特殊情况下,还须向有关部门办理准运证。

(2)指派专人观察现场道路和交通情况。沿途有电缆、电话线、煤气管道或其他地下建筑物时,应研究车辆是否能进入现场,现场是否适合装卸、调车和运送工作等。

(3)了解运行路线上桥、涵、渡口、隧道、道路的负荷能力及道路的净空高度。如需修筑便道或改拆建筑物时,应事先洽请托运方负责解决。

(4)货物装卸应尽可能使用适宜的装卸机械。装车时应使货物的全部支承能均匀而平稳地放置在车辆底板上,以免损坏底板或大梁。

(5)对于集重货物,为使其重量能均匀地分布在车辆底板上,必须将货物安置在纵横垫木上或相当于起垫木作用的设备上。

(6)货物重心应尽量置于车底板纵、横中心交叉垂线上,如无可能时,则对其横向位移应严格限制,纵向位移在任何情况下,不得超过轴荷分配的技术数据。

(7)根据具体运输业务情况,研究加固措施,以保证运输服务质量。重件的加固,应在重件的重心高度相等处捆扎为"八"字形、拉线纵横角度尽量接近于 15°,拉线必须牢固绞紧,避免货物在行进中发生移位,而使重心偏离。

(8)按指定的路线和时间行驶,并在货物最长、最宽、最高部位悬挂明显的安全标志,日间挂红旗、夜间挂红灯,以引起往来车辆的注意。特殊的货物,要有专门车辆在前方引路,以便排除障碍。

3. 贵重货物运输

贵重货物指价格昂贵,运输责任重大的货物。贵重货物可分为:货币及主要证券、贵重金属及稀有金属,珍贵艺术品、贵重药材和药品、贵重毛皮、珍贵食品、高级精密机械及仪表、高级光学玻璃及其制品、高档日用品等。

贵重货物价格昂贵,运输责任重大,因此装车时应严格清查。检查包装是否完整,货物的品名、重量、件数与货单是否相符,装卸时怕震的贵重货物要轻拿轻放,不要压挤。运送贵重物品需派责任心强的驾驶员运送,要有托运方委派专门押运人员跟车。运输途中严防交通事故和盗抢事件发生,为此有时需武装押运。交付贵重货物要做到交接手续齐全,责任明确。

4. 鲜活易腐货物运输

鲜活易腐货物,指在运输过程中,需要采取一定措施,以防止货物腐坏变质或运输的动、植物死亡。汽车运输的鲜活易腐货物主要有:鲜鱼虾、鲜肉、瓜果、蔬菜、牲畜、观赏野生动物、花木秧苗、蜜蜂等。

1)鲜活易腐货物运输的特点

(1)季节性强,运量变化大。如水果、蔬菜大量上市的季节、沿海渔场的鱼汛期等,都会随季节的变化,运量呈大幅度的变化。

(2)运送时间上要求紧迫。大部分鲜活易腐货物,极易变质,要求以最短的时间、最快的速度及时运到。

(3)运输途中需要特殊照顾的一些货物,如牲畜、家禽、蜜蜂、花木秧苗等的运输,需配备专用车辆和设备,并有专人沿途进行饲养、浇水等特殊照顾。

2)鲜活易腐货物运输组织工作

良好的运输组织工作,对保证鲜活易腐货物质量十分重要。如前所述,鲜活易腐货物的运输有其独特性,这就要求运输部门应掌握这些特点,事前做好货源摸底和核实工作,根据其运输规律,适当安排运力,保证及时运输。

发货人托运鲜活易腐货物前,应根据货物不同特性,做好相应的包装。托运时间须向承运方提出货物最长的运到期限,某一种货物运输的具体温度及特殊要求,提交卫生检疫等有关证明,并在托运单上注明。

承运鲜活易腐货物时,应由货运员对托运货物的质量、包装和温度进行认真的检查。要求质量新鲜,包装合乎要求,温度符合规定。对已有腐烂变质象征的货物,应加以适当处理,对不符合规定质量的货物不予承运。

鲜活易腐货物装车前,必须认真检查车辆的状态,车辆及设备完好方能使用,车厢如果不清洁,应进行清洗和消毒,适当风干后,才能装车。装车时应根据不同货物的特点,确定其装载方法。如冷冻货物需保持货物内部蓄积的冷量,可紧密堆码;水果、蔬菜等需要通风散热的货物,必须在货件之间保留一定的空隙;怕压的货物必须在车内加搁板,分层装载。

鲜活易腐货物的运送途中,应由托运方指派押运人沿途照料,承运方对押送人员应交代安全注意事项,并提供工作和生活上的便利条件。炎热天气运送时,应尽量利用早晚行驶。运输牲畜、蜜蜂等货物时,应注意通风、散热,尽力避免在运送中的掉膘与死亡。

案例分析:公路快客货运模式

素有"九省通衢"之称的特大城市武汉,地处中西部结合地区。沪蓉、京珠高速公路交叉过城,107、318等国道、省道干线以其为支点相互联结,公路运行网络较为完善。

随着武汉经济结构的加快调整和武汉及其周边新兴产业的技术进步和科技含量的提高,高科技、高附加值、小体积、小容量的产品数量越来越多;光电子产品、汽车零部件、高科技产品和大量的产品样品等每天需要在相邻省、市间频繁流动。批次多、批量小、价值高、随机性强、分散度高的货运需求量大大增加;中短途货运需求的增长明显加快,并逐步成为运输需求的主体。而由于公路收费站收费多、油价上涨等因素,许多企业、货主为了节省成本,乐意于把大量的小件货物交由长途汽车站的直达客车托运,一种依托公路直达快客运输,利用客车行李厢托运小件货物的现代物流新方式——公路快客货运,正成为武汉市公路货运业的新亮点。

武汉市部分公路客运企业迅速抓住这一市场机遇和商机,纷纷利用公路直达客车下置行李舱托运小件货物,使公路快客货运业务成为新的经济增长点。并以快捷、简便、及时的特点,对传统的零担货物运输等物流方式提出了新挑战。

在小件货运中,公路快客货运具有几方面的优势:武汉公路客运站点遍布武汉三镇,货主可就近办理托运业务;公路客运经营线路遍及全国 20 多个省、自治区、直辖市 180 多个地市区县,以及湖北省境内 50 多个乡镇。客运班次开班早、收班晚、发车密度大,200km 内的短途线路流水式发班,500km 内的中途班线密集型发班,1000km 内的长途班线夕发朝至或朝发夕至。

以公路旅客运输为主业的湖北公路客运集团,依托所属站点,充分发挥其公路客运班次线路网络遍及全国的优势,在不增加运输成本的有利条件下,利用客车货厢做活做足小件货物运输文章,取得了可观的经济效益。该集团所属的汉口新华路、金家墩、青年路、武昌宏基、傅家坡、汉阳长途汽车站等各大客运站每天平均 5~8min 一班发往黄州、黄石、鄂州、孝感、宜昌、荆州、荆门等地,平均每 30~40min 一班发往襄樊、九江、南昌、合肥、南京等地,平均每天都有 2~6 班发往十堰、恩施、上海、苏州、常州、杭州等地。货主安排好托运时间,货物可随到随运,特别是部分急件实行优先托运,实现了高值小宗货物快速化的目的。

思考题:

公路快客货运模式兴起的背景以及发展优势是什么?

单元五　GPS、GIS 技术在公路运输中的应用

学习目标：

1. 掌握公路信息化的概念。

2. 了解 GPS、GIS 技术应用的背景及领域。

情境导入：

近年来，国家有关部门高度重视交通行业的发展，相关政策也开始向智慧交通的方向倾斜。2017 年 2 月，国务院印发的《"十三五"现代综合交通运输体系发展规划》强调，未来几年，应实施"互联网＋"便捷交通、高效物流行动计划，将信息化智能化发展贯穿于交通建设、运行、服务、监管等全链条各环节，推动云计算、大数据、物联网、移动互联网、智能控制等技术与交通运输深度融合。2018 年 2 月，交通运输部印发《关于加快推进新一代国家交通控制网和智慧公路试点的通知》，为推动新一代国家交通控制网及智慧公路试点有序开展，防止试点同质化、碎片化，在北京、河北、吉林、江苏、浙江、福建、江西、河南、广东等地开展新一代国家交通控制网和智慧公路试点。2019 年 7 月，交通运输部印发《数字交通发展规划纲要》，推动铁路、公路、水路领域的重点路段、航段，以及隧道、桥梁、互通枢纽、船闸等重要节点的交通感知网络覆盖。同时，要求到 2035 年交通基础设施完成全要素、全周期数字化，天地一体的交通控制网基本形成，按需获取的即时出行服务广泛应用。这些规划与政策同时也为公路运输信息化发展指明了方向和道路，目前随着我国的北斗导航在全球组网成功运行，其在公路运输领域的应用将不断得到拓展与加强，推动我国公路运输信息化的建设。

公路信息化（highway informatization）是指应用信息、通信、控制以及人工智能等技术，通过信息基础设施、数据资源以及应用系统开发、建设，支撑公路建设、管理、养护、运营全过程业务优化和协同高效的过程。

在我国信息技术高速发展的过程中，尤其是卫星导航技术在运输行业的应用以及地理信息系统技术的广泛普及，使得 GPS、GIS 技术在一定程度上推动着我国道路交通事业的发展，通过对海量数据的收集与分析将其应用于交通事故的处理、智能过路系统以及交通路线优化等方面，在将这些问题妥善处理的同时，进一步提高该行业的管理效率与水平。

据不完全统计，截止到 2018 年我国营运车辆数目超过 1500 万，从事交通运输行业的工作人员达到 2900 万以上，这样庞大的行业规模以及数量巨大的从业人群，在客观上为我国交通运输管理工作带去很大的考验，保证交通运输的高效性、快速性能够推动各个地区经济的有效发展。所以在建设我国交通运输系统的过程中，引进 GPS、GIS 等现

今的信息技术是十分必要的。

一、GPS、GIS 技术应用于道路交通运输系统的必要性

在我国道路交通运输系统中使用 GPS、GIS 技术具有以下几点优势：

（1）通过该技术的应用可以进一步完善交通运输数据的分析处理方式。在以往的道路交通系统规划管理方案的制定过程中，相关技术人员在进行数据分析时，一方面没有充分的基础数据为其支撑，另一方面还会受到一定主观因素的影响。但是应用 GPS、GIS 技术可以根据数据库提供的海量信息，实现数据的全方面收集，相关技术人员在强有力的数据支撑下，就可以增强分析的理性程度，从而确保道路交通系统管理得以顺利进行；

（2）通过该技术能够对交通运输实现动态化管理。以道路交通规划为例，以往这项工作都是在二维平面上进行的，因为无法及时的更新相关信息，所以很容易在工作过程中产生失误。应用 GPS 与 GIS 技术，相关技术人员能够应用卫星遥感实时对交通运输的现实情况进行观测，再加上和动态模型的结合，从而让交通规划更具有科学性；

（3）可以提高交通运输系统管理的实际效用。以往的交通运输管理工作中因为信息的不健全，相关技术人员只能把研究范围固定于交通运输这一方面，而通过相关技术的有效应用，能够让信息系统不仅单单承载着交通系统的运行信息，也可以将社会经济发展的实际情况更好地展现，从而有助于深入分析与研究社会问题，更好地提高交通运输行业在我国社会经济发展中的现实价值；

（4）GPS、GIS 技术能够实现道路交通的合理性规划，相关技术能够以多方面因素为基础，从而实现对道路交通的合理性科学性规划。相关技术人员一方面能够在道路运行层面上提高交通运输系统管理的优化程度，另一方面还能依据地区的综合性因素，对当地可能出现的地质问题实现进行有效的预测，而且依据预测结果制定出行之有效的预警方案；

（5）还可以将城市空间进行宏观把控，在进行空间规划时能够对不同时段的道路情况进行科学分析，提高公共基础设施选址的合理性。

二、GPS 技术在道路交通运输系统中的主要应用

1. AI 导航设备

当下我国安华北斗等公司已经研发出尖端通信功能的导航设备，这一设备已经可以和国外先进的导航设备相比较，可以具备导航功能、测速功能、电子地图，定位功能等。

2. 电子地图

通过电子地图技术可以收纳智能交通系统中绝大部分的信息，而且以空间信息为依托的电子地图尤其是可视化的交通信息产品，可以把交通路线与附近自然、路况环境以通过视觉感受技术传输给使用者。

3. GPS 车载智能终端

车载智能终端设备，可以将卫星数据用 GPS 定位模块进行接收与处理，从而获得用户车辆当前所在位置准确的经纬度数据、行驶速度以及行驶方向等，再借助智能控制模块处理用户的位置信息，从而生成传输数据包，依据终端系统的指令传送到通讯平台再

传输到监管系统,这样用户就能够实时通过网络查询自己的车辆信息。

三、GIS 技术在道路交通运输系统中的应用

1. GIS 用于公路基础数据的管理

公路是一个连续的、网络形的实体,它与地理位置、地理环境密切相关。地理信息对公路的构造和形成有着决定性的影响。利用 GIS 可以使公路管理部门有效掌握公路资源,全面了解公路布局。GIS 可以将与公路有关的信息以图形、图像或文本的方式形象、直观地显示在用户面前,达到图文并茂的效果;它可以对公路有关的基础信息进行空间查询、统计和分析,并可根据用户需要迅速绘制和生产出最新的交通图。在日常公路管理过程中通常使用里程桩进行定位,一条公路同时具有多种属性,例如技术等级、路面等级、路面类型等,通过这些属性可以将公路进行分段管理,分段位置便是使用里程桩来反映的。

2. GIS 在公路规划设计中的应用分析

GIS 具有很强的空间分析能力。利用 GIS 可以很方便地采用各种方法(格网、TIN)建立 DEM,从而可以生成等高线图、三维立体图、透视图,可以计算坡度和坡向,同时还可以自动生成地形轮廓线。GIS 拥有很强的专业计算能力。利用 DEM 数据,可以很容易地建立断面图,从而为工程设计和工程量算提供依据;可以对工程土石量和填挖范围进行计算;还能计算 DEM 格网或 TIN 三角形的每个基本单元面积,累计算出整个区域地表面积。从而可以有效地提高工作效率和经济效益。此外,GIS 的一些专用分析模块,例如网络分析模块能够用来进行最佳路径分析,用来处理道路选线等问题,可以选择出最佳路线,为规划提供参考意见。除此之外,GIS 中可以存储丰富的社会、人文信息,如人口、资源、环境等,可以对今后的社会发展趋势给出评价和估计,为公路建设的决策提供依据。

3. GIS 用于公路养护、路政管理

在公路养护、路政管理中,对基础设施的管理是工作重点,这就需要掌握准确、及时、全面的信息,采用地图、数字数据、照片、文本、录像、声音等数据记录手段,以记录信息的空间位置、时间分布和属性特征等等,然后根据用户的需要,输出所要的各种信息。利用地理信息系统,公路管理部门可以通过分布在范围内的公路管理分支机构,快速收集有关公路路面情况,自动生成公路养护报告。使管理部门可以确定轻重缓急,使道路的建设和养护工作更加有步骤、有条理,并且可以及时掌握工程的进度。

4. 公路运输管理系统中 GIS 的应用

随着运输市场的开发,运力、运量迅猛增加,营业运输车辆、客货集散地、中转换装、装卸储存量也日益增加,传统的管理方式已满足不了当前运输事业的发展,为此迫切需要采用现代化的管理手段。GIS 具有丰富的空间分析工具,可以为公路运输管理提供形象直观的查询手段。由于地理信息系统具有地理、地形等数据的查询、分析统计功能,所以在运输企业的运营管理当中,可以利用建立交通地理信息系统数据库,为管理部门或用户提供各种查询和分析方法。例如:区段、路局、站点、车次等的查询。提供直通图、管内图、站间交流图、客流密度图等专题地图,以及统计图的分析方法等。为铁路、公路等

的客运主管部门分析客流情况、制定行车计划等。同时,利用现有图形上的交通线路结点信息,任意输入两点的地址,便可查询出两点之间所经过的交通线路、公里数、各站站点及名称。当改变线路时,可在图上实时进行修改,并输入新的站名,这些信息也可上载到中央数据库中。

5. 交通信息服务分析

利用 Web GIS 可以发布信息:人口、地理概况、风景点介绍等,还可以为用户提供一定的空间分析功能,例如,两地之间的最短路程、最经济路线或最舒适路线等。

案例分析:GPS—北京远成物流智能运输的成功案例

随着客户对物流服务需求的不断提高,已往的运输方式已经不能满足市场的需求,汽车运输以方便、快捷、成本小等特点,越来越受到客户的青睐,如何高效、便捷、安全地进行车辆管理,成为各物流企业急待解决的问题,GPS 的使用可以大大提高物流企业车辆的使用率,提高管理效率,是汽车管理现代化的一个重要标志。

北京公司是远成集团货物中转枢纽之一,日处理货量约 15000 吨,日提货、送货票数为 4000 票,而北京公司目前自有车辆只有 268 台,由于车辆的不足,提货、送货到达准确率只能到达 75%,严重影响公司的服务质量。为了解决这一问题,北京公司率先引进GPS 汽车定位系统,经过试运行,车辆使用效率上有了明显的提高。

1. 通过使用 GPS,可以有效地进行车辆的跟踪,提高车辆使用率

在使用 GPS 之前,车辆在途情况的跟踪一直是困扰车队的难题,车辆派出后调度不知道车辆的具体位置,只能通过电话来了解,这样既浪费人力、物力,又无法确保信息的真实性,经常由于反馈信息不准,导致客户投诉。而使用 GPS 后,通过定位系统,调度可以在电子地图上实时了解各台车辆运行的实际位置(系统每 3 分钟定位一次,每 30 秒刷新一次信息)、运行速度、预计到达目的地时间,这样通过对车辆的实施监控,当发现车辆因为堵车、车辆故障等原因不能按时到达时,可以及时通知客户车辆目前的状况及预计到达的时间,减少客户因车辆不能按时到达的投诉,提高了服务的质量。

通过 GPS 的运行,北京公司车辆的准时到达率提高 10%,客户因车辆不及时到达的投诉降低 15%。同时司机在完成送货任务后可以通过 GPS 信息系统反馈车辆已卸空,调度根据 GPS 提示,根据车辆的位置及时下达新的取、送货指令,这样大大提高了车辆的使用率,减少空驶、降低成本、确保车辆到达时间。

2. GPS 可以为司机提供出行路线的规划和导航

由于实行异地用工制,大部分员工不是当地人,对北京的路线不是很熟悉,北京区域面积大、桥多、交通管制严,给车辆调配及行驶带来很大的困难。GPS 可以自动进行线路规划,由驾驶员确定起点和终点,由计算机软件按照要求自动设计最佳行驶路线,包括最快的路线、最简单的路线、通过高速公路路段次数最少的路线、有无交通管制等。通过这个功能,提高运行时间,减少因道路不熟悉造成的延误,同时也提高了调度安排计划的合理性,提高车辆的利用率,这也是到达准时率提高的一个重要因素。

3. GPS 可以进行数据统计,为车队管理提供有效依据

通过使用 GPS 定位系统,系统可以提供车辆运行公里数、百公里油耗、运行线路是否

合理、是否有绕行或未按规定路线行驶、车辆点火和熄火的次数及时间等数据,减少了数据统计的难度,提高了工作效率,统计员的人数虽然精简了 50%,但提供的数据却更清晰、更全面。

4. 通过 GPS 有利于对突发事件进行紧急援助

通过 GPS 定位和监控管理系统可以对遇有险情或发生事故的车辆进行紧急援助。当车辆在运行过程中发生问题时,驾驶员利用 GPS 系统发出求助信息及报警信号,调度可以通过监控台的电子地图看到求助信息和报警目标,根据实际情况,制定最快捷的救援方案,力争把损失降到最低。

5. 实现资源共享,提高工作效率

GPS 定位系统可以通过系统进行下载,北京各分公司可以下载此系统,在本公司进行车辆的实施监控,对提货的车辆进行监控,及时了解车辆运行的运行情况,及时和客户进行沟通;同时也可根据车辆当前的位置,及时下单,调度根据车辆申请计划,安排车辆。减少了内部之间的查询、沟通、反馈,降低了通讯和人力费用。

GPS 的普及使用是现代物流的发展趋势,GPS 是车辆现代化管理的重要标志,它可大大提高车辆的利用率、降低成本、提高服务质量。目前 GPS 通常采用无线电通信系统、卫星通信系统等进行信息传输,但由于无线电通信系统,信号覆盖不普及,信号不稳定;卫星通信则价格过高,影响到 GPS 定位系统的普及使用,这是亟待解决的问题。

思考题:

简单回答北京远成物流公司采用 GPS 技术在运营管理改进方面的成绩。

章节习题

一、选择题

1. 以下( )不是鲜活易腐货物运输的特点?

A. 货物季节性强、运量变化大

B. 运送时间要求紧迫

C. 运输工具通常要求专用车辆

D. 货物价格昂贵

2. 零担运输是指托运人一次托运的货物计费总量在( )以下的货物运输。

A. 1 吨   B. 2 吨   C. 3 吨   D. 4 吨

3. 对于大多数流向分散的零担货物,( )是一种具有较大现实意义的零担货物运输组织。

A. 直达零担班车   B. 中转零担班车

C. 沿途零担班车   D. 定线零担班车

4. 高速公路与其他各级公路交叉时,除在控制出入的地点之外,其他交叉口应采用(   )。

    A. 平面交叉   B. 环行交叉

    C. 分离式立体交叉   D. 互通式立体交叉

5. (   )可以发挥其可达性高的优点,以完成集装箱运输系统的末梢运输任务。

    A. 海上集装箱运输   B. 铁路集装箱运输

    C. 公路集装箱运输   D. 航空集装箱运输

6. 我国双车道三级公路标准路段的适应交通量范围为(   )辆/d。

    A. 4000~10000   B. 1000~4000

    C. 1500 以上   D. 200 以下

二、问答题

1. 简述公路运输的特点。

2. 拖挂运输组织有哪些形式,各有什么特点?

模块三　水路运输

学习目标：
◆ 掌握水路运输相关基本概念、基础设施构成及功能。
◆ 了解水路运输发展趋势、未来港口发展方向以及最前沿的港口装卸技术。
◆ 理解船舶技术运营相关性能指标且能进行实际问题的相关分析。

模块导读：

交通运输业是国民经济发展的基础性、先导性、服务性和引领性行业，其发展取得的巨大成就与所处的时代大背景息息相关。当前我国特色社会主义建设进入新时代，社会的主要矛盾已经转化为人民日益增长的美好生活需要和不平衡不充分的发展之间的矛盾。社会主要矛盾已经发生深刻变化，交通运输的发展战略也要紧跟形势，重新定位。站在新时代发展全局，党的十九大提出了建设交通强国的宏伟目标，这是党和人民对交通运输发展的殷切希望，也是新时代全体交通人为之奋斗的新使命。建设交通强国，要坚持世界眼光、中国特色、人民满意，要紧跟国家战略安排，服务大局，当好先行。水运是现代交通运输体系的有机组成部分，需要在交通强国建设的大背景下构思谋划好水运篇。

水路运输一直是我国国民经济发展的坚实基础，在国家经济发展早期在服务区域重要物质（能源、粮食、农资物质等）的调配方面发挥了主导作用，改革开放以来随着我国经济逐步迈向外向型开放式发展，给水路运输发展带来了无限的机遇，航运产业相继得到充分发展，沿海各大港口都在立足实际放眼未来进行基础设施改造、经营方式变革、信息技术智能化应用诸多方面尝试与探索，取得了较好的成绩。

2020 年中国水运行业市场
现状与发展趋势分析

单元一　水路运输概述

学习目标:

1. 掌握水路运输的概念和特点、水路运输的作用与地位。

2. 了解水路运输的发展趋势。

情境导入:

水路运输是人类文明出现以后最早接触以及利用的最古老的运输方式,它的发展扩大了人类行迹范围以及视野,纵观一座城市乃至一个国家的发展史都和水路运输有着密不可分的联系。当下我国正处于经济社会高速转型发展的最好时期,如何利用丰富的水运资源来发展外向型经济以及内陆经济是今后一段时期我们要研究的重要课题,关系着中国经济发展质量。

水路运输是我国现代交通运输体系的重要组成部分,是国民经济的基础产业部门。我国的水运资源极为丰富,居世界首位。长期以来,水上运输在国民经济建设中发挥着重要作用。我国水路运输发展不平衡,其特点是沿海港口和远洋运输发展较快,内河运输发展缓慢,但是随着长江经济带战略的实施,未来以长江为代表的内河运输将有充足的发展空间,引领中国经济获得持续发展。

一、水路运输的概念

水路运输是利用船舶和其他浮运工具,在海洋、江河、湖泊、水库及人工水道上运送旅客和货物的一种运输方式。水路运输既是一种古老的运输方式,也是一种现代化的运输方式。在出现铁路、航空以前,水路运输同以人力、畜力为动力的陆上运输工具相比,在运输能力、运输成本和方便程度等各方面都处于优势地位。因此,西方资本主义国家早期的工业大多沿通航水道的两岸设厂,形成沿着江、河布局的"工业走廊"。在历史上,水运的发展对工业的布局带来很大的影响。

正因为水路运输有载量大、成本低的特点,所以直到今天许多大宗物资的运输仍依靠水路,诸如我国海上的"北煤南运""南粮北调",以及长江流域各省市的物资调运等。这些畅通的水运路线常被人们誉为"黄金水道"。

此外,水路运输中的海洋运输还具有其独特的地位,由于大陆被海洋分隔,海洋运输成为沟通联系各个国家和地区的主要运输方式,尤其是在大力发展对外贸易过程中,它的主导作用几乎是无可替代的。由于国际贸易和国际货物运输是在全世界范围内进行产品交换,地理位置和地理条件决定了海洋运输是最主要的手段。目前,世界贸易总运量的75%以上是利用海洋运输来完成的;在我国的对外贸易运输中,90%以上的货物运输是通过海洋运输实现的。此外,海洋运输还在国际市场上承揽第三国货载,成为国家外汇收入的重要渠道。

二、水路运输在国民经济发展中的地位与作用

1. 水路运输在国民经济中的地位

水路运输业与国民经济中的其他产业不同,它本身具有的基础设施并不生产有形的产品,而是为产品在商业的流通中提供运输服务。这个特殊性使水路运输业不仅是服务部门,而且又是国民经济的基础产业,如水路运输中的航道,水域建筑物如堤坝、港池、锚地及港口设施等都表明了水路运输是国民经济的基础产业部门,这个基础产业具有资本密集、技术密集、劳动密集、信息密集的特征。

经济要发展,交通必先行;国际贸易要发展,水路运输必先行。这是因为国民经济贸易发展必然需要运输大量的原材料、成品和半成品。20 世纪 70 年代初,水路运输曾是我国对外开放和经济发展的瓶颈,由于港口设施的不足和落后,使大量外轮在港外排队等泊,使我国蒙受了大量的经济损失。日本是个资源较为缺乏的国家,在它经济腾飞的前期,它首先发展水路运输业,以优惠的政策鼓励发展造船业,以保护政策扶持本国船队的发展,使它在经济腾飞之时有充足的运力从世界各地进口优质的原材料,从而制造优质的产品,进入世界市场。历史的经验和教训使我们深刻认识到水路运输的先行地位。根据国际实证分析,水路运输业发展的先行期一般为 3～5 年。

2. 水路运输在国民经济发展中的作用

水路运输是增进全球性经济联系的纽带。水路运输通过越洋通海联河的运输,将世界各地连成了一片,从此,各国家和地区摆脱了孤立和封闭而走向世界。在与现代全球性的社会、经济、贸易的联系中取得自己的地位。在人类历史进入 21 世纪的今天,在航空仍不能解决大批量货物运输的现实情况下,量大价廉和较为便捷的水路运输仍将是联系全球性经济贸易的主要方式,承担着全球性、区域间的货物运输,成为为世界经济全球一体化和区域化服务的主要运输纽带。

水路运输对国民经济发展起促进作用。水路运输在运作过程中,不仅与造船业、建筑业、制造业及其他产业部门密切相关,更与金融业、保险业密切相连。它的发展为经济贸易起服务保障作用,促进了国民经济的发展。它的发展同样为国民经济有关行业创造了就业机会,为国民经济积累作出重要的贡献。

水路运输通过国际航运,对发展国家外向型经济发挥了基础性作用。水路运输系统中良好的港口基础设施和航运服务质量是吸引国际资本的重要条件,对国家经济的发展起着重要的门户作用。

三、水路运输的特点

(1)点多、线长、面广。水路运输通过内河运输和海洋运输,将内陆经济腹地与世界连通,使处于运输交汇口的港口城市产生了内陆经济腹地和国际港口城市两个极为宽阔的辐射面。水路运输线路长,沿线的站点多,为腹地的经济建设提供了量大价廉的运输服务。

(2)载运量大。海洋和主要内河干线的轮船及拖驳船队载运量大,从几百吨到几十万吨,散货船最大可达 40 万 t,油

集装箱船工作方式

轮最大可达 70 万 t。

（3）运输成本低。在各类运输中，水路运输成本是最低的。

（4）运输的连续性和灵活性较差。由于水路航道的地理走向和水情变化难以全面控制，在运输的连续性和灵活性方面较差，难以和铁路、公路比拟。

四、水路运输的发展趋势

1. 观念、运输方式变革和运输功能拓展

在水运市场激烈的竞争形势下，航运公司经营观念从单纯追求利益转变为追求低运输成本和高质量服务，以便自己能获得新的生存和发展机会。现代运输强调物流的系统观念，在拓展港口功能、充分发挥港口集疏运作用的前提下，建立以港口为物流中心，由 5 种运输方式优化组合的联运系统，从原材料供应、产品生产、存储、运输到商业销售的整个物流过程更为畅通，从而使货方、运输方、销售方和购买方在合理的方式联运中全面受益，体现运输服务于社会经济的宗旨。物流的系统观念还改变了船方、港方、货方在运输中过分顾及各自利益的传统做法，转而树立了全新的物流流通系统利益的观念，使运输服务于社会经济的观念得到升华，这是运输的时代新特征。

集装箱港口开展
多式联运物流服务

2. 经营机制新变革

我国港口对外开放以来，吸收了大量外资，沿海各大城市港口的集装箱码头的中外合资经营屡见不鲜，以"政企分开"和"港口经营民营化"为主要内容建立港口现代化企业制度已经成为我国港口体制改革的核心任务。港口组合经营、港航联合经营、港方和货方合作经营正成为港口一种新的经营机制。近几年来，世界航运业正在向实现"强强联手，优势互补"的经营机制变革。

3. 船型专业化与泊位深水化

从船型构成看，油轮和散货船舶等专业化船舶占有极大的比重，作为新型运输方式的集装箱租船的发展也非常迅速。船舶大型化的趋势对港口航道水域和泊位前沿的水深提出了更高要求，例如随着超大型集装箱船舶和大型油轮、散货船的出现，要求港口航道和集装箱泊位前沿水域的水深不断加深。

4. 码头专用化、装卸机械自动化及运输全球化

对于运量大而稳定的货物，如散货、石油及其成品油类和集装箱的运输发展，专用码头泊位的产生，加上专用装卸机械自动化程度的提高，大大地提高了港口通过能力，同时也提高了港口的装卸效益。因此，泊位专用化和装卸高效益已成为现代化港口的发展趋势。此外，在经济贸易全球化的今天，运输全球化成为必然的发展趋势。

中国自动化集装箱无人码头

案例分析:《关于推进长江航运高质量发展的意见》为长江航运高质量发展指明方向

2019年7月10日交通运输部印发了《关于推进长江航运高质量发展的意见》(以下简称《意见》),为推动长江航运高质量发展指明了道路和方向。

1.《意见》是如何诞生的?

推动长江经济带发展是以习近平同志为核心的党中央作出的重大决策,是关系国家发展全局的重大战略。

2013年7月习近平总书记考察武汉阳逻港区,指出长江流域要加强合作,发挥内河航运作用,把全流域打造成黄金水道。

2014年12月习近平总书记作出重要批示,强调建设长江经济带要更好发挥长江黄金水道作用。

2016年1月习近平总书记在重庆召开推动长江经济带发展座谈会时强调,推动长江经济带发展必须走生态优先、绿色发展之路,共抓大保护、不搞大开发,把长江经济带建设成为生态更优美、交通更顺畅、经济更协调、市场更统一、机制更科学的黄金经济带。

2018年4月习近平总书记在武汉主持召开深入推动长江经济带发展座谈会,强调正确把握"五个关系",使长江经济带成为引领我国经济高质量发展的生力军。

长江航运是长江经济带综合交通运输体系的重要组成部分,是打造高质量发展经济带的重要支撑。近年来,长江航运加快发展,服务能力显著提升,在区域经济社会发展中的战略作用更加凸显。但仍然存在绿色发展短板、局部航道瓶颈制约、应急保障不足、服务质量不高等问题。为深入贯彻落实习近平总书记推动长江经济带发展系列重要讲话精神,加快推进长江航运高质量发展,交通运输部制定了《意见》。

2.《意见》有个"小"目标

到2025年基本建立发展绿色化、设施网络化、船舶标准化、服务品质化、治理现代化的长江航运高质量发展体系,长江航运绿色发展水平显著提高,设施装备明显改善,安全监管和救助能力进一步提升,创新能力显著增强,服务水平明显提高,在区域经济社会发展中的作用更加凸显。

到2035年建成长江航运高质量发展体系,长江航运发展水平进入世界内河先进行列,在综合运输体系中的优势和作用充分发挥,为长江经济带提供坚实支撑。

3. 5方面、20项重点任务

《意见》围绕交通强国目标和综合交通运输体系建设要求,坚持问题导向和目标导向,按照生态优先、绿色发展,安全第一、服务民生,改革引领、创新驱动,统筹兼顾、协同高效的原则,立足当前,着眼长远,提出了5个方面20项重点任务。

1)强化系统治理,促进航运绿色发展。

针对港口船舶绿色发展水平不高、港口岸线占而不用、多占少用等问题,《意见》提出了加强港口和船舶污染防治、推广应用新能源和清洁能源、加强资源集约利用和生态保护、优化运输结构和组织方式4个方面的重点任务和发展目标。其中在船舶污染防治方面,针对400总吨以下货运船舶和600载重吨以下单壳油船环境污染风险较大,而现有技术规范又没有明确要求的问题,《意见》提出了"研究将 400 总吨以下新建货运船舶具备污染物收集储存设施、600 载重吨以下新建油船具备双壳等纳入内河船舶法定检验技术规则"的要求,并提出了"逐步推行以 400 总吨及以下运输船舶'船上储存交岸处置'为主的排放治理模式"。

2)强化设施装备升级,促进航运顺畅发展

目前,长江航运还存在局部航道瓶颈制约、港口规模化、专业化水平不高、船舶标准化水平有待提高等问题,《意见》在基础设施、运输装备等方面提出了推进航道网络化、推进港口现代化、推进船舶标准化、统筹江海陆联动发展 4 个方面的重点任务和发展目标。在长江干线航道标准方面,综合考虑自然条件、水库调度、环境保护等因素,结合重大工程实施,明确了长江干线航道区段标准,即"实现长江干线 3000 吨级船舶直达宜宾、5000吨级船舶直达重庆、万吨级船舶直达武汉、5 万吨级船舶直达南京"作为今后相当长一个时期发展目标。在船型标准化方面提出了"到 2025 年,长江干线过闸运输船舶船型标准化率达到 95%;到 2035 年,达到 100%。"

3)强化动能转换,促进航运创新发展

按照高质量发展的要求,为推动长江航运发展动力变革,《意见》提出了推进航运技术创新、鼓励航运业态创新、深化航运服务创新以及打造高素质人才队伍 4 个方面的重点任务和发展目标。

4)强化体系建设,促进航运安全发展

安全是发展的基石,为全面提高长江航运的安全性和应急保障能力,《意见》提出了铸牢安全生产责任链条、构建双重预防控制体系、提升应急救助能力 3 个方面的重点任务和发展目标。

5)强化现代治理,促进航运健康发展

针对长江航运服务品质有待提高、营商环境有待改善、监管能力有待提升等方面的问题,《意见》提出了完善法规标准体系、构建法治化营商环境、引导市场有序发展、不断提高监管能力、深化长江航务管理局系统体制机制改革 5 个方面的重点任务和发展目标。

思考题:

说说《关于推进长江航运高质量发展的意见》出台对长江航运高质量发展的意义。

单元二　港口基础设施

学习目标：

1. 掌握港口的定义、港口陆域、水域设施组成及各自功能。
2. 了解港口的发展历程以及发展趋势。
3. 熟悉港口的功能。

情境导入：

党的十九大报告指出，创新是引领发展的第一动力，是建设现代化经济体系的战略支撑。革命性的新技术、颠覆性的新应用，是支撑港口在新时代承担新使命、开启新征程，实现率先发展、走在前列的核心力量。港口作为海运交通的枢纽，在促进国际贸易和地区发展中起着举足轻重的作用，全球贸易中约 90% 的贸易由海运承载，因此作业效率对于港口至关重要。在"工业 4.0""互联网＋"大发展的时代背景下，港口也在进行数字化、全自动化的转型升级发展，提升内涵建设，全面朝着智慧港口方向迈进，实现跨越式发展。

超级自动化码头洋山港

一、港口定义

港口是指位于江、河、湖、海或水库沿岸，具有明确界限的水域和陆域及相应的设备和条件，提供船舶出入和停泊，旅客上下船，货物装卸、储存和驳运，以及船舶补给、修理等技术和生活服务的场所。港口的任务是为船舶提供能安全停靠的设施，完成货物由船到岸或由岸到船以及由船到船的转运，并为船舶提供补给、修理等技术服务和生活服务。就其作用而言，是交通枢纽、水陆联运的咽喉；是水陆运输工具的衔接点和货物、旅客的集散地；就其工程内容而言，是各种工程建筑物（水工、房建、铁路、道路、给排水等）设备的综合体，而港口水工建筑物是这个综合体的主要部分。

二、港口的功能及分类

1. 现代港口的主要功能

港口的功能具有多元性和发展性的特点，随着经济、技术的发展，港口的功能在不断地拓宽和延伸。第一代港口（1950 年以前）主要是海运货物的转运、临时存储、装卸、仓储中心；第二代港口（1950 年至 1980 年）增加了工业、商业活动，成为具有使货物增值效应的服务中心；第三代港口（1980 年以后）其功能除了第一、二代港口的功能以外,更加强了与所在城市以及用户的联系,使港口的服务超出了原先港口的界限,增添了运输、贸易的信息服务,货物的配送等综合服务,使港口成为贸易的物流中心。

在经济一体化及全球供应链管理时代,港口正面临着不断增长的压力。港口之间竞争,正在演变为港口所参与的供应链之间的竞争角逐。港口已经不是作为运输链中孤立的一个点(或者中心)而存在,而是作为供应链中的一个组成环节。1999 年在联合国贸易与发展会议上又提出了第四代港口的概念,定义第四代港口为"物理空间上分离但是通过公共经营者或管理部门链接"(physically separated but linked through common operators or through a common administration)的组织。新一代港口处理的货物主要是集装箱,发展策略是港航联盟与港际联盟,生产特性是整合性物流,关键因素是决策、管理、推广和训练等。

港口发展是一个动态的过程,其功能逐渐从单纯的海陆运输连接演变为集转接、运输、生产、加工、服务、金融等生产服务于一体的多功能中心,也即从对外界响应相对刚性的功能逐渐演变为应对外界需求而不断变化的柔性功能特征。影响港口功能从刚性向柔性演变的因素包括内部系统驱动因素和外部经济、技术、区位等因素,这些因素均可理解为港口的发展环境,即环境机制是港口功能演化的基础。港口环境的具体内涵涉及宏观环境、整合环境、任务环境和微观环境四个方面,通过适应机制、激励机制和能动改造机制促进港口服务功能的不断拓展。适应国际经济、贸易、航运和物流发展的要求,逐步走向国际物流中心。

1)运输、中转功能

港口是运输链上的一个环节,运输网络上的枢纽。运输和中转是港口的首要功能。货物到达港口不是货物运输的终点,而是为了继续运输而完成存贮、分流、分配等作业环节。为了实现整个运输过程,港口必须完成货物在不同运输方式之间的换装和转载,即中转功能。中转的实现依赖于运输方式的衔接,因此,港口运输、中转功能的重要标志是车、船、货的在港停留时间。运输方式衔接的好坏直接决定货物换装的速度以及车、船、货的在港停留时间。运输方式的衔接一方面取决于港口通行能力的大小,另一方面取决于港口功能的发挥。

2)仓储功能

现代港口的仓储不仅仅是为了继续运输的需要,已经成为综合物流的一个重要环节。仓库位置的选择往往影响到整个物流成本的高低,最终必然影响到产品的市场价格和竞争力。货物通过船舶运输到港口,实现单位成本的降低。而将货物存放在港口,能够不间断地适应市场的需要或满足工厂生产需求。现在不少企业都在港口建立仓库或配送中心,例如在安特卫普港,美国的福特汽车公司设立了配送中心。世界上一些主要港口都专门开辟了一定面积的区域,配备所需设施为企业提供仓储和物资配送等服务。在港口的物流分拨区,港口当局或相关公司一般都向客户提供报关、保税、装卸货、保管、流通加工、运输发送等多种功能化服务。

3)贸易功能

商港是对外贸易的门户,也是商业网络上的枢纽。在国际贸易中,国家通过港口建立同各国的经济联系,港口发挥着贸易中心的作用。据统计,在国际贸易中,大约有80%的货物是依靠海运,并通过港口完成。这主要是由于海运具有运量大、成本低等其他运输方式无可比拟的优越性。事实上,港口的贸易功能很大程度上得益于港口的中转运输。港口是远洋船舶、沿海船舶和内河船舶以及内陆运输工具的联结点,货主可以方便地将货物运往港口储存,并根据国际市场行情的变化及时地决定抛售或购入货物。国际港口通过船舶与国际交易市场紧密相连,及时地将货物从港口运往市场,促成了众多的贸易公司在港口或港口城市设立机构以便于掌握国际市场行情。

4)商业功能

港口的商业功能是随着港口的设立及其运输功能的发展而同步发展的。首先,港口作为旅客的集散地,客观上要求为旅客和船员休息、中转提供必需的设施和服务。另外,随着港口的发展,航运与贸易的辅助功能如代理、保险、金融、通信、航运交易等都有了很大发展,使以单纯的装卸功能为主的港口区域拓展出了多功能、多层次和多方位的商业功能。

5)服务功能

这里的服务主要是指船舶接待、船舶技术支持、燃料和淡水补给、食品供应、引航、船舶修理等,以及天气恶劣时船舶隐避的需要、海难的救助、文化、科技、贸易、旅游等。服务功能是港口的重要功能之一,甚至与运输中转功能占据同等重要的地位。服务的质量、效率对运输中转功能的发挥起保证或限制作用,也会产生连锁性的外部影响,甚至关系到一个国家的形象。

6)工业功能

港口工业分两种:一种是依据港口深水条件服务于航运业的工业,如造船、修船、港口工程等工业;另一种是由于原材料和产成品大量依靠船舶运输的工业,如冶金、石油、汽车工业等。

2. 港口分类

1)按用途分类:商港、渔港、工业港、避风港、军港、旅游港。

2)按地理位置分类:海港、河口港、河港。

3)按地位分类:国际性港口、国家性港口、地区性港口

4)按平面布置形式分类:

(1)依自然地形布置

多见于河口、海湾潮汐水道以及港湾形水道上,一般投资省,泊位基本沿岸线布置,船舶靠离比较方便。进出港航道和港池回淤常常被视为重要问题,疏浚往往是不可避免的。为了避免过大的维护性疏浚,要认真分析水动力条件和泥沙运移规律,这种布置形式一般在早期的港口选址时有较多机会。

(2)填筑式

填筑式是最常见的形式,大部分码头岸线伸出自然岸线,码头场地主要以填方形成。一般尽量将港池挖泥吹填至潮间带,经固结成为港口发展用地。把挖泥弃土与填土造地两种作业结合在一起,通常可以取得减少投资的效果,同时还可减少弃土对海洋环境的影响。

（3）挖入式

多见于河港、河口港以及海岸带的泻湖洼地（如京唐港），港池由开挖陆域而形成。它适合于水体悬移含沙量较低或泥沙运移以推移质为主的地点。挖入式港口一般在入口处修建防波堤，既防波又防止沿岸泥沙入侵。

（4）岛式或开敞式布置

特点：码头布置在离岸较远的深水区，一般为开敞的，不设防波堤。

优点：工程费用省。

适用条件：大宗矿石码头、煤码头、油码头

随着船舶大型化和高效率装卸设备的发展，外海开敞式码头逐步被推广。

二、港口的主要设施

1. 港口陆域设施

港口陆域必须有适当的高程、岸线长度和纵深，以便布置各种设施和设备。

1）码头：港口水域和陆域的交接线，供船舶停靠、装卸货物和上下游客的水工建筑物。是港口的主要组成部分，以长度和泊位数表示。按码头的平面布置分：有顺岸式、突堤式、墩式等。墩式码头又分为与岸用引桥连系的孤立墩或用联桥连系的连续墩；突堤码头又分窄突堤（突堤是一个整体结构）和宽突堤（两侧为码头结构，当中用填土构成码头地面）。按断面形式分，有直立式、斜坡式、半直立式和半斜坡式。按结构形式分，有重力式、板桩式、高桩式、斜坡式、墩柱式和浮码头式等。按用途分，有一般件杂货码头、专用码头（渔码头、油码头、煤码头、矿石码头、集装箱码头等）、客运码头、供港内工作船使用的工作船码头以及为修船和造船工作而专设的修船码头、舾装码头。

2）港口铁路与道路：主要供货物进出港口之用，货物在港口的集散除了充分利用水路外，主要依靠陆路交通，因此铁路和公路系统是港口陆域上的重要设施。当有大量货物用铁路运输时，需设置专门的港口车站。在这里货物列车可以进行编组或解体，并配有专门的机车，将车辆直接送往码头前沿或库场的装卸线；装卸完毕后再由机车取回送往港口车站编组。在没有内河的海港，铁路是主要的疏运方式，港口生产与铁路部门有密不可分的关系，如我国的秦皇岛港、大连港、青岛港等。

3）港口装卸机械：是港口完成货物装卸的设备，专业化程度较高。现代港口装卸工作基本是由各式各样的机械来完成。有的机械主要用来起吊货物，称为起重机械；有的主要用于搬运货物，称为运输机械，合起来称为起重运输机械。他们在港口可进行：对船舶实行装卸作业；对火车和汽车进行装卸作业；在船舱内进行各种搬运、堆码和拆垛等工作；在库场上进行起重、搬运、堆码、拆垛等工作。港口机械通常分为起重机械、输送机械、装卸搬运机械、专用机械等四大类。

4）辅助生产设施：给水、排水系统，输电、配电系统，燃料供应站，工作船基地，各种办公用房，维修工程队和船舶修理等。

5）港口仓库和堆场：仓库和堆场是供货物装船前和卸船后短期存放使用的。多数较贵重的件杂货都在仓库内堆放保管；只有那些不怕风吹雨淋的货物如矿石、建材等可放入露天堆场或货棚内，这种散堆装货物的堆场常常远离市区和其他码头，以免对环境污染。

2. 港口水域设施

需要良好的水域,保证进出港船舶航行安全。

1)港池。港口内供船舶停泊、作业、驶离和转头操作用的水域。港池要有足够的面积和水深,要求风浪小和水流平稳。港池有的是由天然地势形成的;有的是由人工建筑物掩护而成的;有的是人工开挖海岸或河岸形成的(称挖入式港池)。

2)锚地。锚地是指港口中供船舶安全停泊、避风、海关边防检查、检疫、装卸货物和进行过驳编组作业的水域,又称锚泊地、泊地。其面积因锚泊方式、锚泊船舶的数量和尺度、风浪和流速大小等因素而定。作为锚地的水域要求水深适当,底质为泥质或砂质,有足够的锚位(停泊一艘船所需的位置),不妨碍其他船舶的正常航行。

3)航道。航道是指在内河、湖泊、港湾等水域内供船舶安全航行的通道,由可通航水域、助航设施和水域条件组成。按形成原因分天然航道和人工航道,按使用性质分专用航道和公用航道,按管理归属分国家航道和地方航道。

4)港口水工建筑

(1)防护建筑物。即为防波堤,其为阻断波浪的冲击力、围护港池、维持水面平稳以保护港口免受坏天气影响、以便船舶安全停泊和作业而修建的水中建筑物,此外还具有防沙、防冰的作用。

① 防波堤的平面布置

防波堤的平面布置因自然条件及建港规模要求而异,按平面形式可分为突堤和岛式防波堤两类。防波堤的一端(堤根)与岸相连时称为突堤;防波堤的两端均不与岸相连时称为岛式防波堤。防波堤还可以细分为:单突堤、双突堤、岛堤和组合堤。

② 防波堤的类型

按构造形式(或断面形状)及对波浪的影响分为:斜坡式、直立式、混合式、透空式和浮式,以及喷气消波设备和喷水消波设备等多种类型。

斜坡式防波堤是一种古老而简单的型式,在港口工程中得到了广泛应用。它主要由块石等散体材料堆筑而成,并用抗浪能力强的护面层加以保护,其坡度一般不陡于1∶1,波浪在斜坡面上发生破碎,从而消散能量,堤前的反射波较小。斜坡堤对地基的不均匀沉降不敏感,对地基承载力要求较低,可适用于较软弱的地基。由于堤的材料用量随水深的增加而有较大的增长,因而更适用于水深较浅和石料来源丰富的海域。但也有用于深水的情况,如葡萄牙锡尼斯港的防波堤,长达2km,水深最大处50m,防波堤外坡两层扭工字块体,单体重达42t,是至今世界上最大的斜坡堤工程。斜坡式防波堤也可适应海底面不平整的岩石地基,而不需作特殊处理。

斜坡上防波堤:

优点:波浪遇斜坡后,在斜坡上破碎,波能消散,堤前的反射波小;对地基不均匀沉降不敏感,低地基承载力要求不高,适用于软土地基;结构简单,施工容易,损坏后容易修复。

缺点:材料用量大,大致与水深的平方成正比;堤内侧不能兼做码头;护石容易发现破损。

适用条件:水深不太大,较为软弱的地基,材料比较丰富的情况。

直立式防波堤具有直立或接近直立的墙面,由于墙前水深的不同情况,入射波在墙面上产生完全反射或部分反射。直立堤主要有重力式和桩(包括板桩)式两种类型。重力式防波堤的基床埋设在原海底面以下时为暗基床直立堤;当基床抛置在原海底面以上时为明基床直立堤。直立堤随水深增大而增加的工程量不如斜坡堤明显,因此一般适用于水深较大的情况。直立堤的另一个优点是内侧可供靠船用。但直立堤的建造一般需要大型专门的施工机械,施工技术也较复杂。重力式结构对地基的不均匀沉降较敏感,一般要求较好的地基条件,或对软弱地基进行加固处理。直立堤发生整体破坏的后果也较严重,修复极其困难。

优点:水深较大时,用料材料比较省;不需要经常维修;堤内侧可兼做码头。

缺点:对地基不均匀沉降敏感,对地基承载力要求较高,适用于较好地基;波浪遇直立墙后几乎全部反射,堤前波高较大,可能影响水域的平稳;一旦破损,修复困难。

适用条件:水深较大,较好地基的情况。

理论和实验研究表明,波浪的能量大部分集中在水体的表层,在表层 2 倍和 3 倍波高的水层厚度内分别集中了 90% 和 98% 的波能。由此产生了适应波能这一分布特点的特殊型式防波堤,包括透空式防波堤、浮式防波堤、压气式和水力式防波堤等。

(2)护岸建筑物

天然河岸或海岸,因受波浪、潮汐、水流等自然力的破坏作用,会产生冲刷和侵蚀现象,需要修建护岸建筑来加以维护:

直接护岸建筑:斜面式护坡(加固岸坡);直立式护岸墙(保护陡岸)。

间接护岸建筑:浅堤(平行海岸线、巩固);丁坝(垂直海岸线、稳固)。

(3)码头建筑物

码头是港口的主要组成部分,而码头建筑物又是港口的主要水工建筑物,就结构而言码头可以为重力式码头、板桩码头、高桩码头和混合式码头。

(4)其他引航、导航配套设施。

① 助航设施:浮标、固定标、导标和灯塔

为了保证进出港船舶的航行安全,每个港口、航线附近的海岸均有各种助航设施,其中最重要的助航设施就是航标,它的主要功能是为航行船舶提供定位信息;提供碍航物及其他航行警告信息;根据交通规则指示航行;指示特殊区域,如锚地、测量作业区、禁区等,即定位、警告、交通指示和指示特殊区域 4 方面功能。按照设置地点,航标可分为沿海航标与内河航标。沿海航标建立在沿海和河口地段,引导船舶沿海航行及进出港口与航行,它分为固定航标和水上浮动航标两种。固定航标设在岛屿、礁石、海岸,包括灯塔、灯桩、立标;水上浮动航标是浮在水面上,用锚或沉锤、链牢固地系留在预定海床上的标志,包括灯船与浮标。内河航标是设在江、河、湖泊、水库航道上的助航标志,用以标示内河航道的方向、界限与碍航物,为船舶航行指示安全航道。它由航行标志、信号标志和专用标志 3 类组成。按照工作原理分类,有视觉航标、音响航标与无线电航标。

② 电子通信设备设施:船舶通航服务站(VTS),包括雷达和甚高频无线电话(VHF)。

③ 卫星导航(GPS)系统

案例分析:青岛前湾港——传统码头的"终结者"

2017 年 11 月 17 日下午 3 时左右,"以星科伦坡"集装箱运输船在前湾港的靠港准备工作就绪。此时,海上短时风速达 17m/s、262m 长的运输船已开始剧烈晃动,这对安全准确地装卸码放集装箱来说是个挑战。但对于前湾港来说却算不得什么,只是寻常的工作。"这种天气状况下,预计 4 个小时左右就能完成卸货。船舶公司给出的计划时间是 6 小时。"青岛新前湾集装箱码头有限公司操作部经理王崇山的语气里也充满淡定。不畏惧天气的"突然袭击",敢断言只用 4 个多小时的底气得益于今年 5 月份全自动化码头在前湾港的成功运营。图 3-2-1~图 3-2-3 为青岛前湾集装箱自动化码头。

图 3-2-1　青岛前湾集装箱自动化码头

1. 空无一人的码头

现场看到以蓝色为主基调的全自动化码头与一侧红白相间的传统码头形成了极强的视觉差异;从近处看,有别于传统码头的热闹喧哗,人们在码头惯常可见的桥吊司机、中转的集装箱运输车司机难觅踪影,运送货物的"主角"则是 7 台全自动化双小车桥吊、38 台 AGV(自动化导引小车)、38 台全自动化轨道吊及 1 台调箱门固定吊。整个码头空无一人,只有各种设备在高效地运转,现场安静地让人诧异:

激光扫描、校准,仅几秒钟时间,全自动化双小车桥吊的主小车锁定集装箱上的锁孔,抓取、抬起至高空,蓝色的桥吊携着货物到达中转平台;定位、码放,不足 1 分钟时间,副小车在中转平台将集装箱"转交给"AGV,整个过程无人参与,设备上安装的 26 个摄像头就是货物抓取、运送的"眼睛";无人驾驶的自动化导航运输车接到货物,按照事先规划的运送路线,朝着轨道吊行进。道路上每隔几米就有一块嵌入地面的圆形磁铁,运输车的行进轨迹与磁铁精准对接,行进路线分毫不差;轨道吊迅速抓取运输车上的货物,不到半分钟,集装箱已经被准确码放在堆场上,整整齐齐、分毫不差……

就这样,当天下午,在蓝色的全自动化码头,一切都井然有序的高效运行,全过程并

图 3-2-2　青岛前湾集装箱自动化码头

无传统的人流穿梭、发号施令,而是安静有序、一气呵成。卸货从下午3点开始,至晚上7时左右即全部完成。跟从船上卸货一样,要运送集装箱上运输船,也是同样的流程,同样的场景。王崇山介绍,全自动化码头不仅省人工,更凭借超高的数据处理能力,让作业效率达到40自然箱/小时,提升作业效率约30%,是当今世界自动化程度最高、装卸效率最快的集装箱码头。

2. 智慧"大脑"

如此高效、准确的全自动化是如何实现的呢?

在前湾港的系统控制部门,一排排计算机整齐码放,工作人员也在紧张地忙碌着。这里可以说是全自动化码头的智慧中枢,计算机内运转的智能生产控制系统是码头会思考、能决策的"大脑"。现场只有9个操控员,他们就是传统码头的装卸"司机",承担了原先60多人的工作。不再单纯依赖眼观、技术经验的判别,而是按照计算机发送的指令,指挥码头上的设备完成装卸货工作。

在"以星科伦坡"靠港之前,该船舶的数据信息已被自动接入到码头的计算机系统中,系统根据信息自动生成装卸计划,这仅需几分钟时间,而在传统码头完成人工配载需要4至5个小时。

作业启动后,计算机会自动发送装卸指令,远程操控员按照指令调整手柄即可指挥码头上的设备工作。"以前的操控员就是桥吊司机,终日在码头上对着大海和货物开工,如今是坐在室内,对着电脑屏幕,差别不可想象。"王崇山说。

据了解,该项系统集成了全世界最先进的码头操作系统,更加智能高效。通过融合码头操作系统TOS、设备控制系统ECS、闸口控制系统GOS、电子数据交换系统EDI和网站预约查询系统等"五大系统",采用物联网感知、通信导航、模糊控制、信息网络、大数据云计算和安全防范等技术构建而成。

"系统具备自动配载、智能设备调度、自动堆场管理及自动闸口、业务处理等功能,可以统筹协调上百个生产要素,从而做出生产计划策略及作业任务序列;系统可以实

图 3-2-3　青岛前湾集装箱自动化码头

施流程管理及设备调度控制,让生产全过程有机协调、无缝衔接;此外,它的精准定位及智能控制功能,可以实现零冲击、无声响平稳操作,确保货物零损伤。"每次介绍自动化控制码头的操作系统时,青岛新前湾集装箱码头有限公司副总经理杨杰敏都满怀信心。

记者在现场观察到,除了智能生产控制系统,运送货物的运输车进入全自动化码头需要经过的三级闸口也是智慧中枢的一环。车辆在一级闸口采集集装箱数据,通过二级主闸口对司机、车辆、集装箱信息进行校验处理,获取场位信息;核对信息无误,车辆通过三级控制闸,司机将车开至指定地点即可。"省去了烦琐的人工检查、核对等环节,一切交给计算机系统,既准确又及时。目前车辆进出闸口的周转控制在 15min 以内,较传统码头缩短了 50% 以上。"王崇山说。

3. 输出码头建设的"青岛模式"

据了解,这项让人称奇的全自动化码头项目从 2013 年 10 月立项,由青岛港集团主导,今年 5 月投入商业运营,仅用 3 年多时间即完成了国内外同类码头 8~10 年的研发建设任务。

自动化码头筹备小组组长、"元老"张连钢告诉记者,当初从零起步,谁也不敢确定是否会成功。刚开始都是摸索,没有运输船可以实战演练,大家就在空地上摆起箱子,模拟测试。外国人对码头建设开发技术守口如瓶,大家就凭着经验摸索,失败了再来,最终码头的建设成本仅为国外同类码头的 75% 左右,让高高在上的"贵族码头"走下神坛,探索出了可推广复制、具有行业示范意义的"青岛模式"。

除了节约成本,全自动化码头还输出了多个技术第一,为一批批世界性技术难题提供了解决方案:世界上重量最轻、循环补电、巡航里程无限制的集装箱自动导引车是青岛港首创,可节省换电站建设费用过亿元,比同类设备重量减轻 10 余吨;轨道吊"一键锚定"系统也是首次推出,解决了大型机械防瞬间大风的全球性行业难题……

"在国内,宁波港、天津港、唐山港目前均有意向建设自动化码头。青岛港投产之后,高效的作业效率、较低的建设成本,给他们增强了信心,也对外输出了自动化码头建设的'青岛样本'。"王崇山告诉记者,现在码头上每天都有接待任务,前来学习参观的人和团队不断增加,这其实也是让青岛港口乃至中国港口的整体实力向前跃进的坚实一步。

思考题:

青岛集装箱自动化码头运作效率如此之高赖以存在的背后因素是什么?

单元三　典型运输船舶

学习目标:

1. 掌握杂货船、散货船以及集装箱船的结构特点和性能。
2. 了解滚装船、载驳船以及油轮的结构特点和性能。
3. 熟悉船舶的主尺度概念以及它们衍生出来尺度比所代表的船舶性能。

情境导入:

人类从自然认知起步的独木舟再到"四大发明"之一司南应用的帆船时代,进而再到工业革命时期的内燃机船时代,然后再到高科技应用的智能巨型船舶时代,船舶的建造与发展无不与所在时期的社会政治经济文化背景密切关联,远洋货轮越来越朝着大型化、低能耗、数字智能化方向发展。

一、船舶分类简介

1. 普通杂货船

1)特点:多层全通甲板(2 到 3 层),甲板间高在 2.45m 以上,双层底结构,机舱常设中部或尾部;货舱侧壁有木质或钢质护肋设施;舱口多为船宽的 40%~60%;水密货舱盖,自动启闭,根据大小,设 3~6 个货舱,有首尾尖舱;起货设备多为起重机,吊杆或立式塔形吊车;装卸时间长,效率低。

船舶类型

2)营运特点

传统的班轮航线上运行的就是杂货船。现在的杂货船一般没有固定的航线和船期,而是根据货源情况及货运需要航行于各港口之间,除载运件货外,也可载运散装货或大件货等。杂货船的营运不追求高速,而注重经济性和安全性,要求尽量多装货物,提高装卸效率,减少船员人数和保证航行安全。

3)发展方向

近年来由于集装箱运输的蓬勃发展,杂货船已少有建造。现营运的杂货船向集装箱船型改造或向提供载运重、长、大件货运输的特种船型发展。

2. 干散货船舶

干散货船是指专门载运粉末状、颗粒状、块状等非包装散堆货的运输船舶。如运输粮食、矿砂、煤炭、水泥等

1)常规型干散货船主要有三类:

普通散货船:单层甲板、尾机型、货种单一、舱室分隔要求不高。

专用散货船：矿砂船、运煤船、散粮船、散装水泥船等。

兼用散货船：较近发展如车辆-散货船、矿-散-油船等。

2）各种专用干散货船及其特点

（1）运煤船

船型最接近于普通散货船，船上设有良好的通风设备，以防止煤发热自燃。

（2）散粮船

散装粮食的积载因数较大，所以舱容系数比普通散货船大。散粮在船舶航行中会逐渐下沉，为了限制自由面效应，目前一般都将散粮船的货舱口围壁加高、缩小货舱口尺度，使货物沉降后的表面积限制在货舱口范围内。图3-3-1为散粮货舱截面。

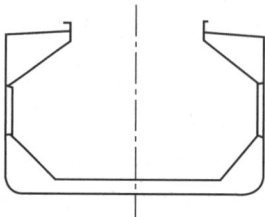

图3-3-1 散粮货舱截面呈八角形

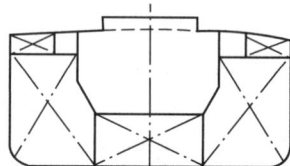

图3-3-2 矿砂船上下分设顶、底边

（3）矿砂船

矿砂的积载因数较小，对货舱的容积要求不大，而荷载较集中。为了适当提高货物重心，改善船舶性能，有利于货物装卸，常将双层底抬高，且货舱口两侧设纵向水密隔壁，使货船剖面呈较小的矿斗形，船体结构强度亦较强。矿砂船相关情况见图3-3-2、图3-3-3。

图3-3-3 作业中的30万吨级矿砂船八角形

（4）车辆-散货船

这种船装有若干层悬挂式或折叠式车辆甲板，配以轻便的舱盖，用于装载汽车。车辆甲板一般为网格式花铁板结构，目的是减轻重量。当装载散货时，可将舱盖吊到甲板上,并将车辆甲板收起悬挂在主甲板下或折叠起来紧贴在横舱壁旁。

(5)矿-散-油船

简称OBO船(Ore-Bulk-Oil船)这种船吨位大,舱容大。中间为矿砂或其他散货舱,开有大舱口,能方便抓斗上下。两侧为油舱,能利用回程和矿砂、散货贸易的淡季装油,提高船舶的经济性。

(6)大舱口散货船

此类船既能装载散货,也能装载木材、钢材、橡胶、机械设备、新闻纸以至集装箱等,适应性很强,其发展速度也较快,该船在甲板上设有门式吊车。

(7)浅吃水肥大型船

六十年代,散货船的大型化速度加快,而港口和航道的水深不足,因此,开始了对浅吃水肥大型船舶的积极研制。研究的主要方向是增加船宽吃水比 B/T,增大方形系数 C_b,当然,由此就需要研究新的线型和推进操纵系统,从而保证船舶的航行性能和有效地提高船舶的经济性。现在,浅吃水肥大型船舶的 B/T 值已达6以上。

散装货船在营运过程中遇到的关键问题之一是如何提高货物的装卸效率,从而提高船舶的利用率,降低运输成本。传统方法使用的工具有皮带输送机、溜槽以及抓斗,前两种装货较快,但是卸货效率较低,后一种存在回转周期、浪费时间、自重较大、清舱困难、易损坏船舶、扬尘物料损失大等缺点。

散货船卸船新工艺以及努力方向就是改进装卸工艺,由周期性装卸作业向连续性作业发展,主要是使用连续式的装卸船设备,现有设备主要有链斗式卸船机、斗轮式卸船机、绳斗式卸船机,但是这些设备的缺点是结构复杂、外形庞大、噪声较大、有冲击力、磨损厉害、投资和维修费高。另一种由周期性装卸作业向连续性作业发展的途径就是使用自卸船,其需自带装卸设备,运距不宜过长。散货自卸船通常是在舱底设置纵向输送机,舱内物料通过斗门及其他喂料方式喂入输送机并被提升到一定高度经投料输送机卸至码头。

现代散货自卸船与普通散货船相比技术经济特点:

(1)卸货效率高

(2)对码头建设要求低

(3)可以实现卸船作业的全自动化

(4)机动灵活

(5)建造成本较高

3. 集装箱船

图3-3-4为"伊夫林·马士基"轮。

1)外形特点

外形狭长、瘦削,驾驶室通常位于中部、首部,驾驶视线好,纵倾调整方便,不影响甲板上装箱,船员居住条件改善。缺点是驾驶室与机舱的距离拉长。

2)结构特点

(1)单甲板、大开口

集装箱船的舱口宽度可达船宽的80%,比普通杂货船

全球首艘23000箱液化天然气动力集装箱船

图 3-3-4 "伊夫林·马士基"轮(载箱量为 11000TEU)

大 30%～50%,舱口总长则比普通杂货船大 60%～80%。

(2)双船壳,双船壳不仅提高船体的纵强度、横向强度、扭曲强度、增大了剖面的抗弯刚度,也有利于提高船舶的抗沉能力。船侧双壳内可设压载舱、燃油舱和空舱等。

(3)机舱及上层建筑通常位于船尾,以留出更多甲板面积堆放甲板集装箱。甲板及货舱口盖上设有固定的绑缚设备,甲板上可堆放 2～6 层集装箱,货舱内部装有固定的格栅导架,以便于集装箱的装卸和防止船舶摇摆时货箱的移动,根据船舶大小,舱内可堆放 3～9 层集装箱,货舱舷部一般多做成双壳体,绝大多数的集装箱船上不设起货设备。

3)船舶性能

(1)集装箱船装卸效率高,航速较高,集装箱船通常为 20～30 节,高的达 33 节。

(2)稳性要求较高。为了加大装载,通常在甲板上要堆放货箱,这就引起重心升高,受风面积和风压力臂增大。

(3)装卸时,船舶的横倾角应不大于 5°(一般在 3°以内),否则集装箱在装卸时易被导轨卡住。

(4)为了减小甲板上集装箱绑扎系统的受力和箱内货物对箱体的作用力,横摇周期相对较大。

4)特配设备

(1)船舱内设有格栅结构以防止由于船舶的摇荡而使集装箱在舱内产生移动。格栅导轨的上口做成喇叭状,集装箱装舱时,只要对准每一格栅,堆装在内即可。

(2)集装箱船的甲板和舱口盖上一般也堆放集装箱。

(3)为防止由于船舶的运动而引起集装箱的倾覆或移动,需要有固缚装置。

(4)集装箱船上还有集装箱的角配件,以便于集装箱的起吊、堆存和在舱内的固定。

4. 滚装船

滚装船(图 3-3-5)是装载车辆或装载固放在车辆上的集装箱或托盘货物通过船舶首、尾或两舷的开口以及搭到码头上的跳板进行滚装运输的专用船舶。将传统的船舶垂直上下装卸改成水平方向滚动方式装卸。

　　尾部或舷侧或首部设有供车辆上下的跳板,首跳板处必须设置首门与内门,尾跳板与舷侧跳板处有时仅设内门;舱内设有活动斜坡道或升降平台;抗沉性相对较差,舱容利用率较低,造价也较高;装卸效率高,船速快,对码头要求不高,主要用于短途运输(图3-3-6)。

图3-3-5　滚装船

图3-3-6　装船中的滚装船

　　5. 载驳船

　　专门载运货驳的船舶,又称母子船(图3-3-7、图3-3-8)。

　　运输过程:将货物先装载于统一规格的方型货驳(子船)上,再将货驳装上载驳船(母船)上,载驳船将货驳运抵目的港后,将货驳卸至水面,再由拖船分送各自目的地。载驳船的特点是不需码头和堆场,装卸效率高,便于海—河联运。

　　装船时,升降平台降到水下一定深度,顶推船将两只驳船推上平台并固定,然后升到各层甲板的高度,再用拖车沿轨道送至指定位置的支座上安放。

图 3-3-7 拉西式载驳货船

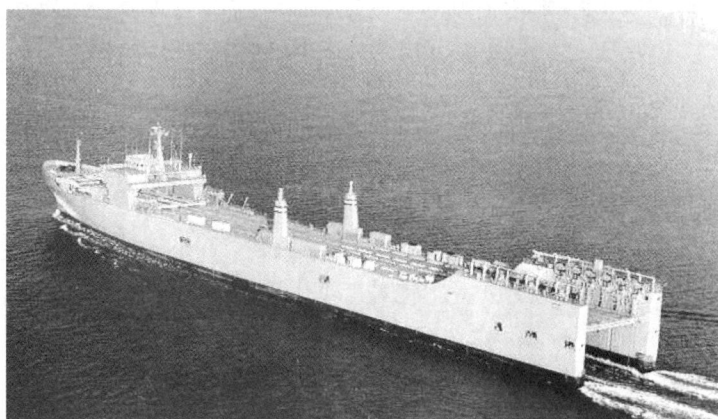

图 3-3-8 西比式载驳货船

6. 油船

油轮(3-3-9)是主要用来运输原油、原油的提炼成品(如动力油、燃料油等)、石油化工产品的专用途船,其结构特点是一般采用纵骨架式结构,设置多道横舱壁和大型肋骨框架,用以增加横向强度和适装不同品种的油类,纵向水密舱壁把油舱划分为并列的两列或三列油舱,采用双层船底及双层船壳结构,设有专用压载舱或清洁压载舱,油舱的前后两端设置隔离空舱或用泵舱、压载舱等代替。特点是 L/B 较小、B/D 及方形系数 CB 较大,属肥胖型船,干舷亦小。

油轮属单甲板,甲板非常平,机舱布置在船尾,为尾机型船。在油轮的中部有一个小吊车,用于连接船用管道和码头管道,无起货设备和大舱口,仅有圆形或椭圆形小舱口,用油泵、管路及各种控制阀配合完成装卸油作业;船上配置装卸泵与管道,船舶动力 90%使用蒸汽机提供船舶航行的动力,同时提供加热原油的蒸汽,使原油在整个运输过程中始终处于加热状态,保持足够的流动性以便到达目的地时能快速地装卸。游轮航速一般在 15 节(28 公里/小时)左右,属于低速船。

当代业界,将油轮按载重吨位分为 5 个级别:

(1)巴拿马型(Panamax):船型以巴拿马运河(Panama Canal)通航条件为上限(譬如

图 3 - 3 - 9 油轮

运河对船宽、吃水的限制),载重吨(DWT)在 6～8 万吨之间

(2)阿芙拉型(Aframax):平均运费指数 AFRA(Average Freight Rate Assessment)最高船型,经济性最佳,是适合白令海(Baltic Sea)冰区航行油船的最佳船型。载重吨在 8 万～12 万吨之间。

(3)苏伊士型(Suezmax):船型以苏伊士运河(Suez Canal)通航条件为上限,载重吨在 12 万～20 万吨之间。

(4)VLCC(Very Large Crude oil Carrier):巨型原油船,载重吨在 20 万～30 万吨之间。

(5)ULCC(Ultra Large Crude oil Carrier):超巨型原油船,载重吨在 30 万吨以上。

二、船舶的主尺度

1. 船体主尺度(Ship dimension)

船舶主尺度,是指表示船体外形大小的基本尺度。包括船长、船宽、船深和吃水。按用途不同,分为型尺度(molded dimension)、登记尺寸(registered dimension)、最大尺度(overall dimension)等。型尺度由船体型表面量得,钢质船的型表面是船壳板和甲板的内表面,主要用于船体设计和性能计算。登记尺寸是主管机关在登记船舶和计算船舶总吨位、净吨位时所使用的尺度,它载明于吨位证书上。最大尺度也称全部尺度或周界尺度,为包括固定突出于船壳外板各种附属结构在内的从一端点量到另一端点的总尺度。主要用作在建造和营运中考虑外界条件限制的依据。它可以决定停靠码头泊位的长度,是否可以从桥下通过,进某一船坞。

2. 船体的几何特征

图 3-3-10 为船舶主要尺度示意图。

总长(L_{OA}):船体型表面(包括两端上层建筑在内)最前端和最后端之间的水平距离。

垂线间长(L_{PP}):首垂线与尾垂线之间的距离。

设计水线长(L_{WL}):设计水线面与船体型表面首尾点之间的距离。

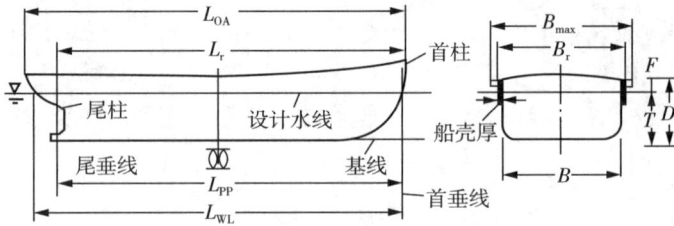

图 3-3-10 船舶主要尺度示意图

型宽 B(Breadth):船长中点处宽度。

型深 D(Depth):甲板边线最低点处高度。

吃水 T(Draught):设计水线到龙骨基线垂直高度。

干舷 F(Freeboard):在船侧横中剖面处,自设计水线量至甲板边板顶面的垂直距离($F=D-T$)。

3. 船型系数(Form coefficients)

船型系数进一步表达船体水下部分的几何特征,具有相同主尺度和尺度比的两艘船,其几何特征可以有明显的差别,从而影响船的技术性能——这就是因为船型系数的不同。常用的船型系数有:

1)方形系数或排水量系数 CB(Block coefficient)

方形系数是船体的排水体积 V(船浸没水中所排开水的体积)与船长 L、型宽 B 和吃水 T 围成的长方体体积的比值。在同样长、宽、吃水的船体,不同的方形系数可以表达各船体的不同丰满程度。系数大时表示船体丰满,具有较大的排水体积并能装载更多的货物,反之方形系数较小时,在同样主尺度之下的船就具有较小的排水体积,船体消瘦,因而可以具有较高的航速。

2)水线面系数 CWP(Water-plane coefficient)

水线面系数是水线面面积 A_w 与其相应船长、型宽 B 围成的长方形面积的比值。水线面系数表示了水线面的丰满程度。货船为了尽量扩大载货舱位而把形状尽量做得丰满,它的中部还有一段平行中体,所以设计水线面系数就较大(0.8~0.9),客船及航速较高的集装箱船等为了提高航速、减少阻力,形状较为狭瘦,没有平行中体或平行中体很短,它们的设计水线面系数就较小。所以一般航速高的船在设计时选用较小的 CW,而航速低的则反之。

3)中横剖面系数 CM(Midship section coefficient)

中横剖面系数是船中横剖面水下面积 A_m 与型宽 B、吃水 T 围成的长方形面积的比值。船中横剖面系数反映了中横剖面的丰满程度,货船为了尽量扩大载货容积,两舷垂直,船底无升角或很小,舭半径很小,所以具有大的 CM(0.95~0.98);而航速高的船舶具有较大的升角及舭半径,故 CM 就较小。

4)纵向棱形系数 CP(Prismatic coefficient)

纵向棱形系数是船体排水体积 V 与长度为 L、中横剖面面积为 A_M 的棱柱体体积之比值.纵向棱形系数表达了船体在水下部分的体积(船舶排水体积)沿船体纵向(船长方向)的分布情况。其值大则表示排水体积前后分布均匀,而值小则表示船体两端消瘦。

5)垂向棱形系数 CVP(Vertical prismatic coeffcient)

垂向棱形系数是船舶排水体积 V 与吃水为 T、水线面面积为 A_w 的棱柱体体积的比值。垂向棱形系数表示船舶水下部分在垂直方向的分布情况。垂向棱形系数大则表示船体在垂直方向,上下形状接近,较为丰满而适用于载货量大的货船。反之,则船体在垂直方向形状变化大,船底部分狭尖,用于快速及较小的船舶。

4. 船舶尺度比

1)长宽比 L/B

它影响船舶的快速性。L/B 值越大则船体形状越是瘦长,而对高速船来讲,总阻力就越小。反之,L/B 值越小则船体形状越是丰满,用于低速船。

2)长深比 L/D

它与船体纵向强度有关。在强度上船体可以作为一个变截面的空心梁来考虑,L/D 比值越大则梁的形状是扁而长,它的抗挠强度将较弱,反之则较强。

3)型深吃水比 D/T

它影响船舶的抗沉性或安全性。D/T 值越大则船体在水上部分的相对高度越大,甲板上浪的可能性越小,而当发生海损事故时,船内能保持较多的浮力,所以增加了船的抗沉性和安全性。

4)型宽吃水比 B/T

它影响到船的稳性。B/T 较大的船必然是吃水浅而宽,可以具备更大的稳性,不易翻没。反之,则吃水深而船体狭,稳性就较差。

5)长度吃水比 L/T

它影响到船舶操纵性。较长而吃水浅的船就较难操纵,反之船较短而吃水较深的船就便于操纵。

案例分析:基因契合,世界级大港 & 世界级大船瞩目对接
——世界最大集装箱船(24000TEU)首航青岛港

2020 年 4 月 26 日,载箱量 24000 标准箱的全球首艘最大集装箱班轮——THE 联盟"HMM 阿尔赫西拉斯"轮首航仪式在山东港口青岛港举行,标志着山东港口集装箱业务迈入 24000 标准箱"大船时代"。

1. 大船靠大港。这条世界最大的集装箱船舶到底有多大?

用一组数据说明:

"阿尔赫西拉斯"轮长 399.9 米,宽 61.03 米,型深 33.2 米,设计装载量为 23964 个集

装箱,打破了此前"地中海古尔松""地中海伊莎贝拉"和"地中海米娅"等 23756 箱的纪录,是目前世界上最大的集装箱船舶。换个形象的说法,这条船的甲板面积近 4 个标准足球场,长度比美国福特级航母还要长出 66.9 米,满载箱子首尾相连长度是港珠澳大桥的 2.6 倍,摞起来有 40 个泰山的高度。

近年来,船舶大型化大行其道。世界前十大船公司纷纷更换 1.8 万标准箱以上的大船。其中,韩国 HMM 今年将有 12 艘 2.4 万标准箱大船陆续下水,成为全球拥有最大集装箱船舶数量最多的船公司,"阿尔赫西拉斯"轮正是第一艘。

超大型集装箱船带来的规模经济、降低单位成本、提高燃油效率等效果不言而喻,但同时也对港口的码头能力、操作效率、配套服务、集疏运能力等提出了全方位挑战。

作为山东港口龙头的青岛港拥有优良水深条件、先进的码头设施、优越的集疏运体系,23 个大型集装箱专用泊位,能从容停靠世界最大集装箱船舶,"世界上有多大的船舶,青岛港就有多大的码头"所言非虚。更有世界第一的"振超效率"闻名遐迩,目前青岛港 8000 标准箱船舶泊位效率平均达到 145 自然箱/小时以上,200 米以上的船舶作业桥吊单机效率达到 30 自然箱/小时,在全球十大航运公司效率统计排名中位居首位。

山东港口在适应船舶大型化显示出的得天独厚优势,受到了全球众多超级货轮的青睐。据统计,今年青岛港已累计接卸装载量超 2 万标准箱的集装箱大船 48 艘次,同比翻番增长。图 3-3-11 为"HMM 阿尔赫西拉斯"轮停靠青岛港。

图 3-3-11 "HMM 阿尔赫西拉斯"轮停靠青岛港

2. 聚合效应一体化改革推动全球枢纽港版图重塑

通常,拥有大型船舶的班轮公司会选择箱量更集中、辐射性更强的港口优先挂靠,以确保单航次挂靠的箱量规模和经济效益,这直接导致航线上的少数枢纽港"强者更强"。

作为"船王"的"阿尔赫西拉斯"轮此次首航选择山东港口青岛港,背后也有对航线、腹地货源等关键资源的深度考量。

自山东港口组建以来,各港口间握指成拳、错位发展,一体化改革发展不断加速,海向,增航线、扩舱容、拓中转;陆向,开班列、建陆港、拓货源,构建了以青岛港为龙头,日照港、烟台港为两翼,渤海湾港为依托,内陆众多无水港为延展的一体化发展格局,加快打造集装箱国际枢纽港,带来全球枢纽港版图的重塑。今年以来,山东港口新增集装箱航线10条,其中青岛港集装箱航线达到174条,航线密度稳居北方港口第一位。

为进一步优化"一带一路"航线布局,早在2019年10月,山东省港口集团党委书记、董事长霍高原在出访韩国期间曾到访HMM总部,与各方联手签署中(鲁)韩国际大通道框架协议,发挥山东港口在国际资源配置、国际物流运输中的区位、政策等优势,与中日韩港航及物流企业联手打造东联日韩、西接欧亚大陆的国际物流大通道。

而此次首航的"阿尔赫西拉斯"轮将被投入THE联盟亚洲—北欧航线中,实现青岛港欧洲航线的运力升级,继续扩大青岛港远洋航线优势。

"新大船的投入运营,使原有的航线舱位增长了30%。"山东港口青岛港QQCT副总经理张军介绍说,"这将进一步放大平台效应和聚合效应,助力山东港口加快由目的港向枢纽港、由物流港向贸易港转型。"

3. 危中寻机行业寒冬下的信心之选

随着疫情在海外持续蔓延,我国一季度外贸进出口整体呈下降态势。海关数据显示,一季度山东外贸进出口4467.5亿元,下降3.6%。全球港航业也遭受严重冲击,各航运公司宣布停航已达435个航次。因此,在这种形势下投入大船、升级运力备受质疑。

对此,HMM(中国)有限公司董事长李柱明以"三个有信心"进行了回答:"我们把世界最大的集装箱船首航放在山东港口,是因为我们对中国的经济有信心,对'一带一路'倡议和山东市场有信心,对山东港口最优质服务和强力支持有信心。我们将加强与山东港口的全方位合作,联手打造与'一带一路'沿线国家合作的重要平台。"

思考题:

推动集装箱船大型化的原因是什么? 其给港口带来什么压力?

单元四　船舶技术营运性能

学习目标：

1. 掌握储备浮力、船舶稳性、船舶排水量以及船舶载重量相关概念。
2. 了解船舶适航性的定义以及增加适航性的措施。
3. 理解船舶稳性状态变化的原理。

情境导入：

随着国际航运竞争日趋白热化，船公司在航线布局以及船舶运营管理方面开始进行精准化设计与管理，目的就是尽量降低成本来获得自身的市场竞争力，以此来获得更高的经济效益。为此投入航线上的船舶就需要有良好的航行性能和装载性能。

一、船舶的航行性能

船舶为了完成运输生产任务，经常在风浪、急流、险滩等航行条件极为复杂的情况下工作。因此要求船舶必须具备良好的航行性能以抵抗风浪的袭击，控制好船舶。

1. 浮性

1）浮性的概念

浮性是指船舶在一定装载情况下，漂浮于水面保持平衡的能力。

浮体漂浮在水面上的平衡条件：重力＝浮力。

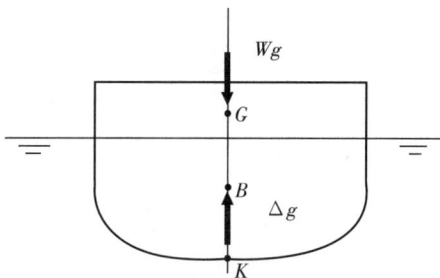

图 3-4-1　漂浮原理

所谓浮性是指船舶在各种装载情况下，保持一定浮态，漂浮于水面一定位置的能力。浮性是船舶最基本的性能，任何船舶都必须具备一定的浮性。

根据两力平衡原理，船舶漂浮于水面的条件必须是，重力和浮力大小相等，方向相反，作用在同一条垂线上。如果重力大于浮力，船舶下沉；相反，浮力大于重力，船舶上浮（图 3-4-1）。

2）船舶浮态

浮态即船舶的漂浮状态，是船舶在静水中平衡时，船与静水平面的相对位置。船舶的浮态有：正浮、横倾、纵倾、任意倾（横倾与纵倾兼有）等四种。

3）储备浮力

船舶只要满足重力和浮力大小相等，方向相反并作用在同一垂线上即可得到平衡而漂浮在静水面上。因此从理论上说,船舶装载后的水线只要不超过甲板边线,船舶总是可以平衡于水面的。也即船舶所能装载的重量是使装载后的船舶总重量与船体所有水密体积形成的浮力相等。但是实际上船舶的满载水线只能是在甲板边线下相当一段距离处。即船舶装载后必须保留一部分浮力,该部分浮力称为储备浮力。所以储备浮力的含义是在满载水线以上的船内水密空间所提供的浮力称为储备浮力。

　　船舶所以要具有一定的储备浮力是因为它在航行中,重力和浮力往往会发生变化。例如海浪打上甲板,上甲板结冰等会使重量增加;船舶破损后会丧失浮力,则为了使浮力和重力重新得到平衡,就需要得到补偿浮力。

　　4)船舶水尺(图 3 - 4 - 2)

　　水尺是指堪划在首尾左右两侧的船壳板上的吃水标志。大型船舶还在船中部的左右两舷标明水尺。

　　2.船舶稳性

　　船舶在航行中,经常会受到风浪等外力的作用,而发生倾斜。当船舶受到外力作用离开原来平衡位置而发生倾斜,当外力消除后,仍能回到原来平衡位置的性能,就称为稳性(Stability)。它是使船舶抵抗一定的外力作用,而不致倾覆的一种性能,是保证船舶安全航行的重要航海性能。

图 3 - 4 - 2　船舶水尺

　　1)首先明确几个概念

　　重心(G):全船所有重量合力的作用点。

　　稳心(M):稳心 M 为船舶倾斜前后浮力作用线的交点。

　　稳性高度(GM):横稳心与重心之间距离。

　　船舶稳性原理如图 3 - 4 - 3 所示。

　　2)船舶的三种平衡状态:

　　(1)稳定平衡状态(图 3 - 4 - 4)

　　船舶稳心 M 在重心 G 之上,$GM>0$。船舶倾斜后重力 W 与浮力 Δ 构成的稳性力矩能使船舶恢复到初始平衡状态。

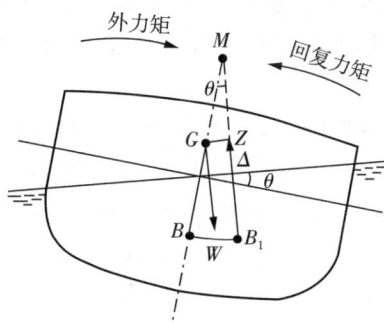

图 3 - 4 - 3　船舶稳性原理

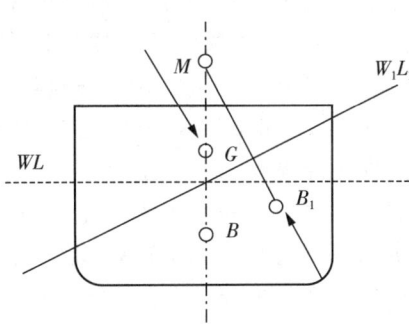

图 3 - 4 - 4　船舶稳定平衡

　　(2)随遇平衡状态(中性)(图 3 - 4 - 5)

　　船舶稳心 M 与重心 G 重合,$GM=0$。船舶倾斜后重力 W 与浮力 Δ 所构成的稳性力矩为零。

（3）不稳定平衡状态（图3-4-6）

船舶稳心 M 在重心 G 之下，$GM<0$。船舶倾斜后重力 W 与浮力 Δ 所构成的力矩使船舶继续倾斜。

3）增加船舶的稳性的措施与方法

重货放在船舶的下方，轻货放在船舶的上方；液体货物船舶设有纵向舱壁；减少货物的悬挂。

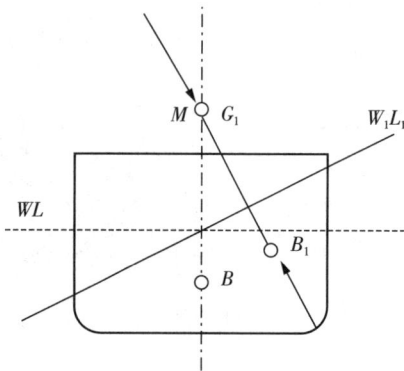

图3-4-5　船舶中性平衡　　　　　　　图3-4-6　船舶不稳定平衡

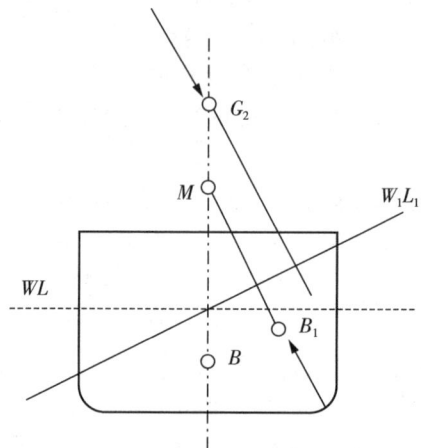

3. 船舶抗沉性

1）抗沉性的概念

船舶抗沉性又称船舶不沉性，是指船舶在一个舱或几个舱进水的情况下，仍能漂浮于水面，并保持一定浮态和稳性的能力。为了保证抗沉性，船舶除了具备足够的储备浮力外，一般有效的措施是设置双层底和一定数量的水密舱壁。一旦发生碰撞或搁浅等致使某一舱进水而失去其浮力时，水密舱壁可将进水尽量限制在较小的范围内，阻止进水向其他舱室漫延，而不致使浮力损失过多。这样，就能以储备浮力来补偿进水所失去的浮力，保证了船舶的不沉，也为堵漏施救创造了有利条件。

1912年4月14日，"泰坦尼克"号邮船在纽芬兰岛附近，与冰山相撞，船舱被划开约100米长的破洞，船首5个舱进水，导致船舶沉没，2700名乘员中，1522人遇难，造成这么多人遇难的主要原因是救生艇只能容纳一半乘员，这对后续船舶救生器械的装备提供了血的教训，也间接推动了SOLAS公约的出台。

2）破舱稳性衡准

其基本要点是规定了船舶分舱（所有舱室应保证一舱不沉）、船舶破舱后的浮性与稳性，以及分舱指数。根据统计资料规定了一个要求的分舱指数（R），当船舶达到的分舱指数（A）不小于要求的分舱指数（R）时，就认为船舶破舱稳性满足要求，否则，就是不合格。

3）分舱制

根据其抗沉性，船舶分为"一舱制"船、"二舱制"船、"三舱制"船等。

（1）"一舱制"船是指该船上任何一舱破损进水而不致沉没的船舶。

（2）"二舱制"船是指该船任何相邻的两个舱破损进水而不致沉没的船舶。

（3）"三舱制"船以此类推。

一般化学品船和液体散装船属于"二舱制"船或"三舱制"船。对"一舱制"船也不是在任何装载情况下一舱进水都不会沉没，因为按抗沉性原理设计舱室时是按照舱室在平均渗透率下的进水量来计算的。所谓渗透率是指某舱的进水容积与该舱的舱空的比值。所以满载钢材的杂货船，货舱进水时其进水量就会较大地超过储备浮力，就不一定保证船舶不沉。

船舶在破损进水后是否会倾覆或沉没，在一定程度上还与船上人员采取的抗沉性措施是否得当有关。船舶破损进水后的措施有很多，如抽水、灌水、堵漏、加固、抛弃船上载荷、移动载荷或调驳压载水等。这些措施都是为了保证船舶浮力，有时为了减少船舶倾斜、改善船舶浮态和稳性，常常通过采用灌水或调驳到相应的舱室的办法来达到。

现代舰船几乎都设有双层底和水密横舱壁，而将整个船体分成几个单独的水密舱室，并在水线以上留有足够的干舷高度，以保持一定的储备浮力。这样，当某些部分受损进水后，仍可保持一定的浮态和稳性。

4）抗沉性的保证措施

（1）具备足够的储备浮力；

（2）设置水密横舱壁和双层底；

（3）配备足够的救生设备；

（4）按规定进行消防救生演习；

（5）船舶在破损进水后的措施。

4. 快速性

1）定义

船舶的快速性就是指对一定排水量的船舶，主机以较小的功率消耗达到较高航速的性能。

船舶在航行过程中会受到流体（水与空气）阻止它前进的力，这种与船体运动方向相反的作用力称为船的阻力。为了使船舶维持一定的速度航行，必须对船舶提供推力以克服阻力。船舶快速性就是研究船舶尽可能消耗较小的机器功率以维持一定航行速度的能力，或者说，船舶快速性是在给定主机功率时，表征船舶航行速度快慢的一种性能。

2）船舶阻力

船舶在水面航行时，作用于船体上阻止船舶运动的力，包括空气阻力和水阻力，这种与船舶运动方向相反的流体作用力称为船舶阻力。水阻力包括两部分，一是突出于船体以外的舵、轴和批龙骨等所受的附加阻力，主要包括污底阻力、附体阻力、空气阻力、汹涛阻力。二是船体本身所受的阻力即裸体阻力，主要包括摩擦阻力、粘压阻力、兴波阻力。

3)减少船舶阻力的措施

(1)保证船体表面的光滑(摩擦阻力);

(2)定期去除船底的污底(摩擦阻力、污底阻力);

(3)改变船型:采用较大的 L/B;或较小的 C_b(摩擦阻力);

(4)改变船尾形状,或采用较大的 L/B(粘压阻力)或船头采用球鼻首(兴波阻力)。

4)船舶推进装置

在船上需要设有专门的装置或机构,把能源(如人力、风力以及各种形式的发动机)发出的功率转换为推船前进的功率,即推进器(如桨、篙、橹、帆以及明轮、螺旋桨等)。推进器形式分为螺旋桨、平旋推进器、明轮、喷水推进器、喷气推进器、空气螺旋桨,目前应用最广的推进器是螺旋桨(图 3-4-7),其特点是螺旋桨构造简单、造价低廉、使用方便、效率较高。

图 3-4-7 船舶螺旋桨

在船舶设计中要满足用船部门对快速性的要求,应当从下述四个方面来考虑:

(1)船舶于航行时所遭受的阻力要小,即所谓优良线型的选择问题;

(2)选择推力足够,且效率高的推进器;

(3)选取合适的主机;

(4)推进器与船体和主机之间协调一致。

5. 适航性

船舶在多变的海况中的运动性能,称为适航性,也称耐波性。通常是指船舶在风浪中的摇摆性能。

增加船舶适航性的措施:

1)满足船舶稳性的前提下,降低船舶的初稳性高度(GM)

船舶的摇摆是一种复杂的运动,通常在风浪中出现的摇摆运动是船的横摇、纵摇和垂直升降运动等的叠加,其中横摇是船舶适航性中最主要的摇摆性能。所以具有良好适航性的船舶其横摇一定是缓和的,也就是说横摇的倾角(称横摇摇幅)是比较小的,而且完成一个全摆过程所需的时间(称横摇周期)是比较长的。

横摇周期越长横摇缓和性越好。但是理论和实践已经证明船舶的横摇周期的大小和船舶的初稳性高度 GM 值大小有关,从横摇周期的经验公式可以看出:

$$T_\theta = C_\theta \frac{B}{\sqrt{GM}}$$

式中:T_θ——横摇周期;

　B——船宽;

　GM——初稳性高度;

　C_θ——横摇周期系数。

由上式可知初稳性值 GM 值越大,则横摇周期越小,即单位时间内的横摇次数越多,造成船舶剧烈的横摇,船的摇摆性能就会变得很差。由此可见船舶的摇摆性能和船的稳性之间存在矛盾。为了使船舶具有足够的稳性,又要使船舶在航行时不发生剧烈的摇摆,通常是在满足船舶的稳性要求后,尽量采用较小的 GM 值。

2)使用减摇装置

(1)舭龙骨(图 3 - 4 - 8)

装于船中两舷舭部外侧,与舭部外板垂直的长条形板材结构,是最简单而有效的减摇装置。当船舶横摇时,舭龙骨产生与横摇方向相反的阻力,形成减摇力矩,从而减小船舶的横摇。舭龙骨结构简单、造价低、效能高、便于维护,因此得到广泛的应用。

图 3 - 4 - 8　船舶舭龙骨

(2)减摇鳍

减摇鳍是目前效果最好的减摇装置。装于船中两舷舭部,剖面为机翼形,又称侧舵。通过操纵机构转动减摇鳍,使水流在上产生作用力,从而形成减摇力矩,减小摇摆。该设备结构复杂,造价较高,且效果取决于航速,航速越高,效果越好,故多用于高速船舶。

(3)减摇水舱

船体内部左右舷连通的 U 型或槽形水舱,分为主动式和被动式两种。当船舶侧倾时,水在水舱中的流动产生的水柱振荡滞后于波浪振荡 180 度相位角,所产生的减摇力矩与波浪的倾侧力矩正好相反,从而起到减摇作用。其效果与水舱的形状、水量、位置有关,其缺点是需占用较大的容积。

6. 船舶操纵性

船舶在航行时能够保持原来方向或按照驾驶员意图改变到所需航向的性能称为操纵性。其中船舶能够保持原来航向的性能称为航向稳定性,能够按照驾驶员意图改变航向的性能称为回转性或灵敏性。船舶操纵性的保证是依靠操纵设备来达到的,操纵设备一般由舵、转舵机构、舵机、操纵装置(装在驾驶室)及传动装置等部分组成。

二、船舶的重量性能和容积性能

1. 重量性能

在最大允许吃水范围内,反映吃水与船舶和(或)载重关系的性能,称为船舶重量性能。

1)排水量

排水量(Displacement)是指自由漂浮于静止水面上的静态船舶所排开水的重量。排水量在数量上等于该装载状态下船舶的总重量,按船舶的装载状态不同,排水量可分为空船排水量、满载排水量和装载排水量。

空船排水量 Δ:指船舶装备齐全但无载重时的排水量,空船排水量(Light ship displacement)等于空船重量,包括船体、机器及设备、锅炉中的燃料和水、冷凝器中的淡水等重量之和。新船空船排水量为一定值,相应的吃水为空船吃水,其值均可在船舶资料中查得。

满载排水量 ΔS:指船舶吃水达到规定的满载水线(通常指夏季载重线)时的排水量。满载排水量(Full loaded displacement)等于在满载状态下船舶的总重量,包括空船重量及货物、航次储备、压载水等重量的总和。夏季满载排水量为一定值,相应的船舶吃水为夏季满载吃水,其值均可在船舶资料中查得。夏季满载排水量是表征船舶载货重量能力大小的指标,而夏季满载吃水则是限定船舶装载吃水,保证船舶浮性的指标。

装载排水量 Δ:装载排水量(Loaded displacement)指船舶装载后吃水介于空船吃水与满载吃水之间的排水量,其值为该装载状态下空船、货物、航次储备、压载水等重量之和。

2)船舶载重量

船舶所能装载的载荷重量称为载重量。载重量分为总载重量和净载重量。

(1)总载重量 DW

总载重量(Deadweight)是指船舶在任意吃水时所能装载的最大重量。它包括在该吃水条件下船上所能装载货物、航次储备、压载水及其他重量的总和,这一总和在数值上

等于该吃水的排水量与新船空船排水量的差值,即

$$DW = \Delta - \Delta L$$

总载重量的大小可根据给定的船舶装载状态按其构成成分叠加获得,也可根据船舶吃水来确定。新船出厂时船舶资料中作为船舶主要参数给出的总载重量是指夏季满载吃水所对应的总载重量,其值为一定值,即

$$DWS = \Delta S - \Delta L$$

DWS 作为船舶载重能力大小的重要指标,通常用来表征船舶大小及统计船舶拥有量。

（2）净载重量 NDW

净载重量（Net deadweight）指船舶具体航次中所能装载货物重量的最大能力,其值等于具体航次中所允许使用的最大总载重量 DW_{max} 与航次储备量及船舶常数的差值,即

$$NDW = DW_{max} - \sum G - C$$

式中:$\sum G$—— 航次储备量(t);

　C—— 船舶常数(t)。

（3）航次储备量 $\sum G$

指船舶具体航次中为维持船舶正常运输需要所储备的消耗物质重量总和即为航次储备量（Restores for voyage）,按其构成可分为固定储备量和可变储备量两类。

① 固定储备量 G_1

固定储备量 G_1 包括船员和行李、粮食和供应品及船用备品。由于构成 G_1 的各部分在航次储备量中所占比例很小,因此,在计算 NDW 时,无论航次时间长短,可将 G_1 取一定值,故称固定储备量。

② 可变储备量 G_2

航次储备量中随航次时间长短及补给方案不同而变化的那部分物质的重量,它包括燃料、润料和淡水。

（4）船舶常数 C

船舶参加营运后的空船重量与新船出厂时的空船重量之差称为船舶常数（Ship's constant）。船舶常数通常包括以下几部分重量:

① 船舶定期修理和局部改装引起的空船重量改变量;

② 货舱内货物、衬垫物料及垃圾的残留重量;

③ 液舱柜、污水井内油、水的残留物或沉淀物;

④ 船上库存的废旧机件、器材及物料;

⑤ 为改善船舶性能而设置的固定压载物;

⑥ 船体外附着的海生物重量与其所变浮力的差值。

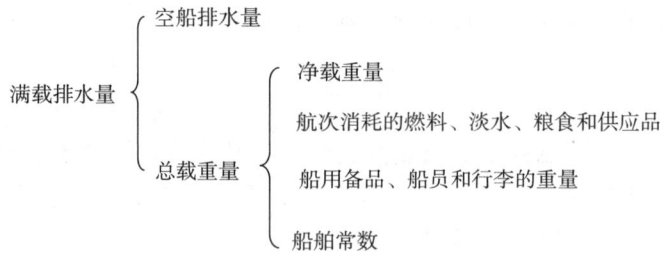

图 3-4-9 满载排水量与重量关系图

3)船舶载重量标志(Load line marks)

船舶载重线标志(Load line marks)是指为标明船舶载重线位置,用以检查装载状态使之不小于已核定的最小干舷,而按载重线公约或规范所规定的式样勘绘于船中两舷的标志。船舶载重线标志包括:甲板线、载重线圈及各载重线(图 3-4-10)。

为保证船舶航行安全在船舷处勘划的船舶在不同海区和季节须相应使用的负载量标志。载重线标志包括外径为 300mm,线宽为 25mm 的一圆环,和与圆环相交长为 450mm,宽为 25mm 的一条水平线,该水平线上边缘通过圆环中心。圆环中心位于船中,至甲板线上边缘的垂直距离等于核定的夏季干舷。各载重线与一根位于圆环中心前方 540mm,宽为 25mm 的垂直线相垂直,分别以长为 230mm,宽为 25mm 的水平线所表示的通常有夏季、冬季、冬季北大西洋、热带、夏季淡水、热带淡水各载重线。载重线的上缘就是船舶在该水域和该季节中所允许的最大装载吃水的限定线(图 3-4-11)。

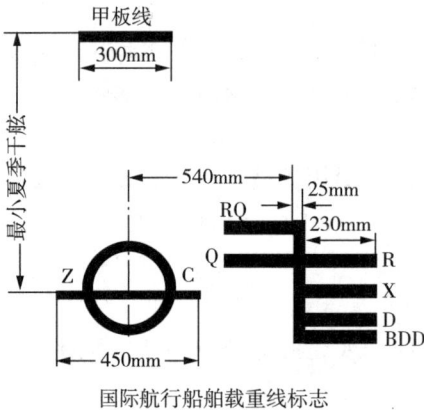

国际航行船舶载重线标志

图 3-4-10 国际航行船舶载重线标志

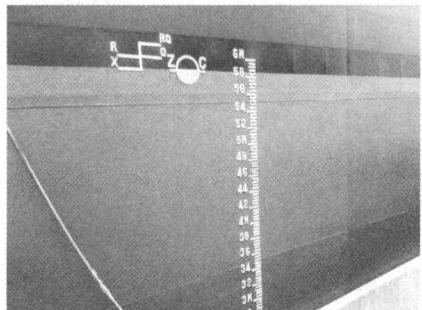

图 3-4-11 船舶水尺

载重线类型及组成:

载重线标志包括:甲板线、载重线圆盘和与圆盘有关的各条载重线。图中的各条载重线含义如下:

(1)TF(Tropical Fresh Water Load Line)表示热带淡水载重线,即船舶航行于热带地区淡水中总载重量不得超过此线。

(2)F(Fresh Water Load Line)表示淡水载重线,即船舶在淡水中行驶时,总载重量不得超过此线。

（3）T（Tropical Load Line）表示热带海水载重线，即船舶在热带地区航行时，总载重量不得超过此线。

（4）S（Summer Load Line）表示夏季海水载重线，即船舶在夏季航行时，总载重量不得超过此线。

（5）W（Winter Load Line）表示冬季海水载重线，即船舶在冬季航行时，总载重量不得超过此线。

（6）WNA（Winter North Atlantic Load Line）表示北大西洋冬季载重线，指船长为100.5 米以下的船舶，在冬季月份航行经过北大西洋（北纬 36 度以北）时，总载重量不得超过此线。

标有 L 的为木材载重线。

我国船舶检验局对上述各条载重线，分别以汉语拼音首字母为符号。即以"RQ""Q""R""X""D"和"BDD"代替"TF""F""T""S""W"和"WNA"。

在租船业务中，期租船的租金习惯上按船舶的夏季载重线时的载重吨来计算。

2. 船舶容积性能

船舶所具有的容纳各类载荷体积的性能称为船舶容积性能，用来表征船舶容积性能的指标包括舱室容积、舱容系数、登记吨位及甲板货位。

1）舱室容积

（1）干货舱容积（Capacity of dry cargo holds）

指干货舱内能够被货物利用的最大空间体积。按所装载的货物不同，可分为散装容积和包装容积两种。

散装容积（Grain capacity）：指货舱内能够被无包装且呈颗粒、粉末、小块、球团等状的固体散货所利用的最大空间体积。其大小为两舷侧板内缘、前后横舱壁内缘、内底板或舱底板上缘至甲板下缘所围体积及舱口围板与舱口盖板下缘所围体积之和，并扣除舱内骨架、支柱、货舱护条、通风筒等所占空间体积。

包装容积（Bate capacity）：指货舱内能为包装货物或具有一定尺度的裸装货物所利用的最大空间体积。其大小为包括舱口围板所围体积在内，量自两舷侧肋骨或纵桁内缘、前后横舱壁骨架的自由翼缘、内底板或舱底板上缘至甲板横梁或纵骨下缘所围空间体积，并扣除舱内支柱、通风筒等舱内设备所占体积。

一般货舱的包装容积约为散装容积的 90%～95%。

（2）液货舱容积（Liquid cargo capacity）

指货舱装载液体散装货物时可利用的最大容积。

（3）液舱柜容积（Tank capacity）

指船舶能够为燃料、润料、淡水、压载水所利用的专用舱柜的最大容积。当各舱室未装至最大容积，可根据实际装载深度查"舱容曲线"，从而确定实际装载容积及重心位置。

（4）甲板货位

对于某些种类的船舶，允许或适合于在上甲板装载一定数量的货物，如集装箱船、木材运输船、杂货船，而允许利用的甲板货位受到船舶稳性、安全了望、货物系固等方面的限制。集装箱船甲板可用货位与舱内容积之比为 1∶2～1∶1，而木材船甲板可用货位与舱内容积相比,也基本接近。

2)舱容系数 μ

舱容系数(Coefficient of load)指全船货舱总容积与船舶净载重量之比,即每一净载重吨所占有的货舱容积。

$$u = \frac{\sum V_{ch}}{NDW}$$

式中:u——舱容系数(m^3/t)。

$\sum V_{ch}$——全船货舱总容积,对杂货船,取包装容积;对散货船,则取散装容积。

由于各具体航次 NDW 不同,因此相应的舱容系数也不同。船舶资料中的舱容系数是船舶在满载状态下保持最大续航能力时的数值。杂货船舱容系数约为 $1.5\sim2.1m^3/t$,散货船舱容系数约为 $1.6\sim2.2m^3/t$。

船舶舱容系数是表征船舶对轻货或重货适应能力的指标。舱容系数较大的船,适合于装载轻货,若装载重货,则货舱容积未得到充分使用;相反,舱容系数较小的船,适合于装载较重货,如装载轻货,则载重量不能充分利用。

3)登记吨位

船舶登记吨位(Register tonnage),是指船舶为登记注册及便利海上运输的需要,按有关国家主管机关指定的丈量规范的规定所丈量的船舶容积,以吨位表示其大小。凡船长不小于 24m 的我国海上航行船舶,均应按规定丈量并核算船舶登记吨位。

根据船舶丈量的范围和用途不同,登记吨位可分为总吨、净吨和运河吨。

(1)总吨 GT

根据规定的吨位丈量规范丈量船舶总容积后所核算的专门吨位为船舶总吨(Gross tonnage)。按下述公式决定

$$GT = K_1 V$$

式中:V——船舶所有围蔽处所总容积;

K_1——系数,$K_1 = 0.2 + 0.02\lg V$。

船舶总吨位的用途主要有:

① 表征船舶建造规模大小,作为船舶拥有量的统计单位;

② 船舶建造、买卖、租赁费用及海损事故赔偿费的计算基准;

③ 国际公约,船舶规范中划分船舶等级,提出技术管理和设备要求的基准;

④ 作为船舶登记、检验、丈量等计费的依据;

⑤ 作为某些港口使费的计算基准;

⑥ 作为计算净吨位的基础。

(2)净吨 NT

根据丈量规范规定丈量确定的船舶有效容积所核算的专门吨位为船舶净吨位(Net tonnage)。有效容积可理解为船舶用于载货和载客处所的容积。净吨位应按下式计算:

$$NT = K_2 V_c \left(\frac{4d}{3D}\right)^2 + K_3 \left(N_1 + \frac{N_2}{10}\right)$$

式中：K_2——系数，$K_2=0.2+0.021\lg V_c$；

  V_c——各载货处所的总容积；

  D——船长中点的型深（m）；

  d——船长中点的型吃水（m）；

  K_3——系数，$K_3=1.25\times\dfrac{GT+10000}{10000}$；

  N_1——不超过 8 个铺位的客舱中的额定乘客数；

  N_2——其他客舱中的额定乘客数。

净吨位主要用作计收各种港口使费（如港务费、引航费、码头费、灯塔费等）和税金（吨税）的依据。

（3）运河吨位（Canal tonnage）

苏伊士运河和巴拿马运河当局为维护各自国家的经济利益，按特殊丈量规范确定的登记吨位。它包括总吨和净吨两种。运河吨位主要用于交纳运河通过费的依据。凡航经运河的船舶，必须具备运河当局核定的运河吨位证书。

案例分析：矿砂船沉没元凶追寻

2015 年 1 月 2 日凌晨，一艘装载着 4.6 万吨货物的"丘比特号"散货船，在航行至头顿市 150 海里外的海域时，突然发生严重倾斜，船长紧急向外发出多"SOS"无线电求救信号，然而，这艘巨轮倾覆的速度来得实在太快了，收到求救信号的海岸警卫队以最快的速度赶到出事地点，但最终他们只找到了一人。

这场意外来得如此猝不及防，也让很多人都难以理解：如此体量的巨轮，为何会以如此惊人的速度快速沉没？

更令人们惊疑的是，丘比特号并非个例，类似的情形已经上演了数次：2010 年，南远钻石号货轮沉没，22 人遇难；2011 年 Vinalines Queen 号轮船沉没，23 名船员遇险；2013 年，新加坡哈里达号沉没，24 名船员中 15 人失踪，剩下 9 名被路过的中国船只救起……

这些船无一不是突然发生倾斜，然后快速沉没的，到底是什么原因导致它们遇险呢？海上风暴吗？不是，气象资料表明，这些巨轮出事时都未曾遭遇到巨型风浪，更何况，出事轮船体量都很大，比如丘比特号，全长 200 米，宽度超过 30 米，普通风暴根本奈何不了它。

触礁吗？也没有，况且，就算是触礁了，船沉没的速度也不会这么快。那是船舶质量出了问题吗？也不是，这些轮船的使用年数大多都不超过 10 年，并不存在任何大的质量隐患。

经过反复的验证和比对，调查人员终于找到了造成这一系列灾难的"罪魁祸首"：船上的货物。这些出事轮船，都有一个共同点——它们都是散货船，出事时都装载着数万吨的货物，并且，这些货物比较特别，都是铁、镍或者铝土等金属矿物，更为特殊的是，它们都被碾碎成微颗粒状态，这样一来，虽然可以快速去除杂质，但却存在一个隐患——容易发生"液化"。

这些矿物由较大的岩石颗粒和较小的黏土颗粒构成，在干燥的情况下，黏土颗粒与岩石颗粒会互相摩擦，粘合成较大的固体团块，如果空气比较湿润，黏土颗粒就会吸收空气中的水分变成泥浆，随着货轮的摇晃而来回流动，从而降低船体的稳定性，一旦货轮晃

解密沉船

散货船船舱
横截面

矿石中的大小颗粒（黑色）相互摩擦，形成固体团块，空气和水都被困在颗粒之间的缝隙中。

如果货物太湿，小颗粒不再起到粘合剂的作用。空气在轻微的压力下或运动中逸出，矿石堆则液化形成泥浆状。

空气
水

①②③④⑤⑥

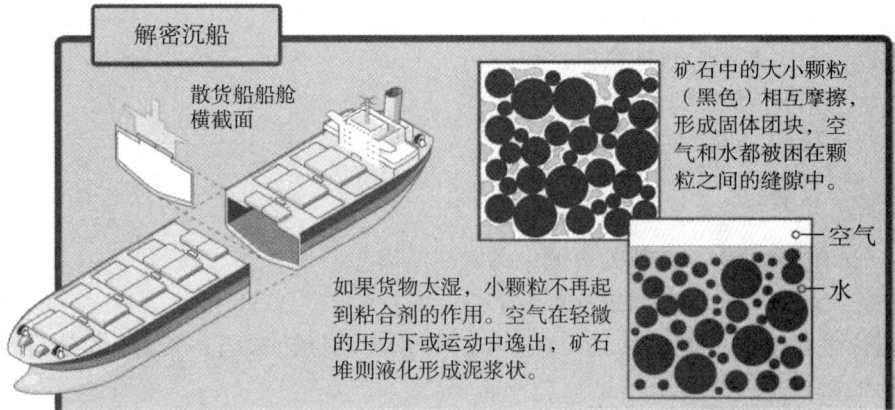

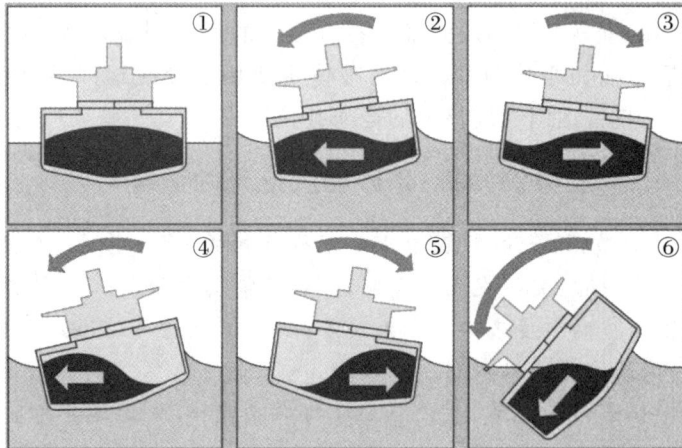

图 3-4-12　船舶倾覆过程图

说明：储存在货舱 1 中的矿石受船身摇摆（红色箭头）的影响而变成泥浆。矿石泥浆像液体一样随船晃动而流动（橙色箭头）（2 和 3）。货物流动得非常快，从而降低了船体的稳定性，因为随着船体的每次晃动，泥浆占据的舱底表面逐渐减少（4 和 5）。这种现象不断加剧直至颠覆船体 6。

动稍微加大，就足以令船体出现严重的倾斜、快速倾覆。因为整个过程发生的时间太短，很多时候船员们甚至来不及做出反应，就被船体带入海中。

根据国际干散货船东协会 2019 发布的调查报告，过去十年间发生的 51 起散货船海难中，有 7 起就是因为货物液化造成的，一共 101 人遇难，是其余 44 起（因触礁等原因而沉船）遇难人数的总和。

更令人痛惜的是，很多船长都知道矿物液化可能带来的危险性，原则上，他们是可以拒绝出航的，比如 2010 年出事的南远钻石号，船长在出发前，就发现储存在驳船里的镍矿过于潮湿，存在一定风险，因此拒绝出船，但终究还是迫于船东的压力出海了，没想到，这一去就再也没有回来。

思考题：

通过此案例对矿砂船的装载保障稳性有何启示？

单元五　港口生产作业组织

学习目标：

1. 掌握港口生产过程各阶段的工作内容、港口装卸工艺的定义。
2. 了解港口装卸工艺发展的前沿技术以及趋势。
3. 熟悉典型的件杂货、散货以及集装箱的装卸工艺的相关内容。

情境导入：

港口生产作业是一个复杂的系统工程，涉及多个部门多个工种的协作作业，如何科学合理地分配生产任务以及生产资源，不仅关系到港口生产任务能否按时完成，而且关系着港口生产的社会经济效益。随着港口生产管理技术水平的不断提高以及信息技术的应用，港口生产运作管理越来越趋向于智能化、机械化、自动化方向发展，也越来越使用具有前沿技术的装卸工艺来为港口装卸生产任务提供技术保证，以此来提升港口的通过能力，进而提升港口的综合竞争力。

一、港口生产基本过程

1. 生产准备过程

生产准备过程是指基本生产活动之前，港内所进行的全部技术准备和组织准备工作。主要包括：编制出装卸作业计划，并且根据计划完成货物操作过程及装卸工艺的确定，装卸地点、库场、接运工具的准备与确定，装卸机械准备，以及货运文件的准备等。这些工作是确保基本生产过程顺利进行的前提。

2. 基本生产过程

基本生产过程就是货物在港内所进行的装卸过程，又叫货物的换装过程。是指货物从进港到出港所进行的全部作业的综合。是直接完成船、车货物的装卸过程。它包括：卸船过程、装船过程、卸车过程、装车过程、库场作业过程、港内运输过程以及其他生产性作业等，由此可见，港口企业的生产过程最少有一个以上操作过程所组成。在进行基本生产过程组织时，要使组成操作过程各装卸工序的生产能力协调一致，否则，整个操作过程的装卸效率将受到最薄弱环节的装卸作业工序能力的制约。因此，所谓保证基本生产过程（或操作过程）的协调性和连续性，就是要保证其他非主导工序向主导工序协调，以保证主导工序的连续性。所谓主导工序是指对整个装卸作业过程起主导作用的工序。例如组织船、库作业过程，其主导工序就是指卸船机械的效率。

3. 辅助生产过程

辅助生产过程是保证基本生产过程正常进行所必需的各种辅助性生产活动。它包括:装卸机械的维修与保养、装卸工具的加工制造与管理、港口各项设施的维修,以及动力供应等。此外,在一条船或一列车装卸结束后所需进行的码头、库场整理工作等,这些均属辅助生产活动。

4. 生产服务过程

生产服务过程是指为保证基本生产过程和辅助生产过程顺利开展所进行的各种服务性活动。它包括:理货业务、仓储业务、计量业务。为船舶服务的有技术供应、生活必需品供应、燃物料、淡水供应、船舶检查与维修,以及压舱水的处理等;为货主服务的有货物鉴定、检验、包装等。此外,还有集装箱清洗与检修、港内垃圾与污水处理等。在港口生产过程中,服务性生产活动也是港口生产活动中不可缺少的组成部分。在生产组织过程时,既要组织好基本生产过程也应组织好其他三个过程,特别值得注意的是在生产组织过程中不但要注意物质的组织,而且要抓好信息的组织。在港口生产过程中,由于信息不畅通而产生的生产中断,在总的中断时间中占有很大的比重。

二、港口生产计划

港口生产作业计划是港口企业计划的具体执行计划,以企业计划为总目标,结合各个阶段(月、日、工班)的生产具体情况,规定各阶段作业的具体任务和实施办法。

港口生产作业计划是以装卸对象编制的阶段性计划,通常涉及以下内容:

(1)船舶泊位的安排。

(2)装卸工艺流程的确定。

(3)根据确定的装卸工艺流程,合理地分配港口生产资源,确定各项作业的生产进度、安全质量要求以及相应的责任者。

(4)根据船方、货方的有关要求,确定与作业有关的协作单位,向他们提出协作要求,以保证装卸作业的顺利进行。

目前的港口生产作业计划一般分为月度生产作业计划、旬度生产作业计划和昼夜生产作业计划。其中,月度生产作业计划主要由吞吐量计划和装卸工作计划组成,吞吐量计划是依据港口综合通过能力和月度货源组织落实情况编制,反映月度进出港口的各类货物的数量并以此确定港口月度生产任务。装卸工作计划是在吞吐量计划确定后编制的,集中反映港口装卸作业以及与装卸作业有关的各项工作的数量与质量指标,目的是保证吞吐量计划的完成。

旬度生产作业计划是月度生产作业计划的具体化,考虑十天内的船舶到港情形,具体安排公司的旬度进出任务,根据本旬度来港船舶资料基本确定船舶的装卸货种、数量、流向与作业泊位,并初步确定船舶在港装卸停泊时间。通过旬度生产作业计划,较早发现月度生产作业计划在均衡性等方面存在的问题,便于港口各级领导及时采取调整措施。此外,旬度生产作业计划也是航运部门安排运力、调整船舶到港密度的依据。

昼夜生产作业计划是港口各级生产调度部门组织和指挥生产的主要依据,也是协调港口内部各生产环节、协调港口与其他有关单位的配合,保证港口尽可能连续均衡生产的重要手段。该计划不但对车船的装卸顺序、作业地点、操作方法等做了明确规定,而且对每艘船每辆车的作业方法,使用机械设备,劳动力配备等方面做了详细安排,对昼夜各工班装卸的数量以及船舶车辆作业完工时间等也做出具体规定。

港口计划的制订过程，实际上就是任务的分配过程。计划的综合平衡是港口生产计划工作的重要任务。所谓计划的综合平衡，就是把计划期内需要完成的任务与可能的生产条件(生产能力)联系起来对比，经过调整，使港口各要素之间、各部门之间保持相对的平衡。只有在任务和能力相互适应的基础上，正确地制定各种计划指标，做到相互衔接、相互协调和相互适应，克服薄弱环节，防止严重脱节现象的发生，才能在保证完成计划任务的前提下，有效地节约和使用人力、物力和财力，不断提高经济效益。

三、港口生产过程组织的主要任务和基本原则

1. 主要任务

(1)保持港口畅通，加速车、船、货的周转

港口是运输网络上的各种运输工具之间换装点，港口的畅通是保证各条运输线路畅通的关键。如果港口发生堵塞就会在各条运输线路上立即反映出来，并将引起连锁性的反映，因此，保持港口畅通是生产组织的首要任务。只有港口畅通无阻，才能够保证车、船、货物的加速周转。

(2)保证按期、按时、安全优质地完成车、船装卸任务

车、船装卸是货物在港口实现换装的中心环节，也是生产过程组织的主要任务。它通过各种作业计划落实到具体的车、船、班组，当港口出现任务不平衡的时候，首先应当保证重点物资的运输，重点船舶的装卸。

(3)充分合理运用港口资源和一切技术手段完成生产任务

在港口生产组织中，如何使投入的物化劳动和活劳动消耗最少是一项重要任务，因为它是关系到港口经济效益高低的主要因素。所以，无论是生产过程的空间组织，还是生产过程的时间组织，都应该把提高港口经济效益，不断降低装卸成本放到重要的地位。

(4)加强港口生产过程相关的各部门间的合作

生产过程组织的另一项重要任务是与港口生产过程有密切关系的各个部门(铁路、航运、外贸货主等)之间的组织配合与全面协作，是保证港口生产顺利进行不可缺少的条件。因为港口生产过程从输入到输出以及各个生产环节都涉及港、航、路、货等各个部门在技术、经济、管理、组织上的联系，因此，没有它们之间的配合与协作，港口生产过程组织也是难以实现。

2. 基本原则

港口装卸工作比一般工业企业生产更为复杂，影响因素也多，如何科学、合理地组织生产过程，就是要通过良好的生产组织工作，使整个生产过程的各个环节相互衔接、协调配合，保证人力、物力、空间和时间得到最充分、最合理的利用，多、快、好、省地完成运输生产任务，以达到最佳经济效果。为达到这个目的，在组织生产过程中必须遵循以下几个方面的原则：

(1)生产过程的连续性

港口生产过程的组织是以运输工具为对象的，因此，只有对运输工具从进港开始，直到完成了全部作业之后，将货物运出港为止，才算结束了港口的生产过程。因此，作业一

旦开始,就要保证作业的连续性,且必须保证各条装卸作业线上各作业工序的能力与协调。港口生产过程的连续性还应表现为生产准备过程、基本生产过程、辅导生产过程以及生产服务过程之间组织平行作业或合理安排顺序,以避免在作业过程中由于衔接不好而使生产作业中断。与此同时由于港口生产活动的不平衡性,港口企业要具备的后备能力在任务非高峰期间是以闲置状态存在的,因此,不能要求港口所有资源都处于连续工作状态。港口生产过程的连续性还表现为货物在港作业的连续性,也就是要以最大限度地缩短货物在港停留时间,尽快实现其使用价值。

(2)生产过程的协调性

港口生产过程的协调性,是指港口生产各主要环节之间,作业线上各作业工序之间,在生产能力上,也即在人员、设备等各个方面配合得当。同时,还要保证装卸各种运输工具之间配合得当。虽然,在港口装卸船舶是其主要任务,但也不应忽视对其他运输工具的装卸组织工作。因为,对其他运输工具的装卸同样占据了港口企业的很大一部分资源,如果组织得不好,配合不当将会导致资源的浪费。而且,对其他运输工具的装卸若组织得不好将会影响到船舶的装卸。

(3)生产过程的均衡性

港口生产过程的均衡性,是指在相同的间隔时间内下达的任务均衡,同时,也包括各个阶段、各个作业工序所完成的任务相同(或相接近)或稳步上升。由于港口生产活动受多种因素的制约,有自然的、政治的、经济的以及技术等原因的影响,因而在不同时期生产任务都有可能发生变化,导致不均衡。除此之外,由于港口并不是孤立而存在,一般总是与若干个港口相联系着,即使对某个港口,某种货物的发运是均衡,而几个港口的装卸点合在一起会引起对方港口的生产任务不均衡。因此,组织好港口生产过程的均衡性是生产过程组织水平的集中表现,能给港口企业带来良好的经济效果,能避免前松后紧,防止赶任务,防止货损、货差、设备损坏,有利于安全生产和保持企业的正常秩序。

(4)生产过程的经济性

港口生产过程的经济性,是指在组织港口生产过程中不仅要考虑生产效率,而且还要全面考虑其经济效益,这也是港口管理由生产型转为经营型的重要标志。为此,在船舶装卸时间相等的条件下,应该尽量采用装卸成本低的装卸工艺方案;在货物堆存的库场比较分散时,要通过方案比较确定船舶是否应该移泊等等。在这里,既要避免片面加速运输工具的装卸而不考虑港口企业经济效益的倾向,同时也要避免片面追求港口企业的经济效益而损害社会效益的倾向。

四、港口装卸工艺

1. 港口装卸工艺

1)港口装卸工艺的定义

港口装卸工艺是指在港口实现货物从一种运载工具(或库场)转移到另一种运载工具(或库场)的空间位移的方法和程序。对港口来说,装卸工艺即是港口的生产方法。港口装卸工艺在港口生产中所起的作用更为突出。港口装卸劳动生产率提高在很大程度上要取决于港口装卸工艺的现代化。

2)港口装卸工艺研究的主要内容

在港口，装卸工艺工作主要包括两个方面，即港口日常装卸工艺工作与港口装卸工艺设计工作。港口装卸工艺因货种而异，通常分散货、件杂货、集装箱和液体货等装卸工艺。各种货物的装卸程序因货物流向不同而异。对进港货物，即水运转陆运的货物，装卸程序一般是：货物由船上卸至码头(卸船)，由码头运入仓库或堆场(中间运输)，在库场内堆码(库场作业)贮存，装车运出。有的货物由船上直接卸到车上。对出港货物，即陆运转水运的货物，装卸程序则相反。

3)合理经济的装卸工艺在港口生产活动中的重要性

港口主要任务是进行货物在不同运输工具之间的换装，在装卸过程中并没有材料的消耗，只有机械的磨损及燃料的消耗，因此装卸成本主要决定于机械的折旧修理费、燃料费、机械驾驶员及装卸工人的工资等。所以，降低装卸成本就是要降低上述几种费用，这要通过合理使用装卸机械及装卸工艺来达到。保证装卸过程中的安全与质量也必须寻找合理的装卸工艺。其他如装卸效率的高低、劳动强度的大小等，也与装卸工艺有密切关系。

4)港口装卸工艺在港口生产管理中具有的重要作用

(1)港口装卸工艺是港口生产的基础；

(2)港口装卸工艺是劳动管理的重要内容；

(3)港口装卸工艺现代化是港口技术进步的标志；

(4)港口装卸工艺直接影响港口的生产绩效。

2.港口装卸机械

根据装卸对象所使用的装卸机械运行特征可以把港口装卸机械划分为起重机械(周期性循环作业)、连续运输机械(连续运送物品)、装卸搬运机械(本身运行实现搬运和堆垛)三类，还包括按特定货种、船型专门设计的机械工属具。

1)起重机械

起重机械能够垂直升降货物并具有水平运移功能的机械。它的工作特点是间歇重复工作，在每一工作循环中有空载时间。起重机械主要是各种起重机，港口使用较多的有门座起重机、门座抓斗卸船机、桥式抓斗卸船机、龙门起重机和浮式起重机(见起重船)等。集装箱码头主要使用岸边集装箱装卸桥。

(1)门座式起重机

门座起重机因有门形底座(门座)而得名，又称门吊、门机。它有起升、旋转、变幅、行走4个能协调工作的机构。门座起重机沿地面轨道行走，门座下可通行铁路车辆和汽车。这种起重机臂架长，起升高度大，各机构工作速度快，因而工作范围大，生产率高，且可配装不同的取物装置。例如，配装吊钩可装卸件货和钢材等重件，配装抓斗可装卸散货，换用专用吊具可装卸集装箱(但效率不如集装箱专用设备)，因而通用性强。中国生产5吨、10吨、16吨、60吨等不同起重量级别的门座起重机。门座抓斗卸船机由门座起重机派生出来的专用机械，又称带斗门机，多用于海港散货卸船作业。结构形式同门座起重机相似，但在门座上装有承接散货用的漏斗和胶带输送机系统，吊具为抓斗。抓斗自船舱抓取散货后，经起升、变幅，将散货卸入门座上的漏斗内，再由胶带输送机系统输送到堆场。门座上的漏斗可以移动,使变幅行程减至最小,因而生产率比一般通用门座起重机高,臂架系统结构强度也较高。中国制造的门座抓斗卸船机的生产率约为每小时800吨,适用于中小港口的散货卸船作业。

(2)桥式抓斗卸船机

桥式抓斗卸船机具有较高生产率的散货专用卸船机械。它同门座抓斗卸船机的区别在于它的水平移动抓斗是靠抓斗小车在起重机桥架轨道上行驶来实现的,而不靠臂架的俯仰来实现,因而有较高的水平移动速度和生产率。目前这种卸船机的生产率可高达每小时2500吨左右。

(3)岸边集装箱装卸桥(图3-5-1)

岸边集装箱起重机为集装箱装卸船的专用起重机。布置于集装箱码头前沿,外形同桥式抓斗卸船机相似。岸边集装箱起重机有多种类型。中国目前采用的是前后两片门框和拉杆组成门架,门架沿码头前沿轨道行驶,桥架支承在门架上。为了避免船舶靠离码头时碰撞,桥架的外伸悬臂有的可以俯仰,有的可以伸缩。行走小车沿桥架的轨道往返行驶吊运集装箱。目前常用起升速度,空载时为每分钟70～120m,重载时为每分钟35～50m,小车行走速度约为每分钟120～150m,并配有专用集装箱吊具和减摇装置,起重量一般在40吨以下,每小时可吊运集装箱20～30标准箱。

图3-5-1 岸边集装箱装卸桥

(4)龙门起重机

龙门起重机水平主梁支承在两片刚性支腿上的桥架起重机。起重小车在主梁的轨道上行走。龙门起重机有轨道式和轮胎式两种,轨道式的沿地面轨道行走,轮胎式的移动灵活。主要用于堆场装卸、堆码集装箱。中国生产的轮胎式龙门起重机的起重量为40吨,轮距跨度内可放6排集装箱,跨高可堆码4层集装箱。

(5)浮式起重机

浮式起重机是装在平底船或专用船上的臂架起重机,又称浮吊或起重船,因具有较大的起重量和机动性,同时不受水位变化的影响,所以在海港、河港的装卸作业中应用广泛。在水位差较大的河港,浮式起重机常同缆车配套从事装卸作业。缆车是一种楔形车,上有载货平台,由卷扬机牵引,在斜坡码头的轨道上运行,多用于件货和重件的装卸。缆车的载重量一般为 10 吨,最大达 150 吨。

（6）正面吊（重叉）（图 3-5-2）

正面吊,是集装箱正面起重机的简称,英文名为 reachstacker 或 reach stacker,简称正面起重机,俗称集装箱正面吊。正面吊是用来装卸集装箱的一种起重机,属于起重设备的一种,也可以说是一种流动机械。主要用于集装箱的堆叠和码头、堆厂内的水平运输,与叉车相比,它具有机动灵活,操作方便,稳定性好,轮压较低,堆码层数高,堆厂利用率高等优点。可进行跨箱作业。特别使用于中小港口,铁路中转站和公路中转站的集装箱装卸,也可在大型集装箱码头作为辅助设备来使用。

图 3-5-2 正面吊

2）连续输送机械

输送机械能连续不断输送货物的机械,又称连续运输机械。可在任意平面,即水平面、倾斜面,直至垂直面上输送货物。输送机可分为有牵引构件的和无牵引构件的两类。前者利用带条、链条、绳索等带动承载构件输送货物,主要是带式输送机,还有链式输送机;后者则利用重力、惯性、摩擦、气流等输送货物,主要是气力输送机。

带式输送机是用连续运动的输送带输送货物的机械。输送带绕过传动、改向、张紧等滚筒,并支承在许多托辊上。工作时,驱动传动滚筒,通过传动滚筒和输送带之间的摩擦力使输送带运动,将带上的货物运送到卸载地点。应用最广的一种带式输送机为胶带输送机,是用胶带作输送带。不同的胶带宽度和衬垫层数形成不同的规格。中国已生产出定型产品系列,有的国家生产的胶带带宽达 3000mm。长距离输送时,为了提高输送带的拉伸强度,采用夹钢绳芯胶带,输送距离可超过 10km。

港口带式输送机因用于大宗散货的装船、转运和堆垛等作业而形成各种专用机械,如煤炭装船机、矿砂装船机。有的国家矿砂装船机的生产率已达每小时 20000 吨,带速达每秒 6 米。利用输送机进行大宗散货的卸船作业也可获得较高的生产率。在美国密西西比河沿岸某些煤码头,利用链斗卸船机从煤驳卸煤,生产率可达每小时 3600 吨。链斗卸船机也可用于散粮的卸船作业。它是由能行走的门座、链斗提升机和胶带输送机等组成。

气力输送机是利用风机在封闭管路中形成的气流输送散粒货物的机械,又称风动输送机。风机从管路系统中吸气,货物随气流从吸嘴处被吸入料管,高速气流使散粒货物在料管中呈悬浮状输送;然后经分离器使散粒货物与气流分离并经卸料器卸出,输送过程即告完成。这种输送机在港口多用于散粮卸船作业,因而又称吸粮机。它的优点是设备简单,清舱效果好;缺点是能耗大,不能输送粒径较大的和黏结性较大的货物,工作时噪声大。气力输送机的散粮卸船生产率已达每小时 1000 吨。

3)装卸搬运机械

在港口用于装车卸车、货物堆码以及货物短距离水平运输的机械,有叉式装卸车、跨运车、翻车机、螺旋卸车机、牵引车及挂车等。

(1)叉式装卸车

在轮胎式底盘的前方装有升降式门架和货叉的装卸搬运机械,简称叉车或铲车。广泛用于码头、库场、舱内和车内。工作时将货叉插入货板,然后提升货叉举起货物,进行堆码作业。叉车结构紧凑,机动性好,能在库内或舱内狭窄的通道上行走。如果配备不同的取物装置如串杆、旋转货夹、货斗、抱夹等,能装卸多种货物。大型叉式装卸车配上专用的集装箱吊具,即成为集装箱专用叉式装卸车。叉式装卸车按动力装置可分为内燃叉式装卸车和蓄电池叉式装卸车;按结构形式则有平衡重式、前移式、插腿式、侧叉式、转叉式等多种。

(2)跨运车(图 3-5-3)

由门形车架、带有抱叉的提升架和轮胎式行走机构组成的搬运机械,又称跨车。一般由内燃机驱动。跨运车适用于长大件货如钢材、木材、长大箱体的搬运堆码作业。工作时,门形车架跨在货物上,由抱叉抱起货物后进行搬运和堆码。随着集装箱运输的发展,有些国家的港口采用跨运车在码头前沿和库场间搬运集装箱并在库场内进行堆码作业。这种集装箱专用跨运车装有集装箱吊具,当门形车架跨在集装箱上时,吊具降落在集装箱上,用液压旋锁锁紧集装箱,然后进行吊运。吊具的起升高度应满足堆码 2~3 层集装箱高的要求。

图 3-5-3 跨运车

（3）翻车机

倾翻铁路敞车,卸出所载散货的专用卸车机。它有较高的生产率,适用于大型专业散货码头。翻车机按结构分为转子翻车机和侧倾翻车机两种。转子翻车机应用较多,卸车时,运载散货的敞车进到翻车机的转子平台上,用压车机构压住,然后同转子一起转动160°～180°,散货即卸入转子下面的漏斗中,再用给料器和带式输送机运出。现代翻车机每次可容纳两辆敞车,两者之间用旋转车钩连接以实现车列不解体卸车作业,这样使卸车效率大为提高。原来转子式翻车机每卸一车散货约需 3 分钟,而现代翻车机每卸一车不到 1 分钟。

（4）螺旋卸车机

中国在 70 年代制造的卸出铁路敞车所载散煤的专用机械。由螺旋机构、摇摆机构、起升机构、行走机构等组成。卸车时,打开敞车侧门,螺旋机构从敞车上方横压在车内散货上旋转,将散煤卸出,然后由车厢下方的胶带输送机接运。单向螺旋卸车机从一侧卸车,双向螺旋卸车机从两侧卸车。螺旋卸车机轨道铺在铁路卸车线两侧。它一边沿轨道移动,一边卸车,生产率为每小时 300～400 吨。

3. 常见货种装卸工艺

1）散货装卸工艺

散货码头专业性比较强,装卸工艺也比较复杂。按货物出港和进港分为卸车装船工艺和卸船装车工艺。

（1）散货卸车装船工艺,卸车一般采用翻车机系统或螺旋卸车机系统。前者多用于货运量大的码头,后者多用于中等货运量码头。堆场在运量大、货种多时,多配备堆料机和斗轮取料机,堆料和取料分开作业;货种少时,则配备斗轮堆取料机,堆料和取料合一作业。由堆场至码头的中间运输大多采用带式输送机,货运量小的码头,也可用自卸汽车等。

卸船机卸船作业

海港码头的装船作业一般采用移动式装船机。中小水位差的河港码头一般在直立墩座上配置可旋转、俯仰、伸缩的固定式装船机装船;水位差较大的河港,则在趸船上设可旋转、俯仰、伸缩的装船机装船,在斜坡轨道上设可随水位涨落调整长度的胶带输送车向趸船上的装船机供料。一些中等水位差的河港常在浮码头的钢引桥上设固定式胶带输送机,与趸船上的装船机衔接,进行装船。

（2）散货卸船装车工艺,在海港码头和水位差较小的河港码头,多采用带抓斗的门座起重机或门座抓斗卸船机或桥式抓斗卸船机卸船;而在大水位差和中水位差的河港则多在趸船上设抓斗起重机卸船,在斜坡轨道上设胶带输送车(或在浮码头的钢引桥上设固定胶带输送机)输送货物。由自卸船载运的散货,则用船上以带式输送机为主的自卸系统卸船。堆场上的堆取料作业同卸车装船工艺相似。装车可用带抓斗的起重机等,有的采用漏斗式装车储料仓,通常由输送机供料。有些货主码头,如电厂煤码头、钢铁厂矿石码头,一般没有装车作业,而是将船上卸下的货物用输送机直接送入工厂存货处。

随着船舶大型化和码头专业化,以及港口吞吐量的日益增长,港口装卸工艺在不断地革新,港口散货装卸工艺的发展有下述趋势:

(1)间歇性的周期作业发展为连续作业,并尽可能减少装卸作业中断时间和船舶车辆在港非装卸时间,以提高装卸效率和加速车、船周转。卸车已采用一次可翻卸两节车厢的串连式翻车机,并配备能自动定位的牵引式推车机,配备带旋转车钩的列车,实现列车不解体连续翻卸;或采用底开门列车配合卸车坑道在行进中进行自卸。铁路轨道采用环形布置,以免除列车在卸车时的解体、调车、编组等作业,大大缩短列车在港停留时间。河港大型散货出口码头,采用定机移船工艺,即配备高效率固定式装船机和分岔溜筒,对规格统一的无人分节驳在移驳绞车系统的拉曳下,纵列不解体,连续装载。对规格不一的驳船组成的驳船队,则采用带有梭动趸船的移驳系统,通过左右更替的装船方式,实现整个驳船队的连续装载。

(2)由车到船的直接装船效率已不能满足高效率装船的要求,所以扩大堆场面积,减少或取消由车到船的直取作业的比重已成为发展趋向。新建的大型散货码头都采用由车到场、由场到船的间接装船程序,即使在有由车到船直取作业条件时,也同时由堆场取料和由列车卸货一并供装船机装船。因此堆场的作用和重要性大为增加。

(3)装船作业已由多机作业转向于单机或双机作业,以简化输送系统。单机装船的生产率已达 16000 吨/小时(t/h),最高可达 20000t/h。

(4)海港活动式装船机由行走式向弧线旋转式、直线伸缩式发展,以减少机械和码头水工建筑的投资。

(5)散货卸船作业除采用门座抓斗卸船机和桥式抓斗卸船机外,正向链斗式卸船机发展。桥式抓斗卸船机的生产率因受抓斗的限制,难以突破 2500t/h,而链斗式卸船机的平均生产率则已达 3600t/h,最高可达 6000t/h。

(6)固体散货液化输送新工艺由于投资省,效率高,将在某些散货如硫精砂、黄砂及不因掺水而影响性质的矿石、煤等的运输中得到广泛的采用。

(7)采用电子计算机集中控制装卸系统,以提高装卸效率。

2)件杂货装卸工艺

件杂货种类较多,大都采用通用的装卸工艺。件杂货装船卸船,一般都是通过甲板上的舱口将货物吊进吊出。这种作业有的是利用杂货船上的船舶起货设备,如吊杆装置、甲板起重机等;有的则是利用码头前沿的装卸机械。在海港和中小水位差河港的直立式码头,通常在前沿配置门座起重机装卸船,用牵引车拖挂平板车进行水平运输。库内采用叉式装卸车或桥式起重机堆拆垛。装卸棚车多用小型叉式装卸车,装卸敞车则多用桥式起重机或其他类型的起重机。大水位差和不宜建直立式码头的中等水位差的河港,一般在趸船上设起重机装卸船,用缆车进行上下斜坡道的运输作业,用流动机械如叉式装卸车、牵引车与挂车、电瓶车等进行缆车和库场间的搬运。

港口件杂货码头装卸工艺的发展方向是成组化、集装箱化。这是实现件杂货快装快卸的有效途径。近年来,随着集装箱码头的不断发展,装卸工艺的高速化和自动化程序越来越高,堆场上的龙门起重机系统将日益被广泛采用。

3)集装箱装卸工艺

集装箱装卸工艺因船型而异。由滚装船、载驳船载运的集装箱各有其装卸方法。由集装箱船载运的集装箱一般采用岸边集装箱起重机装卸船,用底盘车系统(又称拖挂车,即集装箱汽车)或跨运车进行码头前沿至堆场的水平运输和堆场作业。堆场作业还可采用龙门起重机系统。底盘车系统装卸操作环节少,管理简单,但须配备与集装箱同等数量的底盘车,随箱停放与外运,所需堆场面积大。跨运车的优点是能兼作水平运输,不需要底盘车、拖挂车,并能堆高 2～3 层箱,所需场地面积比底盘车系统少;缺点是价格昂贵。跨运车轮压大,要在全场地行驶,因而对堆场地基强度和不均匀沉降要求高。龙门起重机系统由于起重机的跨度和起升幅度较大,可堆高 3～4 层箱。这种系统能充分利用空间,

集装箱装船过程及
货物管理

相应的存量量大,通过能力也大。龙门起重机轮压大,3～4 层集装箱荷载大,因而对堆场地基的要求也高。

典型的集装箱码头的装卸工艺:

① 装卸桥+拖挂车

② 装卸桥+跨运车

③ 装卸桥+轮胎龙门起重机

④ 装卸桥+轨道龙门起重机

4)液体货装卸工艺

一般用管道进行由岸到船或由船到岸的装卸船作业。在油码头,采用输油臂以连接输油管道和油船。作业时,开动油泵,石油通过输油臂与管道进行装船或卸船。

案例分析:5G 助推宁波舟山港生产运作提级增效

港口是全球贸易的生命线,据统计,全球贸易总额的 2/3 将经过港口。近年来,港口吞吐量随全球经济增长逐年增加,为港口带来了新的挑战和压力,如人力成本攀升、劳动力资源短缺等。在连续 11 年位居全球港口第一的宁波舟山港,通过 5G 轮胎式龙门吊远程操控,作业人力成本降低 50% 以上,设备改造成本节约 20% 以上。

图 3-5-4 司机远程操控吊机

在宁波舟山港的梅山港区,一艘艘巨轮满载货物行驶在航道上,工作人员通过电脑远程控制龙门吊、桥吊 24 小时不间断抓箱、放箱,装载在无人驾驶集卡上的货物来往于堆场和码头之间,向着大陆深处、大洋彼岸重新出发。这些龙门吊基于移动 5G SA 独立组网进行远控作业,抓取集装箱精准高效,有效提升港口生产效率。龙门吊司机王飞扬坐在宽敞明亮的空调房里,正通过操控台远程对码头堆场的龙门吊进行集装箱装卸作业。在他面前的几台显示器上,摄像头显示集装箱的位置。他操控吊机,把集装箱往右挪动一下,再轻按下放键,集装箱稳稳地落在了卡车上。

"以前我们都要坐在 20 多米高的操控室上,头朝下看着集装箱操作,里面跟蒸拿房一样,一个班组就要 8 小时,这个中间不能吃喝也不上厕所,下来后脖子、腰都酸痛,头晕目眩。"王飞扬说,传统的龙门吊司机是个特殊工种,长时间高强度工作往往导致司机产生腰椎和颈椎方面的严重职业病,基本一到 40 岁就需要转岗。现在有了 5G 远程操控,操作员只要坐在办公室里,对着一组几个屏幕,操作几个按钮和操纵杆,"远程操控也需要丰富的经验与技术,但别人看起来就像打游戏一样,动动手柄就能把集装箱装卸好了,比起以前要轻松多了!"

更重要的是,有了 5G,集装箱装卸的效率高了很多。实现远程操控后,人机比例可由纯人工操作状态下的 1:1 提升至 1:4,不仅操作环境得到改善,规模使用后可以使得综合人力成本下降 50% 以上,同时大大提高了港口无人化水平,达到了更高的安全性。"以前都知道龙门吊操作工又苦又累,没人愿意干,现在 5G 让工作环境大幅改善,也彻底解决了招工难问题。"宁波梅山岛国际集装箱码头公司工程部副经理胡旭程说。

基于移动 5G SA 独立组网,2019 年 4 月在宁波舟山港梅山港区全国率先打造 5G 轮胎式龙门吊远控应用,实现龙门吊 16 路高清视频实时回传和远程控制,2020 年 5 月完成 5G 轮胎式龙门吊远控从单点试验到实际规模应用的突破,6 台 5G 远控轮胎式龙门吊集群投入生产,规模全国第一,据了解舟山宁波港梅山港区 5G 轮胎式龙门吊远控应用,作业人力成本降低 50% 以上,设备改造成本节约 20% 以上。

"这些应用创新的成功达到了国内智慧港口的领先水平,成功验证了 5G 网络能力及关键技术的提升。"宁波移动 5G 技术专家王任介绍。目前浙江移动通过灵活使用 2.6GHz 和 1.8GHz 频谱资源,实现全国最低的 7ms 端到端时延和全球最高的 747Mbps 上行峰值速率,能够支持 9 台龙门吊同时作业,完全满足当前港口业务需求。

"基于 5G 的精准定位能力及 MEC 边缘计算技术,我们可以把港区内的大型港机、集卡车等设备的定位精度从米级提高到亚米级乃至厘米级,改变港口货物装卸和运输的方式,实现港口作业流程自动化、智慧化,显著提升港口的运行效率和安全生产能力。它不仅适用于宁波舟山港,也能推广到其他港口和工业领域,具备全国推广的示范效应。"宁波移动政企客户部周圣贤表示。

宁波移动总经理徐孟强介绍,5G 让所见即所得,宁波港要求时延小于 20 毫秒,大家眨个眼睛,将近 100 毫秒,而我们在宁波港测到的 5G 最低时延是 7 毫秒。而且来回 7 毫秒说明,一个端到端的时延只有 3.5 毫秒。在宁波港的龙门吊上,工人在后台的操作间操作抓手的时候,按键按下去,抓手要立刻去抓,中间时延越低越好,时延一旦太长,危险性就越大。在宁波港测到了上行速率达到 747 兆,这在以前是不可想象的。目前一个龙门吊上面,有 16 个摄像头同时回传 16 路视频,6 个集群的摄像头,相当于有 60 多个摄像头同时回传,即使是 4K 高清视频下,5G 的速率也完全可以满足需求。5G 除了高速率、大容量、低时延三大特点之外,其独立组网带来的网络切片、边缘计算、NR 定位等增强能力,能满足各类 ToB 应用的差异化性能要求,将成为工业网互联网发展的加速器。一花独放不是春,百花齐放才能春满园,在 5G 时代,运营商要发挥扁担精神,整合产业链中各个合作伙伴的资源,为客户提供 5G 应用的创新解决方案,以一业带百业,赋能数字经济,助推经济社会高质量发展。

思考题:

5G 的使用给港口生产运作带来哪些变革?

单元六　水运智能运输系统

学习目标：

1. 掌握水运智能运输系统的概念。
2. 了解水运智能运输系统发展的时代背景与功能。

情境导入：

"十三五"时期，全球信息技术革命持续迅猛发展，"互联网＋"和"大数据"技术应用上升为国家战略，互联网成为交通运输的重要基础设施，智慧化成为交通运输系统的显著特征，对行业治理体系和服务模式产生广泛而深刻的影响，行业信息化发展面临前所未有的重大机遇。目前我国正处于经济结构战略性调整和转变经济发展方式的重要时期，推动信息化、工业化深度融合和加快经济社会各领域信息化进程是未来给经济发展赋能的重要方法与手段。水运作为一种现代化重要交通运输方式，因为其成本低、运输量大、可远距离运输等受到物流公司的青睐。在信息化时代，为了进一步提升水运运输效率，加强水运信息管理，提高水运的安全性，可以积极利用信息化技术，将水运所有相关信息通过信息化网络进行信息的采集、汇总以及分享和查询，进而为水运生产提供决策支持。

一、概述

水运智能运输系统（River Intelligent Transportation System，RITS）是指将先进的信息和通信等技术集成到水路运输基础设施及运输工具中，构建港站作业及客货运输信息服务一体化的水路运输系统，从而实现水路运输的安全、高效、可靠。

各国水运条件有很大不同，因此各国往往根据其实际情况来决定 RITS 开发重点和优先领域。这也是 RITS 最显著的特点。其次是由于水路运输（尤其是海运）有国际性，易受国际政治、经济、法律及外汇等的影响，建立一个统一的 RITS 远较其他运输方式困难。自 20 世纪 80 年代以来，伴随着智能公路运输系统的发展，部分国家或地区也开始了 RITS 的研究。以欧洲 RITS 为例，其研究开发主要集中在船舶导航与通信服务系统、船舶安全和管理信息系统、内部运营的海运船舶交通信息和环境服务系统以及与运输链整合的一体化运输系统等 4 个方面。其用户包括船舶的雇员、所有者、建造者、航运设备生产者、港站和航运生产及经营人员、航运公司、港口管理者、各种服务提供者、航运安全机构、搜寻和救援结构、水文机构，以及公众等。

二、我国 RITS 的主要内容

虽然各国 RITS 的具体研究内容有较大差别，但从根本上其目标都是为了实现船舶、岸上支持系统智能化及水上运输系统整体的智能化。通过 RITS,可以为管理者和用户提供交通情况的实时信息及相关的其他信息,实现危险警告、事故预防、航行辅助等的自动化。

根据《公路、水路交通"十五"计划》和《公路、水路交通信息化"十五"发展规划》,水运交通领域的 ITS 在"十五"期间的发展目标是重点解决智能化的营运和管理、集成信息服务和标准规范等关键技术,内容包括水上交通管制、事故处理与救援系统、先进的船舶控制系统等。

1. 水运综合信息系统

水运综合信息系统采集与水运相关的各种信息,通过信息中心处理后,提供给水运管理者、经营者以及水运用户。水运管理部门可以利用水运综合信息系统提供的信息更好地规划和管理水路运输。而水运经营者则可利用这些信息提高自身业务管理水平,提高运输效率。同时用户可以利用这些信息得到实时、方便、快捷、周到及个性化的全方位综合服务。

2. 船舶自动识别系统

船舶自动识别系统(Automatic Identification System,AIS)由岸基(基站)设施和船载设备共同组成,是一种新型的集网络技术、现代通信技术、计算机技术、电子信息显示技术为一体的数字助航系统和设备。

AIS 系统设备由船载设备和岸台设备两个部分组成,在岸台的 AIS 基站可以和配有 AIS 设备的船舶进行指定模式的通信。AIS 由舰船飞机的敌我识别器发展而成,配合全球定位系统(GPS)将船位、船速、改变航向率及航向等船舶动态信息结合船名、呼号、吃水量及危险货物等船舶静态信息由甚高频(VHF)频道向附近水域船舶及岸台广播,使邻近船舶及岸台能及时掌握附近海面所有船舶的动、静态信息,得以立刻互相通话协调,采取必要避让行动,对船舶安全有很大帮助。它为船舶提供一种有效的避碰措施,能够极大地增强雷达功能,并且能够不通过雷达而了解所有装有 AIS 的船舶的完整的交通动态。它还是一种制定船舶报告计划的方法。

3. 水上交通管制系统

水上交通管制系统是指遵循特定法规并利用电子技术设备对船舶的航行和停泊实施管理的系统。它具备对所有通航水域中船舶位置和移动状况进行实时监控和智能化管理的功能,其主要任务是:①保障船舶和港口的安全;②掌握船舶动态,便于船舶调度;③监督船舶有无违章行为;④提高船、港运营速率。

4. 事故处理与救援系统

该系统根据气象、海况、船舶密度等因素,对覆盖区域内所有船舶的航行状况进行判定,依据重要程度,自动向危及航行安全的船舶发出必要指令,向正常航行的船舶发出航行提示。对特定水域中发生的泄漏事故进行监控和扩散趋势预报,对海难事故进行立体施救和定向搜寻的功能,对特定水域内事故的救援方案选择和事故灾害影响范围进行计算机辅助决策和评估,为遇险船舶和人员提供救助服务,为水域环境保护提供决策支持。

5. 先进的船舶控制系统

先进的船舶控制系统具备自动导航、自动驾驶、轮机自动控制、自动应答、自动规避、动态跟踪、航行状态自动记录等功能,通过各种传感器和接收器、船上计算机系统和控制执行机构,使船舶能够自动接收外部控制系统发出的各种信息指令,并实时监控船舶本身状态,在船舶操控过程中预防各种事故尤其是人为失误引发的事故发生。

案例分析:人工智能(AI)、大数据赋能内河水运物流

在技术创新的浪潮下,大数据分析、人工智能、区块链等等新名词、热概念不断涌入众人视线。每个概念似乎都能改变目前的困扰,一举帮助我们走向美好新世界。以人工智能为例,作为计算机科学的一个分支,其应用范围正越来越广泛,也越来越常被提及。

目前供应链正在从传统供应链向数字化供应链演进。数字供应链通过创新性信息技术、物联网技术、大数据技术和人工智能技术等改变传统供应链中的各个运营环节,提升运行效率、降低运行成本、实现供应链各环节的集成优化。大数据和智能算法成为驱动物流创新的重要推动力。

"大智物移云",大数据、智能化、物联网、移动互联网、云计算等现代信息技术,以及与这些技术相适应的新的管理理念、管理思想在物流领域的应用和尝试不断涌现。不少企业都想要将最新的技术应用于自己的管理与运作中,确保企业不落于人后,物流行业也是如此。

在内河水运物流领域,限制于行业信息化的落后状况,人工智能、大数据、物联网这样的新技术在目前常常只沦为了一种营销手段,大家纷纷使用这些高新名词包装自己的产品以求更好的销量,而实际情况,AI和DB或许只局限查询船位和轨迹、船货匹配这样的应用范围广却缺乏深度的"微小之处"。即使结合了物联网技术,也只是发挥单纯信息采集的价值,比如应用传统视频监控解决物流在途监控问题。

江苏物润船联网络股份有限公司是国内领先的以船/车联网大数据+人工智能为基础,开展供应链创新与应用、"互联网+"高效物流、无船/车承运的智慧物流服务商,是推动中国物流迈进"智慧化、数字化"的开拓者和主力军。物润船联以"互联网+物流大数据+无运输工具承运"为核心路径,集信息流、物流、资金流、票据流和证据流于一体,通过 AIoT(AI+物联网)为用户提供完整的智慧物流与供应链解决方案,致力于打造长江黄金水道首屈一指的"新物流、高智慧、全程可视"的嵌入式智慧物流服务平台——水陆联运网,推动我国水路、公路及多式联运向管理智能化、运输可视化、流程标准化和运输方式集约化方向发展。物润船联坚持以持续模式创新为客户不断创造价值,以新技术、新服务、新模式"三新"要素,促进服务数字化、物流智慧化、平台科技化、品牌高端化"四化"转变,引领智慧物流转型升级的新路径。截至目前,物润船联已获得 6 项实用新型专利和 29 项软件著作权。平台依托"AIS、电子围栏、人工智能、物流大数据、云计算"等核心技术,打造了网络货运 SaaS 系统、智慧供应链物流服务、"互联网+"多式联运服务、无车承运服务、物流增值服务等服务体系,将线上交易、线下服务全面深度结合。截至目前,平台入驻用户超 30 万,积累的用户量位居长江经济带的首位。平台自上线以来,整合长江、沿海、大运河 12.6 万条船舶运营数据(包括但不限于船舶类型、吨位,船规、吃水、船籍、当前位置等多维度数据);平台接入交通部 500 万辆货车运营数据,根据平台大数据测算,平台为加盟企业降低采购成本平均达到 10%~15%,降低运输成本 15%~

20%，已经发展成为行业标杆。

江苏物润船联，核心产品为"水陆联运网"和"船来了"，是内河水运物流领域最早探索应用物联网技术及平台化建设的民营企业，自主研发的内河水运物流管理系统有两个：一个是自主研发的AIS（船舶自动识别系统）信号接收装置，在沿海、沿江、沿河建立了500多个基站，通过这些基站，实现对60多万艘船舶的实时位置、航行轨迹等信息实时追踪；另一个是自主研发的"水上运输船舶视频监控系统"，该系统拥有视频录像、录像回放、3G传输、AIS船位查询、远程指挥操作等功能，可满足船东、货主可视化及时掌握船舶动态的需求，让实时移动视频可视化服务成为现实。

旗下"航运AI大脑"，基于全国16万＋货船历时8年航行数据，可实现对全国水运运力的精准分析和预测；同时可根据港口及地区未来一段时间进出港数据，预测区域内运力情况，为客户提供分析及预测服务。

北京亿海蓝，核心产品是船讯网，在业界属于内河水运大数据应用的开创者和积极探索的企业。其核心产品和技术基础应用在船舶的实时位置、航行轨迹查询。基于船舶大数据形成的数据应用服务也是值得关注的：一是其"航运＋"，基于船位追踪、云计算提供的运力匹配服务；二是航运大数据，回溯全球所有船舶8年多的航行轨迹，将数千万条船舶真实的航行轨迹拟合为航线数据，应用于航程估算、ETA推算以及贸易流向预测等。目前实现了的整合数据有：船舶数据、港口数据、船期数据、航线数据等。

这两者以大数据应用作为切入点，以数据工具平台化服务形式，通过商业化手段服务货主和航运企业，甚至是船东个人。两者核心基础同样都是依赖AIS带来的基础地理位置数据，商业化的产品也存在极为相似的地方，都是可视化工具型平台＋协同管理平台。差异的地方笔者认为有2点：（1）物润船联在数据维度上的拓展，融入物联网视频技术；（2）物润船联更加偏向于平台化服务；而亿海蓝则更近于SaaS服务。

思考题：

大数据与人工智能技术的应用给内河给物流行业发展带来什么影响？

章节习题

一、填空题

1. 第三代港口其功能除了第一、二代港口的功能以外，增添了运输、贸易的信息服务，货物的配送等综合服务，使港口成为_____。

2. 港口按地理位置分类海港、_____、河港。

3. 港口水工建筑由防护建筑物、_____、码头建筑物以及其他引航、导航配套设施组成。

二、选择题

1.（　　）是专门作为计算吨位和交纳费用依据的尺度。

A. 船舶尺度　　　　B. 船型尺度　　　　C. 登记尺度　　　　D. 最大尺度

2. 决定船舶纵向强度的主尺度比是(　　)。

A. 长度比　　　　B. 长深比　　　　C. 长度吃水比　　　　D. 型深吃水比

3. (　　)海上外堤不会影响船舶航行。

A. 混合式　　　　B. 透空式　　　　C. 浮式　　　　D. 压气式

4. 港口装卸生产的基础是(　　)。

A. 装卸工艺方案　　　　　　　　B. 装卸操作方法

C. 单船作业计划　　　　　　　　D. 生产组织程序

5. 港口生产组织过程的核心是(　　)。

A. 生产准备过程　　　　　　　　B. 基本生产过程

C. 辅助生产过程　　　　　　　　D. 生产服务过程

6. 船舶在港口的主要作业是(　　)。

A. 平舱作业　　　　B. 清舱作业　　　　C. 搬运作业　　　　D. 装卸作业

三、简答题

1. 简述水路运输在国民经济发展中的作用。

2. 简要分析船舶初稳性和摇摆性之间的关系。

模块四　铁路运输

学习目标：

◆ 掌握铁路客货运输组织作业的基本流程。

◆ 了解我国铁路运输发展的历史、现状及成就。

◆ 能通过相关文献案例分析了解铁路现代化技术发展前沿方向。

◆ 了解典型的铁路运输信息技术的种类及应用前景。

模块导读：

"交通强国、铁路先行"，是历史的使命和时代发展的需要，是铁路部门一切工作的出发点和落脚点，其目的是让人民生活更加幸福美满。

建设交通强国，铁路当好先行官，这是时代发展的需要。众所周知，高铁是当代中国名片之一，而高铁发展的速度也在全世界首屈一指。中国高铁作为一种交通工具，它肩负的不仅是交通工具的本质属性，而且还肩负经济发展的社会属性，在建设交通强国中，它具有先锋作用。从出行方式上看，相比航空运输费用贵和公路运输距离远，铁路具有安全快速、性价比高等特点，更能满足人民群众的出行需要。从国际国内来看，我国高铁已经"出口"海外多个国家，这是对中国高铁品牌的肯定，这是对中国高铁科技创新的认可，中国高铁的实力已逐渐为大众所接受。纵观我国铁路发展史，铁路在每个阶段的发展状况是不同的，在当今年代能够发展到为全球大部分人所接受，是历史的选择，也是人民群众的选择。因此，建设交通强国，铁路做先锋是时代发展的需要。

建设交通强国，铁路当好先行官，这是"人民的美好生活"的需求。如果用一句话来描述铁路发展对于建设交通强国的作用，那应该是这样：铁路发展不仅要有能够实现铁路客货运输的自身价值，而且还要能够有带动沿线经济发展的社会价值。铁路实现价值的方式有很多，但始终围绕着人民群众的美好愿望。党的十九大报告指出：要抓住人民最关心最直接最现实的利益问题，既尽力而为，又量力而行。建设交通强国、实现铁路发展的价值、满足人民日益增长的美好生活的需要则是为了让更多的人民收获幸福感、安全感和获得感，在建设交通强国的路上，铁路做先锋的历史选择早已超越了它本身的历史意义。

最伟大的力量源于人，最深刻的变化在于人。我们畅想未来，铁路部门将建成发达完善的现代化铁路网，基本实现内外互联互通、区际多路畅通、省会高铁连通、地市快速通达、县域基本覆盖，为基本实现社会主义现代化提供强大运输保障。中国铁路将成为建设交通强国的先行官。

单元一 铁路运输业发展概述

学习目标：

了解我国铁路运输业的发展史以及目前我国铁路建设成就与经营水平。

情境导入：

2020 年是国家"十三五"收官之年，中国铁路经过若干年的持续建设，在总里程和性能上跨上了新的高度，9 月 27 日，衢州至宁德（衢宁）铁路开通运营。秋阳下，复兴号一路向西，串起以往不通铁路的浙江遂昌、松阳、龙泉、庆元以及福建松溪政和、屏南、周宁 8 县市。2021 年印发的《国家综合立体交通网规划纲要》提出，到 2035 年，铁路网规模达到 20 万公里，其中高铁 7 万公里。截至 2022 年底，全国铁路营业里程 15.5 万公里，其中高铁 4.2 万公里；复线率 59.6％，电化率 73.8％。根据 2016 年发布的国家《中长期铁路网规划》，至 2030 年完成"八纵八横"高铁网络，目前，网络主骨架已搭建七成，形成了相邻大中城市 1～3 小时到达的区域格局，以成渝高铁为例最近进行接触网整体吊弦改换，完成运营时速由 300 公里提至 350 公里改造，全长 308 公里的成渝高铁实现时速 350 公里运营，将形成成渝"一小时生活圈"，促进成渝国家级城市群向世界级城市群历史性跨越。

一、铁路运输业的发展史

从 1825 年世界第一条公用铁路——斯托克顿至达林顿铁路在英国出现，揭开了铁路运输的序幕，距今已有 177 年的历史。16 世纪中叶，英国开始兴起了采矿业，为提高运输效率，在道路上铺了两根平行的木材作为轨道。17 世纪时，将木轨换成了角铁形状的钢轨，角铁的一边起导向作用，马车则在另一条边上行驶。后经多年的改进，才逐渐形成今天的钢轨，因此，各国至今都沿用"铁路"这一名称。

1. 世界铁路运输业的发展

自从英国修建世界第一条由蒸汽机牵引的铁路以后，由于它显著的优越性，备受人们的青睐，在很短的时间内，铁路运输得到了迅速的发展。到 20 世纪末，世界铁路运营里程总长已达 130 万公里以上。从地理分布上看，美洲铁路约占世界铁路总长的 2/5，欧洲占 1/3，而非洲、大洋洲和亚洲得总和还不到 1/3。由此可以看出，世界铁路的发展和分布情况极不平衡，而且在修建和发展铁路的趋势上也不尽相同。

继英国 1846 年采用了臂板信号机、1868 年采用了自动车钩和空气制动系统之后，铁路的行车速度和可靠性大大增加，铁路运输得到了很大的发展。此后，特别是第二次世界大战以后的一个相当长的时期内，由于一些国家基本实现了工业化并发展到较高的水平，产业结构和交通体系等需要的调整，尤其是汽车和飞机制造业的迅速发展，使得铁路面临公路和航空运输的双重挑战,再加上自身管理体制的不适应和经营管理不善等原因,使得铁路在这一时期发展相对迟缓,有的国家和地区甚至出现停滞的局面,造成世界铁路网规模缩小,客货运量比重下降,经营亏损严重,铁路发展进入了低谷。

1973 年,世界能源危机,使公路和航空运输发展受到限制,而铁路运输受此影响相对较小,加上运输过程中排放的废气及产生噪声对生态环境的污染和其他交通运输工具相比最低。特别是高速、重载铁路运输的出现,更使人们认识到铁路在国民经济发展和人民物质文化生活提高中,具有不可忽视的地位和作用。世界各国铁路正在步入一个新的发展时期,铁路网结构进一步优化,质量有了新的提高,客货运量实现了较大回升。

2. 我国铁路运输业的发展

1)新中国成立前的几条铁路

中国第一条铁路是 1876 年在上海修建的吴淞铁路,它是英国侵略者采用欺骗的手段修建的。该铁路从上海至吴淞镇,全长 14.5km,轨距 762mm。这条铁路后被清政府以 28.5 万两白银收回并拆除。

中国自己创办的第一条铁路,是 1881 年修建的唐胥(唐山到胥各庄)铁路,是清政府为了解决煤炭运输而修建的,铁路全长 10km。由中国人自己集资,自己设计并自己修建的准轨铁路,是 1891 年和 1893 年先后通车的基隆至台北、台北至新竹的两条铁路,全长 100km。最值得中国人为之骄傲的铁路是在杰出的铁路工程师詹天佑领导下,由中国工程技术人员主持、设计、施工的京张铁路(北京至张家口),于 1905 年 10 月开工,1909 年建成比原计划提前两年。采用 1.435m 轨距,全长 201km 的京张铁路工程相当艰巨。因为自南口进入燕山山脉军都山后,岭高坡陡,四座需开凿的隧道全靠人工修筑。由于这一带地势很陡,坡度很大,为使列车安全通过山岭,詹天佑在青龙桥车站设计了"人"字形爬坡线路,解决了这一难题。京张铁路设计和建设的成就,充分显示了中国人民的智慧和力量,在中国铁路史上写下了光辉的篇章。

旧中国的铁路具有浓厚的半封建半殖民地色彩,铁路分布极不均衡,铁路数量少,布局不合理,约占国土面积 15% 的东北、华北地区铁路长度占全国铁路总长的 65%,而占国土面积 60% 的西南和西北地区,却仅占全国铁路总长的 5.5%,有些省份甚至没有铁路。从 1876 年到 1949 年的 73 年间,总共只修建了 2.1 万 km。由于战乱,实际能通车的只有 1.1 万 km,能用的机车仅 1700 台,车辆 3 万余辆;此外铁路的技术设备也陈旧落后、质量差、标准低、种类规格繁杂,机车有 120 多个机型,钢轨多达 13 种,线路病害严重,约 1/3 的车站没有信号机,自动闭塞线路不到 2%。所有这一切都是半封建半殖民地中国铁路的真实写照。

2)新中国铁路运输业的发展

新中国成立以后,为了尽快恢复生产,发挥铁路在国民经济建设中的作用,铁路工人和铁道兵一起迅速恢复了受战争破坏的 1 万多 km 铁路。从 1950 年 6 月 13 日修建成渝铁路开始,打响了修建全国铁路的第一战役。到 2001 年年底,全国铁路通车里程已达到 70057km,其中复线 22640km,电气化线路 16868km,分别占总里程的 32.3% 和 24%。到目前为止,全国各省、市、自治区都已通了铁路。特别是国家提出西部开发战略以来,西部铁路偏少的现状正在得到迅速的改变。

到 2000 年底,除包柳、沿海、京兰、宁西和沿海通道尚未贯通外,其他各通道已基本贯通。通道现有营业里程 3.19 万 km,占全路总营业里程的 47%,承担着全路 80%的客、货运输周转量。目前,繁忙通道既有线路运输能力紧张,为适应运输数量增长和质量提高的要求,"十五"期间,铁路将重点强化"八纵八横"铁路通道,中国目前已建成了世界上最现代化的铁路网和最发达的高铁网,到 2019 年年底,全国铁路营业里程将达 13.9 万公里以上,其中高铁 3.5 万公里,高居世界第一。

"八纵八横"路网主骨架的八纵是指:京哈通道[北京—哈尔滨—(满洲里)];沿海通道[沈阳—大连—烟台—无锡—(上海)—杭州—宁波—温州—厦门—广州—(湛江)];京沪通道(北京—上海);京九通道(北京—南昌—深圳—九龙);京广通道(北京—武汉—广州);大湛通道[大同—太原—焦作—洛阳二石门—益阳—永州—柳州—湛江—(海口)];包柳通道[包头—西安—重庆—贵阳—柳州—(南宁)];兰昆通道(兰州—成者—昆明)。八横是指:京兰通道[北京—呼和浩特—兰州—(拉萨)],建设青藏铁路;煤运北通道(大同—秦皇岛、神木—黄骅);煤运南通道(太原—德州、长治—济南—青岛、侯马—月山—新乡—兖州—日照);陆桥通道(连云港—兰州—乌鲁木齐—网拉山口);宁西通道[西安—南京—(启东)];沿江通道(重庆—武汉—九江—芜湖—南京—上海);沪昆(成)通道[上海—株洲—怀化—贵阳—昆明(怀化—重庆—成都)];西南出海通道(昆明—南宁—黎塘—湛江)。

大通道中的京沪通道是由既有京沪铁路和规划中的客运专线构成,是华北、东北与华东地区客货交流的主要通道,全线均为复线自动闭塞内燃牵引线路;既有快速客运线路,也有重载货运线路,大部分区段客车最高运行速度达 140～160km/h,是全路技术装备水平最高的,运输最繁忙的线路。大通道的煤运北通道由两条功能单一、运能强大、设备先进的运煤专用通路构成,由既有线路大秦、神朔线和在建的朔黄铁路构成,是"三西"煤炭外运通道的重要的组成部分。通道既有线路大秦和神朔铁路均为电气化铁路,其中,大秦铁路是我国第一条双线、自动闭塞、重载、大能力的运煤专用线,具备万吨列车的运行条件。

与铁路建设发展的同时运输装备相应也得到快速发展,突出地表现在四次"大提速"。使繁忙干线旅客列车速度由 100km/h 左右,普遍提高到 140～160km/h 的水平。目前,我国铁路已基本掌握旅客列车时速 160 km 等级的配套技术。截至 2001 年,全国提速里程达到 13000km,基本覆盖全国较大城市和大部分地区。全路旅客列车平均旅行速度达到 61.9km/h,特快列车达到 92.8km/h,特快列车最高时速达到 160～200km/h。

在列车提速的带动下,铁路信息化建设实现了跨越式的发展。目前已完成了铁路信息化总体规划的研究工作,运输管理信息系统(TMIS)初具规模。铁道部四层网络运输高度指挥管理系统(DMIS)取得突破性进展。货票信息 90%进入计算机,基本实现了货车大节点追踪,具有完全独立知识产权的车号自动识别系统,已研制成功,客票发售和预订系统已经建成,形成了一个全路 700 个车站,7000 多个窗口的计算机售票系统,并已实现异地售票。机车信号安装率、场站电气集中装备率、区间自动闭塞装备率分别达到 96%、85%、28.6%,路网性编组站基本实现了综合自动化。铁路信息技术的发展对促进市场营销、提高运输效率、强化内部管理和保证运输安全发挥了重要作用。

3)我国铁路跨越式发展

(1)建设快速客运网方面

一是建设主要干线客运专线。在主要干线发展四线或多线,实现客货分线,使其真正成为大能力通道。

二是建设连接东中西部及沟通东南沿海主要城市的客运通道,将经济最发达的东部地区、经济发展较快的中原地区与西南西北地区紧密连接起来,为旅客提供快捷的运输服务。在东南沿海主要城市间建设客运通道,适应客流迅速增长的需要。

三是进一步推进既有线列车提速。2004 年以京沈快速客运通道建成和京沪、京广、京九、陆桥通道改造为主要内容,实施第五次大面积提速。2005 年以陇海线郑徐段电化、兰新线全线贯通复线,沪杭线电化,浙赣线电化,渝怀线、遂渝线建成投产,达成线改造、武九线建成复线,胶济线电化等为主要内容,实施第六次大面积提速。经过这两次大面积提速,使全国铁路快速线路总里程达到 2 万公里左右;京沪、京广、京哈、京九、陇海、浙赣、胶济等有条件的干线,提速客车最高运行时速达到 200 公里。为了使提速线路的货车速度与客车速度相匹配,实施货车提速。

四是建设城际客运铁路。我国现有的城市布局,已经形成了若干大城市带。比较典型的有,以北京、天津为中心的环渤海地区,以上海为中心的长江三角洲地区,以广州为中心的珠江三角洲地区。这些地区城市集中,经济发达,人口稠密。要优先考虑在这三大地区建设城际客运铁路。

五是发展城市铁路。与地方政府配合,在大的中心城市,发展城市轨道运输,开行小编组、大密度、快速度的城市列车。

(2)建设大能力货运通道方面

一是扩大主要通道货运能力。在主要干线建设客运专线的同时,对既有铁路进行必要改造,使其成为高质量、大能力的以货为主的通道。

二是建设发达的煤运系统。以大同、神府、太原、晋东南、陕北、平顶山、兖州、两淮、贵州、黑龙江东部地区的十大煤炭基地为中心,通过建设客运专线和既有线扩能改造,形成大能力煤运通道,满足煤炭外运需要。

三是加快发展集装箱运输网。调整集装箱场站布局。在北京、上海、广州等省会城市及港口城市建设 18 个集装箱中心站,并建设 40 个左右靠近省会城市、大型港口和主要内陆口岸的集装箱专门办理站。发展双层集装箱运输。2007 年前,对京沪、陇海、沪杭、浙赣、胶济、京九等干线进行扩大限界改造工程,使这些干线率先开行双层集装箱列车。到 2020 年,形成以上海为中心,连接 18 个集装箱中心站,运营里程达到 1.6 万公里的双层集装箱运输网络。

(3)加快西部铁路建设

一是扩大西部地区路网覆盖面。建设好青藏线等一批国土开发铁路,增加西部路网规模,完善西部路网布局,全面提高铁路对西部地区经济和发展的保证能力。

二是建设东西部之间的大能力通道。在对既有陆桥通道和沪昆通道进一步强化和完善的同时,计划将沪汉蓉通道建设成为新的大通道,以适应东西部之间的运输需要。

（4）搞好点线能力配套

按照系统论的观点，配套安排枢纽建设，完善枢纽结构，强化主要车站，使铁路主要客运站、编组站在路网中定位清楚，布局合理，分工明确，规模适宜，协调配套，能力适应，满足路网的总体要求。

（5）为铁路管理体制的根本性转变做好准备

深入研究铁路管理体制改革总体方案。按照党中央确定的国有资产管理体制改革的部署、政企分开的原则和我国加入世贸组织对铁路管理体制提出的新要求，深入研究我国铁路管理体制改革的实施方案。我国铁路改革，既要借鉴国外的有益经验，更要从我国国情和路情出发，既要有利于运输效率的提高，又要有利于强化为国民经济宏观调控和国防建设服务的职能。与其他国家相比，我国铁路体制改革更为复杂，必须按改革总体走向的要求，稳步推进。

实现主辅分离。按政企分开的要求，将企业承担的政府职能回归政府；按社企分开的要求，将企业承担的社会职能回归社会；以产权制度改革为核心，进行辅业改制，实现辅业与运输主业的彻底分离。推进运输主业减员，在推进主辅分离时同时，努力实现运输主业减员。要认真贯彻中共中央、国务院关于再就业工作的部署，先挖渠后放水，通过发展多元经营等方式对富余人员作出妥善安排。

改革铁路投融资体制。基本思路是构建多元投资主体，拓宽多种投资渠道，形成多样融资方式，为铁路跨越式发展提供可靠的财力支持。推进专业运输公司体制改革，通过资产重组，资源整合，建立现代企业制度，使铁路集装箱运输、特种货物运输等专业运输公司成为具有相当经营规模、核心竞争力强、经济效益好的铁路专业运输市场主体。

二、铁路运输业的特点、设备和运输组织工作

1. 铁路运输业的特点

铁路运输除了具备一般运输业的特点外，其自身还具有"高、大、半"的特点。

"高"是指"高度集中"的统一指挥。为了实现铁路这部大联动机的正常运转和联动，铁路运输必须在统一列车运行图和统一规章制度的前提下，全国一盘棋，由铁道部实行高度集中的统一指挥，做到有令则行，有禁则止，令行禁止。

"大"是指"大联动机"。铁路线长、点多、面广，遍布全国，运输产品的生产往往要经过几百公里、上千公里甚至更长才能完成，而且机、车、工、电、运等各个部门、各种工序又必须日夜作业、紧密配合、协同工作、形成联合才能保证铁路的畅通，因此铁路是一部大联动机。

"半"是指铁路运输具有"半军事性"。铁路职工除了必须严格执行规章制度外，还必须绝对服从上级的调度指挥。

2. 铁路运输业的设备

铁路运输是一个庞大的物质生产部门，它拥有大量的技术设备。为完成客货运输任务所必需的基本设备有以下几类：

（1）线路设备：是机车、车辆和列车的运行基础。

（2）车辆设备：是装载货物和运送旅客的工具。

（3）机车设备：是牵引列车和调车的基本动力。

（4）车站设备：是办理旅客和货物运输的基地。

（5）通信和信号设备：是确保行车安全和提高运输效率的必要手段。人们通常把它们比作铁路运输的"耳目"。

铁路运输设备是铁路完成运输任务的基础，必须经常保持良好状态。为了进行各种运输设备的保养和检修工作，铁路还设置了不同专业的修理工厂，业务段和检修所。只有使运输设备经常处于完好状态，才能确保安全和运输工作顺利进行。

3. 铁路运输组织工作

铁路运输组织工作包括旅客运输组织、货物运输组织与行车组织三个部分。旅客运输组织工作有旅客运输计划与旅客到发、行李包裹到发组织等。货物运输组织工作有货物运输计划与货物受理承运、装车卸车、货物到达、交付等。行车组织工作有机车车辆运用与列车运行组织指挥等。前两项组织工作主要是面向旅客与货主的工作，后一项组织工作主要是为保证完成旅客与货物运输任务，铁路内部采取的技术组织措施。

案例分析：聚焦京沪高铁：串联两大经济圈，带动沿线经济增长

2011 年 5 月 11 日起，按铁道部统一部署，京沪高铁进入为期 1 个月的运行试验阶段。试运行期间，京沪高铁将以实际列车运行图为基础，进行列车运行试验。京沪高铁贯穿环渤海和长三角两大经济圈，不仅实现了北京与上海的高速连接，还将有效带动沿线地区的经济增长、人员就业，将中国经济发展最为活跃和最具潜力的两大经济圈串联起来。

1. 串起京沪"经济走廊"

京沪高铁沿线有京、津、沪三大直辖市，穿越河北、山东、安徽、江苏等省，经过十几个人口超过百万的城市。京沪高速铁路北接环渤海地区、南衔长江三角洲，通道吸引区域人口占全国人口的比例超过四分之一，该区域是中国经济发展最为活跃和最具潜力的地区。

2. 释放既有线货运能力

高铁网的建设，一方面使中国铁路客运能力得到极大扩充，使城市间的时空距离大大压缩，给人们出行带来极大的方便；另一方面，使与高铁并行的既有线货运能力得到释放，推动中国铁路主要通道实现客货分线运输。据了解京沪高铁使长三角、环渤海及沿线地区的互动成本降低了，有利于优化资源配置，将产业链上、下游集聚在一起，减少中间环节和物流成本。据分析，中国一条高铁年运量是目前既有普速铁路的 4～5 倍，能够为工业化、城镇化加快发展提供强大的运力支撑。同时高铁还能够创造城市发展新的增长点，推动中心城市与卫星城镇形成合理布局，增强中心城市对周边城市的辐射带动作用，强化相邻城市"同城效应"。

从投入运营的高铁来看，这种变化和影响已初步显现。3 年多来，中国高铁已安全运送旅客 6 亿多人次，2010 年中国铁路旅客发送量比高速列车开行前的 2006 年增长了33.4%，同时京津、胶济、武广、郑西、沪宁 5 条高铁运营后每年释放的既有线货运能力已达 2.3 亿吨。

此外，高铁还大大节约了社会时间成本和物流成本。据测算，在全社会货物运量中铁路货运比重每提高一个百分点，就可节约社会物流成本 212 亿元。高铁的开通运营有效增加了铁路货运能力，大大降低了全社会的物流成本，对于提升中国企业经营效益具有重要作用。

京沪高铁运输能力不仅能实现"客货分流"，缓解货运压力。同时，还可以将铁路运输与公路、水路、航空运输结合起来，实现"无缝连接"。京沪高铁投用后，将对地方经济社会发展、城乡规划的调整以及建立现代化交通枢纽起到积极作用。

3. 促进沿线经济发展

京沪高铁不仅让人们享有更快、更方便、更舒适的出行，也将对沿线经济社会发展起到积极作用。人员、资金、资源是经济发展的三大要素，所谓"经济发展，交通先行"，就是因为经济要素的流动需要依托交通的快捷、便利。京沪高铁建成投入使用后，人、财、物便搭上快车道加快流动，活跃经济发展。在京沪高铁的 24 个站中，大多数是新建车站，随着沿线客流的不断增加，以新车站为依托的新兴经济区将应运而生。

目前，中国 50 万人口以上的大中城市达 240 多个，各省会城市之间平均直线距离1500 公里左右，这部分中长距离的客流主要由铁路承担，社会对铁路运输需求巨大。与此同时高铁也为加快中国工业化和城镇化进程提供了重要支撑。中国正处在工业化、城镇化加快发展的阶段，当前和未来一个时期，全社会客流量将大幅度增加，特别是大中城市之间的客流增长幅度更大。

思考题：

结合自身体会谈谈京沪高铁的开通对沿线区域社会经济发展有何影响？

单元二　铁路运输基础设施与设备

学习目标：
1. 掌握铁路运输基础设施设备的类别及作用。
2. 了解铁路行车制度和列车自动控制系统的主要工作原理。

情境导入：

中国拥有世界上规模最大的高速铁路网络，截至 2022 年底其 4.2 万公里的运行里程远超世界其他国家的总和的两倍。高铁的建设和发展，全面提升了中国的路网质量，并使得区域经济得以进一步协调发展。自主知识产权的高铁系统，在全球取得了领先的地位，并在不断挑战科技和自然环境的各种极限。从冰雪覆盖的高寒地带到热带海岛，高铁这个庞大的网络每天都在高速运行，高效而迅速的建造能力也让这个网络时刻处在延伸之中，这是中国人，最雄心勃勃的超级工程。而中国速度的背后，却是高铁工程师们不断攻克难关，不断迎接挑战的努力，也代表着中国的铁路运输技术在不断地刷新，直至问鼎世界相关领域的高峰。

一、铁路车站

车站是铁路运输的基本生产单位，它集中了运输有关的各项技术设备，并参与整个运输过程的各个作业环节。车站按技术作业性质可分为中间站、区段站、编组站；按业务性质可分为客运站、货运站、客货运站；按等级可分为特等站、一至五等站。

中间站是为提高铁路区段通过能力，保证行车安全和为沿线城乡及工农业生产服务而设的车站，其主要任务是办理列车会让、越行和客货运业务。

区段站多设在中等城市和铁路网上牵引区段的分界处，其主要任务是办理货物列车的中转作业，进行机车的更换或机车乘务组的换班，以及解体、编组区段列车和摘挂列车。编组站是铁路网上办理大量货物列车解体和编组作业，并设有比较完善调车设备的车站，有列车工厂之称。编组站的主要任务是解编各类货物列车，组织和取送本地区车流，供应列车动力、整备检修机车，货车的日常技术保养等四项。

编组站和区段站统称技术站，但二者在车流性质、作业内容和设备布置上均有明显区别。区段站以办理无改编中转货物列车为主，仅解编少量的区段、摘挂列车，而编组站主要办理各类货物列车的解编作业，且多数是直达列车和直通列车，改编作业往往占全站作业量的 60% 以上，有的高达 90%。

在车站内除与区间直接连通的正线外，还有供接发列车用的到发线，供解体和编组列车用的调车线和牵出线，供货物装卸作业的货物线，为保证安全而设置的安全线、避难线,以及供其他作业的线路(如机车走行线、存车线、检修线等),车站还应配置相应的客货运设备。

二、铁路线路与信号

1. 选线

要兴建一条铁路,选择路线的工作尤为重要,因为适当的路线不仅在施工期间可节省庞大工程费用,投入营运后,更可发挥最大营运效益,以减少营运费用增加收益,并且达到服务于人民及繁荣经济的目的。一般来说,选线时若仅就地形与工程方面考虑而言,必须注意下列四项原则,即路程最近、路线平直、坡度平坦和工程最易的原则。

2. 路基与道砟

路基是指用以铺设钢轨设施的路面,而为了适合钢轨铺设,原有的路面高者必须挖掘成路堑,过低者必须填筑使之成为路堤。道砟则是指铺设于路基上的碎石,其主要作用在于均匀分散轨枕所传来的列车压力,使其均匀地分布于路基上。若遇雨天时,道砟更可利于排水,避免轨枕积水妨碍行车安全。

3. 钢轨与轨枕

钢轨是铁路设施中列车行驶的支撑设施,列车通过车轮与钢轨的摩擦得以前进、减速制动停车,所以钢轨的材质对于行车安全而言尤为重要。就传统铁路的行车经验而言,单位长度愈重的钢轨愈能承受车轮的重压,适合高运量列车行驶。一般钢轨的分类用单位长度质量来表示,单位为 kg/m。据此,可将钢轨分为下列三个等级,即轻型钢轨(31~40kg/m),适用于运量较小的支线;中型钢轨(45~57.5kg/m),适用于普通路线;重型钢轨(50~69kg/m),适用于大运量的干线。至于轨距则是指两条平行钢轨的内侧距离,可分为宽轨、标准轨和窄轨三类。标准轨距为 1.435m,凡轨距大于此数者属宽轨,小于此数者为窄轨。例如,我国铁路主要采用标准轨距,而台湾铁路则系窄轨铁路,轨距为1.067m,俄罗斯、芬兰等国家则使用 1.524m 的宽轨系统,至于目前各国最现代化的高速铁路则都属标准轨。

轨枕是铺设于钢轨下面的坚固耐用物体,可以使两轨之间得以保持一定的轨距,以确保行车安全,并承受列车行驶所产生的压力。所以一般而言,轨枕必须具有良好的弹性以减少列车行驶所产生的剧烈震动,并增加旅客乘坐的舒适性。目前铁路运输系统上所使用的轨枕,依材质不同分为木枕、钢枕及混凝土枕三种,其中以木枕的性能为最佳。

4. 道岔

行驶中的列车若欲驶向其他路线,必须在不同路线的钢轨会合处装上特殊的装置,用以引导车轮进入他轨,这项装置即为道岔。通常铁路列车经过道岔时,须降低行车速度,因此可能造成旅行时间的延误。

5. 信号

铁路运输中列车必须遵循信号的命令行驶,以确保行车安全。目前,营运中的铁路列车大多装有自动停车装置,若

道岔的工作原理

司机不遵守信号行车,列车自动停车装置将启动,逼迫列车停止前进,但是这种自动停车装置也可能因为维修不当,致使功能失效而发生危险事件,所以列车司机还须于行驶中仔细注意信号,依指示行车,以免发生严重的行车事故。一般,铁路信号可分臂板信号、色灯信息和驾驶室信号(即机车信号)三类。

(1)臂板信号。臂板信号是铁路固定信号的一种,臂板长约 1.5m,日间用臂板的上、下位置来传递信息给司机,夜间则以灯光的颜色来传达信息。臂板信号可分为二位式与三位式。二位式其横臂伸成水平,表示停车,其臂上举或下落与水平成 45°斜角表示安全。三位式则横臂成水平表示停车,臂成 45°斜角表示注意,列车须减速前进,臂垂直或落下表示安全,列车可按规定速度运行;晚间,则以红灯表示停车,绿灯表示安全,黄灯表示注意。

(2)色灯信号。由于臂板信号在操作上不够灵敏,而且容易损坏,故大多数铁路均已改用电源灯信号。其形式可有两种:单以颜色表示者,称为色灯型信号,二位式多用红、绿两色,三位式及多位式,则多加一黄色;若以位置表示者,则称为灯列型信号,灯光虽皆为白色,但以灯光之排列方式来表示行车命令,灯列垂直表示安全,灯列成 45°表示注意,水平表示停车。

(3)驾驶室信号。上述两种信号均属固定信号,装置于固定地点,给予司机明确的行车指示,但当列车速度太快,或气候恶劣、视线不佳时,司机则可能发生错觉,因而驾驶室信号应运而生。它是利用轨道电路的钢轨传送不同的电流波,送达司机驾驶室内,表示不同的信息,驾驶室内则有不同的色灯,以表示所接获之信息意义,每次当信息改变时,警铃亦会发出声响,以提醒司机注意。

三、机车及车辆设备

1. 机车

铁路机车是列车的动力来源,因此机车的台数与牵引力大小均影响列车的行驶速度与服务质量。理想的机车除了能够提供足够的马力之外,在维修保养方面亦须具方便性,才可以提高营运效率。目前,世界上较常用的机车有下列四种形式。

(1)蒸汽机车。这是早期的铁路机车类型,它利用燃煤将水加热成水蒸气,再将水蒸气送入汽缸,借以产生动力,来推动机车的车轮转动。这类机车的主要优点是价格低廉而且维修容易,缺点则是牵引力不够大,热效率低(仅为 6%),而且会污染空气造成乘客不舒适。另外,在重联牵引时亦需要增加驾驶人员,导致费用增加。

(2)内燃机车。1911 年美国通用公司开始试验以内燃机作为铁路的动力来源,因而制造了世界上的第一辆柴油机车。此后,内燃机车受到各国铁路业者的喜好而加以采用。内燃机车系利用柴油作燃料,以内燃机运转发电机产生电流作为动力来源,再由电流牵引电动机使其带动车轮转动。

(3)电力机车。这种机车是利用机车上的受电弓将轨道上空的接触电线网的高压电直接输入机车内的电动机,再将电流导入牵引电动机,使之带动机车车轮。

(4)动车组。铁路列车除了以机车连挂客、货车牵引行驶之外,也还可将驾驶室及动车与客车合在一起,这种车辆在铁路营运上称为动车组。

若将电力机车与内燃机车加以比较,可以发现前者具有下列优点:

① 具有较高的加速性;

② 加速或制动时较平稳;

③ 行驶时噪声很低;

④ 无空气污染;

⑤ 操作较安全且维修容易;

⑥ 使用寿命较长;

⑦ 动力来源为电能,较易取得;

⑧ 可使用电力再生制动系统以回收能源;

⑨ 可以在较长的隧道中运行。

但电力机车也有如下缺点:

① 需较高的投资成本;

② 电力供应系统需要经常维修;

③ 电力中断时,将影响全线列车运行。

为了配合将来铁路的高速运行及大运输量的趋势,电力机车势必是将来铁路的发展方向。另外,目前世界上发展中的最新机车形式有涡轮机车与磁悬浮列车,这两种机车都希望能达到速度快、牵引力大、低污染及节省能源的最佳状态。

2. 车辆

铁路营运主要是载客与运货,为了满足各种不同类型的旅客需求,则需配备各种不同等级的客车;为了运送不同的货物则需配备各种类型、不同功能的货车。

四、铁路行车制度和列车自动控制系统

1. 概述

众所周知,铁路运输系统为一复杂的机具组合体,所以在以往科技较不发达的时代中,整个系统需要庞大的工作人员共同合作才能促使列车正常运转,而且由于列车是以车轮行驶于钢轨上,无法像公路上行驶的汽车可以随意地自由行驶,因而铁路列车的运行必须建立一套完整的行车制度,为司机及系统的相关人员所共同遵守,以确保铁路之行车安全。在这里,所谓铁路行车制度是指为了保证列车运行安全所采用、并用铁路行车规章加以规定的列车运行间隔方法。随着现代铁路信号技术及通信设备的发展,铁路行车制度也逐步实现了现代化,行车安全可靠性不断提高,所需行车人员数量也愈来愈少,尤其是当列车自动控制系统(ATC)开发成功后,铁路行车制度已经完全具备了自动监督、自动防护和自动运行的完善功能,列车运行过程已经可以达到无人驾驶的自动化程度,从而使铁路在运输能力与行车安全上都可以达到最佳状态。

2. 铁路行车制度

在 1825 年英国建成世界上第一条铁路时,由于当时铁路上只开行一列列车,车速不高,铁路所负担的任务极为单纯,因此仅以人工骑马并手持红旗于列车前方担任向导任务即可。但是随着列车行驶速度的增快,车次的增加,铁路必须以单线负担双向列车运行任务时,原有的行车方法无法适用于铁路,必须开发、更新更完善的铁路信号系统与行

车制度,以应付逐渐增加的铁路运输需求量。

为了避免列车运行时发生冲撞与追尾的危险,铁路采用了时间间隔法与空间间隔法两种方法来确保列车运行保持一个相当的安全空间。

所谓时间间隔法是指依据事先排定的列车运行图,规定列车必须按运行图或调度员的命令于规定时间经过特定地点,以确保列车能在预定地点会车。由于每一列车都必须严格遵守时间,以确保列车运行安全,所以列车上的司机、列车长与调度所的调度员都必须具备良好的判断能力,以控制列车在一定时间内到达会车地点。这种行车方法又称为列车本位制。但这种方法易产生命令传送上的人为错误,安全性较低,一般仅用于车次少、速度不高的铁路。

所谓空间间隔法是将整条铁路线划分成若干个闭塞区间,在同一个时间中,每一闭塞区间只允许一列列车通过,以避免发生撞车的危险,由于这一制度刚开始实施时,是以每两个车站之间为一个单位的闭塞区间,所以这一行车制度又称为车站本位制。由于这一方法的安全性较高,为世界各国铁路所采用,并经历了单一列车行车制度、通信区间闭塞行车制度、电气路牌(路签)区间闭塞行车制度、半自动闭塞行车制度、自动闭塞行车制度和调度集中控制行车制度的发展过程。

1)单一列车行车制度阶段

这一阶段是指 1825 年铁路刚出现时的起步阶段,列车行驶速度很慢,速度仅有24km/h,而且仅以一列列车往来行驶于铁路上。因此,列车的运行只需注意排除路线上的障碍物,以免发生危险,故列车前方常以骑手手持旗作为列车向导。

2)通信区间闭塞行车制度阶段

随着铁路运输需求量的增长,单线铁路上必须双向行驶列车才能提供足够服务需求时,首先必须解决的是列车可能发生撞车的危险问题。为此,两相邻车站或区间都必须具备完善的通信设备,才能彼此交换列车运行的信息,并安排好发车顺序。开始时,各铁路车站或区间之间只是以电话或电报交换彼此的行车信息,称之为通信区间闭塞制。这种行车方式易发生人为的疏忽与错误而导致行车事故,而且在事故发生之后,也常常无法找到任何证据,作为过失认定的依据。

3)电气路牌(路签)区间闭塞行车制度阶段

根据通信区间闭塞行车方式的问题,铁路运输行车人员认为必须将行车命令予以具体化,才能使行车安全得到充分的保障,因而发明了以路牌(路签)作为行车凭证的闭塞方法,即每一列车在车站发车之前必须先取得路牌(路签),若司机没有得到,就不能将列车开出车站。从而可以使行车安全得到初步的保障。电气路牌(路签)闭塞行车方式虽然在保证行车安全技术上已经有了进步,但其闭塞操作方法仍然相当繁杂,不利于铁路区间通过能力的充分发挥。

4)半自动闭塞行车制度阶段

半自动闭塞行车制度是在相邻两站均设置简易的联动闭塞器,若有车站欲发出列车,必须先取得邻站的同意并按下闭塞器,使发站的出发信号灯显示安全信号(即开放信号),列车到达站的出发信号灯则显示停车信号,表示已经完成闭塞,允许列车行驶于此闭塞区间内。这种行车方式完全节省了人工传递路牌的手续,而且在同意列车发车命令发出的同时,也就已经自动完成了闭塞,唯一的缺点是仍需人工彼此担任联络与按下联动闭塞器的工作。也正因为如此,故而称之为半自动闭塞行车制度。

5)自动闭塞行车制阶段

随着列车行车密度愈来愈大,人工协调与控制的半自动闭塞制度已无法再适用,因而又引入了轨道电路自动闭塞的控制方法。所谓轨道电路是指利用轨道作为电气回路,即选择一适当长度之闭塞区间,将钢轨之间用铜线连接,使电流畅通而构成。当车辆行驶在设有轨道电路的闭塞区间时,钢轨与列车车轮形成一回路,并配合继电器的作用,使信号的灯光变换。这种行车方法在轨道上装设自动感应装置,列车未驶入闭塞区间前,信号机将显示绿灯,以表示安全,信号允许列车进入闭塞区内,列车车轮若压过感应器,就会使信号机显示红灯,表示停车信号,以禁止任何列车再进入此闭塞区间,待列车离开这一闭塞区间,信号机又自动恢复绿灯,表示这一闭塞区间正处于开放状态。行车制度发展到这阶段,已无须人工操作闭塞器,列车只需依照事先排定的列车运行图,配合信号机的命令行车,即可达到准时与安全的运行目标。

6)调度集中控制行车制度阶段

铁路的闭塞方法发展到自动闭塞制度阶段时,已趋于完备,但是列车调度指挥人员对于整个系统的实时状态仍无法予以全面控制,而且对于安排列车运行经路的转辙器亦无法统一集中管理。因此,首先需要完成转辙器与相关信号之间互相联动的联锁,并将同时控制转辙器、信号与径路调度的工作,统一集中于控制中心办理,而开发出最新式的调度集中控制行车制度(CTC)。所谓调度集中控制行车制度可定义为列车在一定地段的单线、复线或多线线路上,其经过闭塞区间或会车站等多种作业,完全受信号的指示,并将路线上所有进出站信号机及重要转辙器均由调度人员统一操纵管理。这种行车方法融合了时间间隔法与空间间隔法之优点,使铁路调度人员对整个系统能及时掌握,即使发生列车运行延误,可以及时地通过控制中心调整列车会让,而且闭塞方式也可以通过采用移动通信设备等,使列车可以随时与控制中心保持联系,而获得前车状况与位置,以便前后两列车始终保持最适当之安全距离。

3. 列车自动控制系统

铁路运输系统开发出调度集中控制行车制度以后,铁路的行车方式在命令传达与信息显示上,已可以达到实时状态,但是对于在铁路上运行的列车还缺乏直接控制的能力。因此,若司机在列车运行过程之中,因健康或气候等因素致使列车无法遵循调度命令行车时,仍将可能发生严重的行车事故。开发铁路行车自动控制系统的目的就在于,在列车运行过程中,当有违规现象发生时,可以即时予以制止,以避免重大意外事故的发生。列车自动控制系统的发展经历了从列车自动报警及停车装置、列车速度自动控制装置和列车自动操纵装置到列车自动控制系统的发展过程。

1)列车自动报警及停车装置

列车自动报警及停车装置(ATW/ATS)已可以初步达到列车自动控制的目标,可以在列车冒进时,自动将列车制动装置启动,迫使列车停车。这一设施系在信号机前方 $1500\sim1800\text{m}$ 处,装设一警告用感应器(W),并于信号机前方 150m 处装设一停车感应器(S)。当信号机显示停车信号时,列车一经过 W 点时会自动发出声响,警告司机,司机必须在 4 秒内按下按钮确认,否则列车将自动启动制动装置,迫使列车停车。若列车超过 S 点时停车,则列车亦将自动制动停止前进,以确保列车按信号显示行车。

2)列车速度自动控制装置

这项装置最初使用于 1964 年日本新干线高速铁路上,它不仅可以控制列车冒进,更可以控制列车按照各行车区间的限制速度运行,若司机超速,则该装置将强制列车自动减速至限制速度。

3)列车自动操纵装置

列车自动操纵装置(ATO)的目的在于实现列车运行的自动化,无论是调度员或行车人员都可以由 CTC 控制中心的计算机加以控制,人工只需处理紧急例外情况。

4)列车自动控制系统

列车自动控制系统(ATC)不同于 1964 年日本新干线所使用的列车速度自动控制装置,它是一种将列车运行过程全部加以整合,并采用自动控制方式实现列车运行的系统,是目前世界上最先进的列车运行控制系统。这一系统由列车自动监督系统、列车自动防护系统和列车自动操纵系统三部分组成。

(1)列车自动监督系统(ATS)。这一子系统的主要功能是协助控制中心的调度员,监督整个系统是否按列车运行图运行。一般而言,控制中心内均装设有一控制板,可以显示整个系统当前列车运行状况,当系统出现问题时,将自动提醒调度员注意,并自动修正。因此,这一系统与列车自动停车装置有所不同。

(2)列车自动防护系统(ATP)。这一子系统的主要功能是监视轨道的状况及列车的运行速度,以保证列车在最安全的状况下运行,其次要功能是向列车司机提供必要的信息和警告信号,并保持适当的制动距离,以防止列车追撞或进入未经许可的区间。

(3)列车自动操纵系统(ATO)。这一子系统的最终目标是要实现列车在控制和运行上的完全自动化,不仅列车无须人员驾驶,调度上也全部可由控制中心统一完成,操作上完全实现自动化。因而,这一系统较之早期的 ATO 系统的功能更强。

由上述列车自动控制(ATC)系统的子系统可以看出,这一系统具备了如下 4 项功能
(1)监督,即由调度员从显示板来监督列车运行;
(2)指挥,即调度员可透过 CTC 系统来指挥各联锁系统;
(3)执行(或操作),即列车经由信号机、转辙器的现场操作,以及车上的操作,完成调度中心的行车命令;
(4)反馈,即当有任何问题时,可由司机立刻报告调度中心即时处理。

案例分析:7·23 动车事故后,中国高铁是如何避免追尾或撞车的?

中国高铁正处在一个高速发展的黄金时期,无砟轨道正在以让人惊叹的速度延伸到中国的各个角落。截至 2016 年底,中国高铁营运里程已经达到 2.2 万 km,同比增加约 0.3 万 km,占世界总运营里程的 60% 以上,稳居世界第一;2016 年内就在 1 月、5 月、9 月进行了三次大规模的全国铁路运行图调整,加密或新增了多条高铁线路;在 2017 年的春运中,高铁发送旅客人次就累计达到 1.8 亿人次并首次超过了普通客运列车。

中国高铁覆盖地域范围极广,运营速度、密度高,运送客流巨量,全天候准点运行,作

业环节多而复杂以及运行图调整频繁,这些特点都对高铁运输组织工作提出了极高的要求。

然而 2011 年 7·23 甬温线动车追尾事故的发生也为中国高铁的快速发展敲响了一次警钟,所有的列车调度指挥、列车运行控制工作要始终将安全放在第一位,以安全高效为目标,对作业过程进行智能化控制,以实现在无人干预或者较少人为干预下列车的自动和安全运行。图 4-2-1 为分散自律调度集中系统工作流程图。

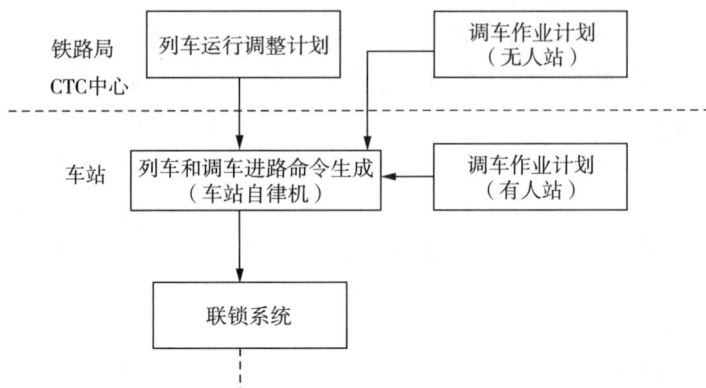

图 4-2-1 分散自律调度集中系统工作流程图

1. 通信信号系统——保障高铁高效运行的"大脑"

组织保障中国高铁安全和高效运行的"大脑",是高铁的通信信号系统,其中调度集中系统(Centralized Traffic Control System,CTC)和列车运行控制系统(Chinese Train Control System,CTCS)占据核心地位。

大脑的"左右脑"分工协作,职责明确:CTC 技术用于铁路行车调度,通过技术手段代替人工调度,提高了调度工作的准确率和调度效率,就是告诉列车要在什么时间出发,从哪儿到哪儿;CTCS 技术则是对列车运行模式的监测和控制,再结合当前线路的信息,告诉列车应该如何行驶,就是解决如何安全地从这儿到那儿的问题。

2. 左脑(CTC)——负责调度指挥

CTC 调度集中,也称列车集中控制,是控制中心对某一调度区段的信号设备进行集中控制,对列车运行进行直接指挥、管理的技术装备,直接效果是行车管理的自动化和遥控化。

CTC 系统在控制方式上有中央集中型和分散自律型两种,美国、加拿大等国家在货物重载运输中采用中央集中型,通过 CTC 系统与各站相连,进路控制等功能均设置在控制中心。国外高速铁路为了保证在控制中心瘫痪或中心与车站网络故障时,车站仍能正常运作,CTC 系统也有了从中央到分散自律型的发展趋势。

而目前,中国使用的 CTC 系统均为分散自律方式。顾名思义,分散就是将这种方式由各个车站独立控制列车作业和调车作业,而非中央集中控制。而自律呢,则是"因地制宜",根据各站的不同特点,车站子系统协调处理作业中的矛盾,提高了控制的灵活性和适应性。

3. 三层架构,分工明确

第一层为铁路总公司调度中心 CTC 系统,总公司的 CTC 中心接收各调度所发送的列车运行状况、信号设备显示状态、计划运行图、实际运行图、施工、事故、灾害等信息,为总公司各工种调度提供数据支持;

第二层为铁路局调度所(含客运专线调度所)高铁 CTC 系统,截至 2015 年,北京、上海、武汉、广州、成都五个路局调度所设有高铁 CTC 系统,高铁 CTC 系统还在其他 10 余个高铁及城际铁路调度中心推广应用,负责指挥整个调度区段内列车集群的运行;

第三层为车站 CTC 子系统,根据调车计划,通过自律机控制联锁系统等实现进路控制功能。

上述提到的"自律机",就是在车站 CTC 子系统自律的核心设备。车站自律机具有生成进路操作命令的功能,当收到列车运行调整计划,它就会"高速运转",迅速将计划转化成操作指令,"检查"无误后,向联锁系统下发指令,开始进路。

4. 右脑(CTCS)——负责安全防护

关于右脑列控系统,西方发达国家已有较长的发展历史,比如我们熟悉的日本新干线,它的列控系统是 ATC 系统,法国 TGV 铁路和韩国高速铁路的 TVM 系统,德国及西班牙铁路采用的 LZB 系统等。1996 年,欧盟为了解决欧洲高速铁路互联互通问题,制定了一个标准体系——ETCS,这也是目前欧洲铁路的法定强制规范。

而我们当然要有自己的标准,2004 年原铁道部发布了《CTCS 技术规范总则》,参照 ETCS 等国外标准,又结合中国铁路的具体情况,CTCS 系统应运而生。

CTCS 是 Chinese Train Control System 的英文缩写,这个右脑系统非常厉害,不仅能对列车运行速度、运行间隔进行实时监控和超速防护,同时还能减轻司机劳动强度,并提高乘客舒适度。

5. 地面和车载两大设备是核心

CTCS 包括地面设备和车载设备,通过车路协同来保障行车安全。

地面设备包括列控中心、轨道电路等模块,列控中心一般是设置在车站内,从调度系统中获取调度命令,而轨道电路可以实时获取列车位置,传达命令。地面设备经过运算,产生命令,再将命令传给车载设备。

而车载设备则是列车操控的主角,通过车载安全计算机、通信模块、测速模块和人机界面等,在列车运行过程中根据不同的行车状态选择不同的控制模式,实现提到的右脑的功能,还能生成速度控制曲线、向其他系统通报列车位置速度信息等功能。

6. 速度决定 CTCS"等级分明"

针对中国铁路不同的线路、不同的传输信息方式和闭塞技术,CTCS 可以划分为 5 个等级,依次为 CTCS0~CTCS4 级,来满足不同线路速度需求。其中 0~3 分别适用于最高速度为 120km/h、160km/h、200~250km/h、300~350km/h 以下的区段。当然,不同的速度,两大设备配置也不尽相同。

CTCS-4 级别目前还没有应用到实际的高铁列车运行中,它是基于铁路专用的无线通信技术,不依赖轨道电路,并实现虚拟闭塞或移动闭塞,是未来的发展方向。

7. 闭塞技术——防止列车追尾相撞的"必备技能"

上面提到的闭塞技术是在列车运行控制中为了保证安全而采用的一项极为重要的

技术。在列车进入某一区间后,利用信号或者凭证,将之与外界隔离起来,区间两端车站都不再向这一区间发车,以防止列车相撞和追尾。如果某一闭塞区间有列车占用,CTCS系统会通过控制信号灯,为调度中心提供列车信息以及直接控制列车制动等依次递进的措施保证列车运行安全。

7·23甬温动车追尾事故的一个原因就在于这一区段的 CTCS-2 系统的轨道电路和信号采集电路因雷击失效,继而列车的自动闭塞失效,酿成了事故的惨剧,反映了系统关键部件冗余设计不足的问题。而在 CTCS-3 系统中,增加了自动闭塞系统的冗余设计,由无线通信模块进行列车位置监测,并通过轨道电路进行验证,有助于提高系统的安全性。

结语:

当然,高铁是一个十分复杂的系统,要让其高效有序、安全平稳的运行需要的不仅仅是靠左右脑系统。还需要能切合中国各地实际的高铁通信信号装备,这些系统的设计极为复杂,每个细节的处理都需要极为审慎;还要有过硬的工程建造技术、高速列车技术、客站建设技术、系统集成技术、运营维护技术等等。

中国高铁经过多年的技术引进、消化、吸收、再创新,从零开始在较短的时间内让高铁在中国的大地上飞了起来,并在国际上拥有自己的竞争力,这不得不说是十分惊人的成就。另一方面我们也看到了在一些方面我们与其他国家相比还存在不足,不断攻克技术上的难关,中国高铁也才能继续进步。

单元三　旅客运输组织

学习目标：

1. 掌握客流的定义和分类、旅客列车的种类及车次定义规则。
2. 了解旅客运输计划的类别及其相互关系。

情境导入：

作为人口大国的中国经历过春运"一票难求"的痛处，经过十来年建设，中国铁路经营管理脱胎换骨，铁路建设里程大幅度增加，服务软件设施也在不断推陈出新，民众出行便利性以及舒适体验度明显提升，获得感满意度大大提高，"说走就走"高铁出行也成为新风尚。

截至 2022 年底，全国铁路营业里程 15.5 万公里，其中高铁 4.2 万公里。2019 年铁路客运量实现较快增长，全年铁路完成客运量 36.6 亿人，较上年增长 8.4％，占全社会营业性客运量比重达 20.8％，较上年提高 2 个百分点，其中动车组客运量 22.9 亿人、增长 14.1％，占铁路客运量比重超过 62.6％。受疫情影响以及经济复苏渐进周期影响，2022 年国家铁路旅客发送量完成 16.10 亿人，比上年减少 9.23 亿人，下降 36.4％；国家铁路旅客周转量完成 6571.76 亿人公里，比上年减少 2987.33 亿人公里，下降 31.3％。

中国铁路以高效务实的精神不断开拓迈进，通过不断密织的高铁网络来为中国经济区域一体化服务，为中国经济发展增加新动能，高铁经济愈发展现出其迷人的魅力。

旅客运输是铁路运输的一个重要组成部分。随着我国社会主义建设的迅速发展，人民物质文化生活水平的不断提高，经由铁路运送的旅客人数大幅度增长。因此，做好铁路旅客运输工作，对于国家的经济建设、文化交流以及满足人民群众的生活需要，有十分重要的意义。

旅客运输的基本任务是：最大限度地满足广大人民群众在旅行上的需要，安全、迅速、准确、便利地运送旅客、行李、包裹和邮件，保证旅客在旅行途中舒适愉快并得到文化生活上的优质服务。

做好铁路旅客运输组织工作，必须对客运市场、客流进行客观、准确地调查分析，科学地预测运量，根据预测结果精心编制旅客运输计划，确定旅客列车的开行方案，实现高质量地运送旅客。

一、客运市场与客流

1. 客运市场

20 世纪 80 年代末 90 年代初，铁路客运在客运市场中占有的市场份额约为 50％～

60%,具有较大的优势。随着公路、民航的飞速发展,各种运输方式间竞争激烈,铁路客运市场份额下降,到 1995 年铁路客运在客运市场中占有的市场份额降为 39.4%。面临严峻的形势,1997 年以后,通过四次提速,铁路技术装备、管理水平有了很大提高,铁路在安全、快速、便捷、低价等方面的优势得到发挥,客运市场份额逐年回升。但是随着人民生活水平的提高,旅客对旅行的要求也越来越高,不仅在安全、价格上,还在速度、便捷、舒适、服务质量等方面提出了更高要求。因此,铁路要在客运市场立足并争取更大的份额,必须强化质量意识,以旅客需求为导向,提高客运服务水平,树立铁路新形象。

2. 客流

客流是指铁路某一方向上,一定时间内旅客的流量和流向。根据旅客乘车行程的远近,客流可以分为以下三种:

(1)直通客流:旅客乘车距离跨及两个及以上的铁路局的客流。

(2)管内客流:旅客乘车距离在一个铁路局管辖范围内的客流。

(3)市郊客流:旅客乘车距离在大城市与其邻近郊区之间的客流。

客流调查分为综合调查、节假日调查和日常调查三种。根据客流调查资料,可以掌握客运量的变化和发展情况,为编制旅客运输计划提供依据。

二、旅客列车的种类及车次

1. 旅客列车的种类

对不同的客流和不同的线路设备条件需开行不同等级的列车。目前,我国现行铁路列车运行图将旅客列车分为 3 个等级,即特快旅客列车(含直达特快旅客列车)、快速旅客列车和普通旅客列车(含普通旅客快车和普通旅客慢车)。

旅客列车,根据其运行速度、运行范围、设备配置、列车等级及作业特征等基本条件的不同,主要分为 13 类。

(1)高速动车组旅客列车

高速动车组旅客列车指运行于时速 250km 及以上客运专线上的动车组列车,列车开行最高速度达到 250~350km/h。

(2)城际动车组旅客列车

城际动车组旅客列车指在城际客运专线上运行,以"公交化"模式组织的短途旅客列车。列车开行最高速度达到 250~350km/h。

(3)动车组旅客列车

动车组旅客列车是指运行于既有铁路线的动车组列车,列车开行最高速度达到 200~250km/h。

(4)直达特快旅客列车

列车由始发站开出后,沿途不设停车站,即(一站)直达终到站的超特快旅客列车,也有称其为"点对点"列车(即始发、终到两点对应)。目前,直达特快旅客列车使用 DF_{11}、SS_9 型或 SS_{7E} 型机车牵引,列车运行速度一般可达 160km/h。

(5)特快旅客列车

特快旅客列车是目前我国铁路运营线上运行速度较快的旅客列车,区间运行速度常达到140km/h(个别区段,列车运行速度达到200km/h,如广深线的"新时速")。特快旅客列车有跨局运行和管内运行之分。

(6)快速旅客列车

快速旅客列车的运行速度仅次于"直达"和"特快"旅客列车,一般区间运行速度为120km/h。快速旅客列车也分跨局运行及局管内运行。

(7)普通旅客列车

可分为普通旅客快车和普通旅客慢车。普通旅客列车又可分为直通的和管内的普通旅客列车。列车的运行速度一般在120km/h以下,且分为普通旅客快车、普通旅客慢车。

(8)通勤列车

为方便沿线铁路职工上下班(就医、子女上学)而开行的旅客列车。

(9)临时旅客列车

依据客流的需求或特殊需求(救灾),临时增开的旅客列车。

(10)旅游列车

依据旅游客流的需求,在大中城市和旅游点之间不定期开行的旅客列车。

(11)回送出入厂客车底列车

依客车车辆检修等要求,运行于列车配属地与客车车辆厂之间的旅客列车。不办理客运业务。

(12)回送图定客车底列车

依客车车底周转的需要,回送空客车底的旅客列车。一般不办理客运业务。

(13)因故折返旅客列车

如遇洪水、塌方、泥石流等自然灾害的侵袭或发生重特大事故而导致铁路中断行车,迫使其折返运行的旅客列车。

2. 旅客列车的车次

为区别不同方向、不同种类、不同区段和不同时刻的列车,方便旅客区分列车种类及考虑铁路人员的工作需要,需对每一列车编定一个识别码,即车次。我国铁路的旅客列车车次主要采用字母和阿拉伯数字为标识,为了保证行车安全,维护运输秩序和车次编码的规范化,铁道部原则上规定以开往北京方向为上行方向,车次,编为双数;背离北京为下行方向,车次编为单数。一趟旅客列车在运行途中变换上下行方向时,其车次也随之变换。主要旅客列车种类及车次编号见表4-3-1。

表4-3-1 主要旅客列车种类及车次编号表

顺号	列车种类		车次
1	直达特快旅客列车	跨局	Z1~Z998
2	特快旅客列车	跨局	T1~T298
		管内	T301~T998
3	快速旅客列车	跨局	K1~K998
		管内	N1~N998

（续表）

顺号	列车种类			车次
4	普通旅客列车	普通旅客快车	跨三局及其以上	1001～1998
			跨两局	2001～3998
			管内	4001～5998
		普通旅客慢车	跨局	6001～6198
			管内	6201～8998

三、旅客运输计划

编制旅客运输计划的目的是充分挖掘运输潜力,组织旅客均衡运输,提高客运服务质量,保证旅客安全、迅速、准确、便利地旅行。

旅客运输计划根据执行期的不同,可以分为以下三种:

1. 长远计划

长远计划一般为五年、十年或更长时期的规划,是铁路旅客运输的发展计划,通常根据国民经济计划的期间进行编制。

2. 年度计划

年度计划是旅客运输的任务计划,根据长远计划结合年度具体情况编制,是确定旅客列车行车量及客运运营支出计划的依据。

3. 日常计划

日常计划是日常旅客运输的工作计划,根据年度计划任务,结合日常和节假日客流波动而编制,是实现年度计划的保证计划。

旅客运输计划主要依据客流调查资料和旅客运输统计资料而编制,其主要组成部分是客流计划。根据客流计划,可确定旅客列车的开行区段和对数,同时,参照过去客流规律,对每次列车的票额进行分配,从而使得运输能力得到充分利用,保证旅客均衡运输。由于影响客流变化的因素很多,每天的情况也不可能一样,客流往往会有波动,因此还须编制日常计划来进行调整,通过日常客运工作来完成旅客运输计划。

四、旅客运输合同

1. 铁路旅客运输合同的含义、履行期及凭证

铁路旅客运输在法律上体现为铁路旅客运输合同关系。铁路旅客运输合同是明确承运人与旅客之间权利义务关系的协议。起运地承运人与旅客订立的旅客运输合同,对所涉及的承运人都有连带关系,具有同等约束力。

铁路旅客运输合同从售出车票时成立,自旅客进站检验车票为合同履行开始,至按票面规定运输结束旅客出站时止,为合同履行完毕。

铁路旅客运输合同的基本凭证是车票。

2. 承运人、旅客的权利义务

承运人应为旅客提供良好的旅行环境和服务设施,文明礼貌地为旅客服务,确保旅

客运输安全、正点；对运送期间发生的旅客身体损害以及因承运人过错造成的旅客随身携带物品损失，应予以赔偿。

旅客应购票乘车，旅行中遵守国家法令和铁路运输规章制度，爱护铁路设备、设施，维护公共秩序和运输安全，听从铁路车站、列车工作人员的引导，按照车站的引导标志进、出站。对运送期间发生的身体损害以及因承运人过错造成的随身携带物品损失，有权要求承运人赔偿。

案例分析：民航和高铁销售平台互联互通首次实现一站式订票

近日中国东方航空集团有限公司、中国国家铁路集团有限公司在上海启动空铁联运项目，东方航空和铁路12306购票软件实现系统对接，旅客可通过任一方的手机购票软件，一站式购买航空和高铁组合联运客票，这是民航和铁路客票销售平台首次实现互联互通。

区别于以往旅客需要分别在航空、铁路购票端口预订机票、火车票的购票方式，空铁联运项目推出后，旅客可自行选择航班与高铁进行自由组合，在一个手机购票软件上就能完成全部预订流程，一个订单、一次支付就能完成机票和火车票的购买。

空铁联运项目一期聚焦于服务长三角一体化发展的国家战略，以上海虹桥机场、虹桥火车站为核心枢纽，开通江苏、浙江、安徽大部分城市，经上海前往东航国内各通航城市的双向联运。未来，联运中转城市还将逐步拓展到北京、广州、深圳、成都、南京、杭州、武汉、西安等多个城市，满足旅客跨区域、多方式的出行需求。

思考题：

铁路客运领域空铁联运项目的上线的战略定位以及意义何在？

单元四 货物运输组织

学习目标：

1. 掌握铁路货物运输合同的签订形式。

2. 熟悉货物运输生产过程。

3. 了解铁路货运营销及生产管理系统的应用情况。

情境导入：

十九大报告指出，必须坚持质量第一、效益优先，以供给侧结构性改革为主线，推动经济发展质量变革、效率变革、动力变革。

2019 年第一季度，中国铁路总公司全面深化铁路供给侧结构性改革，在"六线六区域"大力实施"货运增量行动"，全路货物发送量和货运收入实现较大增幅。其中，中国铁路太原局集团有限公司货物发送量完成 1.7 亿吨，同比增长 15.2%，单日运输收入、大秦线运量等 4 项指标先后 49 次突破历史新高。

总公司坚决落实"调整运输结构，增加铁路货运量"的部署，发挥铁路节能环保比较优势，在"六线六区域"实施"货运增量行动"。"货运增量行动"以山西、陕西、蒙西等 6 个区域为重点，充分发挥大秦、瓦日、侯月线等 6 条干线通道能力，着力强化"三西"地区煤炭外运，提升煤炭等大宗货物中长途运输的铁路比例，进一步发挥铁路在"污染防治攻坚战"中的骨干作用。

复兴号高铁首开快递车厢

铁路货运组织工作是铁路运输组织工作的一个重要组成部分。由于货运工作涉及面广、政策性强、有严格的办理程序，做好货物运输组织工作，对于国家经济建设、国防建设和人民生活都具有重要的意义。随着经济结构的调整，人民生活水平的提高，运输市场的需求发生了很大变化，快捷化将是货物运输的发展方向。

一、货物运输概述

1. 铁路货物运输合同

1）铁路货物运输合同概述

铁路货物运输是利用铁路运输工具将货物从发站运往到站的运输生产过程，在法律上体现为铁路运输合同关系。根据《中华人民共和国铁路法》和《铁路货物运输合同实施细

JR 日本铁路货运

则》,承运人和托运人(代表收货人)就铁路货物运输须签订铁路货物运输合同。铁路货物运输合同是承运人与托运人、收货人之间为明确铁路货物运输中的权利、责任、义务而签订的协议,即承运人根据托运人的要求,按约定将托运人的货物运至目的地,完好无损地交与收货人的合同。

铁路货物运输合同的特点:

(1)铁路货物运输合同具有标准合同的性质。货物运输合同的基本条款和主要内容是依据铁路法规、规章确定的,承托双方不能协商或商定;

(2)铁路货物运输合同的履行具有整体性。一批货物的运输过程,通常不是由一个承运人完成,而是由多个承运人共同完成的。多个承运人的行为构成了一个完整的运输行为。

(3)铁路货物运输合同的履行具有阶段性。货物运输合同的履行都要经历承运、运送和交付三个阶段。承运阶段,托运人向承运人交运货物,双方就铁路货物运输而签订铁路货物运输合同;运送阶段,承运人运送货物,将货物运至到站;交付阶段,承运人将货物交付给合同规定的收货人,双方完成运输合同。

2)铁路货物运输合同的签订与履行

托运人利用铁路运输货物,应与承运人签订货物运输合同。整车大宗货物可按季度、半年、年度或更长期限签订运输合同并提出月度要车计划表,其他整车货物应提出月度要车计划表。整车货物交运时还需向承运人递交货物运单,作为铁路货物运输合同的组成部分;零担货物和集装箱货物运输使用货物运单作为运输合同。

货物运单(表4-4-1)是承运人与托运人之间,为运输货物而签订的一种货物运输合同或合同的组成。

表4-4-1　铁路货物运单

履行铁路货物运输合同要遵循"实际履行、全面履行、诚实信用"的原则,双方当事人要按照合同的约定或者法律、法规的规定,认真履行各自的义务。

托运人应完整、准确填写货物运单,缴纳运输费用,遵守国家有关法令及铁路规章制度,维护铁路运输安全。因自身过错给承运人或其他托运人、收货人造成损失时应负赔偿责任。

承运人应为托运人提供方便、快捷的运输条件,将货物安全、及时、准确运送到目的地。货物自承运时起至交付后止,发生灭失、损坏、变质、污染等,承运人应承担赔偿责任。

2. 按一批托运的条件

"批"是铁路承运货物和计算运输费用的一个单位。"一批"是指使用一张运票和一份货票,按照同一运输条件运输的货物。按一批托运的货物,必须托运人、收货人、发站、到站和装卸地点相同(整车分卸货物除外)。

3. 货物运输的种类

根据托运人托运货物的数量、性质、形状和运输条件等,结合我国铁路技术设备条件,铁路货物运输分为整车、零担和集装箱运输三类。

1)整车运输

一批货物的重量、体积或形状需要以一辆及以上货车运输的,应按整车托运。整车货物运输运输费用较低,运送速度较快,安全性能好,承担的运量也较大,是铁路的主要运输方式。

2)零担运输

凡不够整车运输条件的,即一批货物的重量、体积或形状都不需要单独使用一辆货车来运输的应按零担货物托运。按零担托运的货物,一件货物体积最小不得小于0.02m³(一件重量在10kg以上的除外),每批不得超过300件。

零担货物运输具有运量零星、批数较多、到站分散、品种繁多、性质复杂、包装条件不一、作业复杂等特点。零担运输在铁路总运量中所占的比重虽不大,但占据了铁路货物运输的大部分工作。

3)集装箱运输

托运人托运的货物符合集装箱运输条件的,使用铁路集装箱或自备集装箱装运,可按集装箱托运。集装箱运输只能在铁路开办集装箱业务的车站间办理。

集装箱运输具有保证货运安全、简化货物包装、提高装卸效率、加速车辆周转、便于组织"门到门"运输等优点,是一种现代化的运输方式,是铁路运输的发展方向。

4. 货物运到期限

货物运到期限从承运人承运货物的次日起算,由货物的发送时间、运输期间和特殊作业时间三部分组成。其中发送期间为1d,运送期间为每250km运价里程或未满为1d,特殊作业时间按相关规定(如需要中途加冰货物,每加冰一次,另加一天)确定。

承运人应在规定的运到期限内将货物运至到站交付给收货人,逾期到达就要承担违约责任,支付违约金。货物运到期限既是对承运人的要求和约束,也是对托运人或收货人合法权益的保护,它有利于托运人和收货人据以安排经济活动。

二、货物运输生产过程

货物运输生产过程可分为发送作业、途中作业和到达作业三部分。

1. 发送作业

货物的发送作业一般包括货物的托运、受理、进货与验货、制票、承运和装车作业等。

1）托运

托运人向车站按批提出货物运单和运输要求，称为货物的托运。托运人托运的货物，分为保价运输与不保价运输两种，按哪种方式运输，由托运人确定，并在货物运单托运人记载事项栏内注明。

保价运输是铁路对事故货物实行限额赔偿后，为保证承运人、托运人权益对等而采取的一种措施。该措施对加强内部管理，保障货物运输安全，提高运输质量也具有重要意义。

2）受理

托运人提出的货物运单经车站审查，符合运输要求后，车站在货物运单上签证，指定进货日期或装车日期，即为受理。

3）进货和验收

在铁路货场内装车的货物，托运人按承运人受理时签证的货物搬入日期，将货物全部搬入车站，并整齐堆放在指定的货位，完好地交给承运人的作业，称为进货。车站在接收托运人搬入车站的货物时，按运单记载对货物品名、件数、运输包装、重量等进行检查，确认符合运输要求并同意货物进入场、库指定货位的作业，称为验收。

4）货物的装车作业

装车是货物发送作业中十分重要的一个环节，货物运输的质量在很大程度上取决于装车作业组织的好坏。货物装载方法不当、使用的货车状态不良，往往是造成货运事故的直接原因。装车工作还直接影响货车载重量的利用效率。因此，铁路必须按照发站从严、装车从严的原则，认真做好装车作业，为途中作业和到达作业打下良好的基础。货车施封是指为保证货物安全与完整，并便于交接和划分运输责任，而使用施封锁、环等对装车后的棚车和冷藏车的车门及罐车的注、排油口采取的加封措施。

5）制票和承运

制票系指根据货物运单填制货票。货票是铁路运输的凭证，也是一种财务性质的货运票据。它是铁路清算运输费用、确定货物运到期限、统计铁路完成的工作量、确定货运进款和运送里程及计算有关货运工作指标的依据。货票一式四联，甲联留发站存查；乙联为报告联，由发站送交发局，是各项统计工作的依据；丙联为承运证，发站收清运输费用后交托运人报销用；丁联为运输凭证，随同运单和货物递至到站，由到站存查。货票是有价证券并带有号码，必须妥善保管，不得遗失。

制票后，货运员应向托运人核收运输费用，在运单及货票上加盖发站承运日期戳，并将领货凭证及货票丙联交给托运人。托运人应将领货凭证及时交给收货人，收货人据此向到站领取货物。

零担和集装箱货物在发站验收完毕，整车货物在装车完毕，并核收运输费用后，发站在货物运单上加盖承运日期戳记的作业,称为承运。货物承运意味着托运人和承运人的运输合同签订完毕,开始生效。承运是铁路负责运输的开始,也是承运人对托运人履行运输合同的一个重要标志,它表示铁路开始对托运人托运的货物承担运输义务,并负运输上的一切责任。

2. 途中作业

货物在途中的作业主要包括货物的交接检查、货物的换装整理、货物运输合同的变更和解除及运输阻碍的处理等。

1)货物的交接、检查

为了保证行车安全和货物的安全、完整,明确各自的责任,列车和车站(车务段)各工种之间对运输中的货物(车)和运输票据,应进行交接检查,并按规定处理。

2)货物的换装整理

货物的换装整理是指装载货物的车辆在运送过程中,发生可能危及行车安全和货物完整时,所进行的更换货车或货物的整理作业。

在运输途中发现货车偏载、超载、货物撒漏以及因车辆技术状态不良,经车辆部门扣留,不能继续运行,或根据交接货物(车)时交接、检查处理事项中规定需换装整理的货物,由发现站(或分局指定站)及时换装或整理,确保行车安全和货物完整。

3)货物运输合同的变更和合同解除

托运人或收货人由于特殊原因,对已经装车挂运的货物,可按批向货物所在的中途站或到站提出变更到站、变更收货人,即为货物运输合同的变更。

托运人对承运后装车前(整车货物和大型集装箱在承运后挂运前)的货物可向发站提出取消托运,经承运人同意,货物运输合同即告解除。

4)运输阻碍的处理

因不可抗力的原因致使行车中断、货物运输发生阻碍时,铁路局对已承运的货物,可指示绕路运输;或者在必要时先将货物卸下,妥善保管,待恢复运输时再行装车继续运输。因货物性质特殊,绕路运输或卸下再装可能造成货物损失时,车站应联系托运人或收货人提出处理办法。

3. 到达作业

1)重车和票据的接受

重车到达到站后,车站应按规定接收重车及票据。车站有关人员检查核对无误后,将到达票据送交货运室。

2)卸车作业

卸车作业是铁路运输的又一个重要环节,其工作质量直接影响装车质量、车辆的周转速度以及排空任务的完成。因此,卸车作业各环节都应及时、认真完成。做好卸车工作有以下要求:

(1)卸车前,要认真检查货位、运输票据和现车,做好卸车的准备工作。

(2)卸车时,必须核对运单、货票、实际货物,保证运单、货票、货物"三统一",认真进行监卸工作。

(3)卸车后,进行车辆、线路的清扫,卸后货物的登记、货物安全距离检查等工作。并将卸完时间通知货运室,并报告货调,以便取车。

3)货物的催领和保管

承运人组织卸车的货物,到站应在不迟于卸车完了的次日内,用电话、电报、登广告或书信等通知方式,向收货人发出催领通知。当然,收货人也可与到站商定其他通知方式。

货物运至到站,收货人应及时领取,及时领取货物是收货人应尽的义务。承运人组织卸车的货物,收货人应于承运人发出催领通知的次日(不能实现催领通知或会同收货人卸车的货物从卸车的次日)起 2 d 内将货物搬出货场,否则要核收保管费。

4)交付

收货人在到站领取货物时,须提出领货凭证,如领货凭证未到或丢失,须提出相关证明。承运人在收货人办完货物领取手续和支付完费用后,应将货物连同运单一并交给收货人。

承运人组织卸车的货物和发站由承运人组织装车、到站由收货人组织卸车的货物,在向收货人点交货物或办理交接手续后,即为交付完毕;发站由托运人组织装车,到站由收货人组织卸车的货物,在货车交接地点交接完毕,即为交付完毕。交付完毕,运输合同的权利义务终止。

三、铁路货运营销及生产管理系统(FMOS)简介

近年来,铁路运输企业在市场营销方面做了许多工作,取得了良好的效果。但由于运输信息管理方式陈旧、手段落后,影响铁路运输组织和指挥。加快铁路运输信息化建设,建立完善的运输市场营销机制,势在必行。

1. 货运市场与货源

1)运输市场的概述

市场是商品交换关系的总和,是连接生产者和消费者的桥梁和纽带。运输市场是市场的一种特定的存在形式,具有多重含义。运输市场是运输产品的交换场所,是运输产品供求关系的总和,是在一定时空条件下对运输产品需求的总和。运输企业只有了解本企业市场对运输产品的需求状况,才能有效开展营销工作。

货物运输的需求源于社会生产和产品的交换,社会生产、交换以及经济生活的复杂性,决定了运输需求的多样性。运输需求在时间、空间上具有特定性,一定量的货物在运输时间和空间上的要求是具体、明确的。运输需求是可替代的,运输产品的可替代性是运输市场存在竞争的基本条件。根据运输市场的需求细分货运市场,是确定目标市场、组织货源的前提。

2)货源组织

货源是指在一定时间内,能够产生一定品类和数量的货运需求的源点。货流是指一定时间内沿一定方向的货物的流动。

货源调查是铁路货源组织工作的基础,也是铁路编制生产营销计划的重要环节。货源调查的目的,是为铁路运输企业吸引和组织货源提供比较准确、可靠的信息,提高计划和决策的预见性。摸清经济区域内工农业生产的发展情况和商贸、物资流通情况,地区货物运输需求的数量和质量特征,掌握货源和货流的变化情况及其规律性,是铁路进行

市场开发、经济合理地组织货物运输的关键。

在调查过程中,不仅要注重铁路传统的大宗原材料、能源和初级产品的运输市场调查,而且要重视高运价率、高附加值货物的运输市场调查,并对货运量进行准确预测。

3)货运市场的结构与现状

我国的运输市场,由铁路、公路、水运、管道和航空等多种运输方式构成。铁路运输是我国交通运输的骨干。经济发展、社会进步和改革开放,一方面带来运输市场需求的变化:大宗货物运输增长平稳,高附加值货物运输潜力较大,西部地区货物运输增速加快,国际贸易运输和过境、陆桥运输将有较大增长,给铁路扩大市场份额,大力发展集装箱运输、特种货物运输、高附加值货物运输、直达运输和重载运输创造了机遇;另一方面,各种运输方式的激烈竞争,使铁路运输市场占有份额受到了严峻挑战。

2. 货运计划的改革

铁路货物运输计划(简称货运计划)是铁路部门根据铁路货运市场需要并考虑铁路运输能力,具体安排铁路运输企业生产任务计划,是铁路货运营销首要内容,它是制定技术计划和其他运输生产计划的基础和依据,是对货源货流进行的组织管理工作。

货运计划对铁路十分重要。但是,铁路运输长期以来实行高度集中的计划经济体制,其思维定式、思想观念、管理方式很难适应市场经济发展的要求,货运计划必须进行改革。

货运计划是铁路与托运人发生直接关系的第一部门,是铁路运输市场营销的首要环节。货运计划改革必须按照市场竞争的要求,努力方便托运人、简化手续、明确权责、兑现承诺,塑造铁路的良好市场形象。

目前,铁路运输粗放经营的问题比较突出,在货运计划集中表现为:考虑运输任务多,考虑运输效益少;运输能力利用不充分,货运计划与技术计划衔接不紧密,对日常运输的指导作用得不到充分发挥。随着改革的深入,铁路企业应加快由粗放经营向集约经营转变的步伐,按照集约经营的要求,以经济效益为中心,深化货运计划改革,重点改革落后陈旧的管理手段,应用高新技术管理铁路运输工作,建立适应市场的货运生产及营销信息系统(FMOS)。

3. FMOS 简介

货运计划的计算机系统全称为货运营销及生产管理系统(FMOS),是铁路运输管理系统(TMIS)的子系统,主要包括下列内容:

1)订单管理

订单是承运人和托运人双方关于铁路货物运输的要约和承诺。订单管理的内容主要包括订单提报、受理和审定。

2)货运计划的编制

货运计划的编制采用集中审定、随时审定、立即审定和自动审定相结合的办法,优先安排国家重点物资的运输。

3)市场营销工作

市场营销是各级货运计划部门的重点工作,其主要任务是分析市场、研究市场、组织开发货源,及时提出货运产品开发和改进运输生产组织的意见和措施。

案例分析：铁路货运量飞速发展，走向铁路发展新征程

2019年我国第二季度全国铁路完成货运量10.52亿吨，同比增长百分之八，从中国国家铁路集团有限公司获悉，二季度，全国铁路货物发送量实现大幅增长，累计完成10.52亿吨，同比增长8.0%，4至6月连续三个月，铁路货物发送量同比增幅高于公路、水路，铁路货运增量行动取得显著成效，可以说铁路部门在新时代的货运发展之中发挥着至关重要的作用。

屹立新时代，铁路部门再创辉煌，这是铁路部门不断建设完善的结果。面对新时代的发展要求，铁路部门迎接时代发展的挑战，不断地完善自己的发展，从更新货运路线做起，让货运路线囊括中国更多的地区，不断地实现货运发展的更新换代，这对货运量的提升来说作用不可小觑，同时，货运量的提升也进一步提升铁路部门在社会上的地位，让铁路部门的作用得以更大程度上的彰显。

铁路部门不断地提速增质是铁路部门不断地创造新成绩的保障。在新时代的建设之中，铁路部门不断地提升自身发展的质量，终于实现了全新的发展结果。二季度，国家铁路日均装车15.05万车，同比增长9.3%，其中6月份日均装车达到15.43万车，创下月均装车历史最高纪录，这是铁路部门崭新的成绩，更是铁路部门对新时代交出的全新答卷，这更是铁路部门不断地提升发展质量的结果。

面对时代发展要求，铁路工作者肩膀上的责任是更大的，新时代对铁路部门提出了全新的发展要求。所有的铁路工作者要屹立时代发展的大潮之上，坚守自己的岗位发展要求，迎接时代的挑战，承担社会赋予的责任，做好岗位发展，以自身的进步促进铁路部门的发展，以自身的完善促进铁路部门的建设，以自己的实干精神担当时代发展的要求，以更大的热情，更饱满的激情投身于铁路部门的发展建设之中，促进铁路部门更好的发展和建设。

新时代的号声已经吹响，新时代建设的号召已经让我们每一个人做好准备，未来的社会发展之中，铁路部门的作用是至关重要的，铁路部门将以更为积极的态度做好内部发展工作，以科技促发展，以质量促进步，带动货运的发展，实现客运量的提升，以铁路部门的建设谱写时代发展新华章。

思考题：

结合供给侧运输结构调整谈一谈铁路货运量的提升对运输结构优化有何意义？

单元五　RFID 技术在铁路运输中的应用

学习目标：

了解射频识别技术（RFID 技术）在铁路运输应用的必要性及主要应用范围。

情境导入：

"物联网"目前已经成为人们关注的焦点话题。产业界人士更是认为，"物联网"是继互联网之后最重大的科技创新，它将对现有产业格局形成颠覆性的冲击。随着经济的发展，物流行业飞速发展，铁路货运的应用也日益增加，但是在铁路货运途中常常出现货物丢失、货票不符等情况，既存在理赔的纠纷，又有投入大量人力物力所带来的烦恼，不仅给铁路部门造成了损失，也给用户带来了不便。为了改变现状，利用铁路自身的网络系统优势，引入 RFID 技术，在每件货物上贴上智能标签，在装车前通过扫描把货物信息输入车站管理系统，便于管理人员核对货运单据与实物是否相符。将货物运行的信息通过互联网还可以提供给用户查询，在货物安全和提高铁路物流服务质量方面取得了较大的进步。另外，还有在车辆管理和集装箱运输上的电子标签和电子封条的应用，也较大地促进了铁路运输效率的提高。

一、在铁路运输中应用 RFID 技术的必要性

射频识别技术以其独特的优势，逐渐地被广泛应用于工业自动化、商业自动化和交通运输控制管理等领域。随着大规模集成电路技术的进步以及生产规模的不断扩大，射频识别产品的成本将不断地降低，其应用将越来越广泛。射频识别技术在国外发展非常迅速，射频识别产品种类繁多。在北美、欧洲、大洋洲、亚太地区及非洲南部，射频识别技术被广泛应用于工业自动化、商业自动化、交通运输控制管理等众多领域。如汽车、火车等交通监控，高速公路自动收费系统，停车场管理系统，物品管理，流水线生产自动化，安全出入检查，仓储管理，动物管理，车辆防盗等。而在我国，由于射频识别技术起步较晚，应用的领域不是很广，除了在中国铁路应用的车号自动识别系统外，主要应用仅限于射频卡。

在货物的跟踪、管理及监控方面，澳大利亚和英国的西思罗机场将射频识别技术应用于旅客行李管理中，大大提高了分拣效率，降低了出错率。在几年前，欧共体就要求从1997 年开始生产的新车型必须具有基于射频识别技术的防盗系统。而我国铁路行包自动追踪管理系统及铁路货运管理系统还只是在计划推广之中。

我国铁路货运管理信息化建设起步较晚，20 世纪 80 年代以前主要靠手工和电话通信手段来完成。20 世纪 90 年代以后，我国铁路货运在铁道部的统一部署下，通过实施宏观调节战略，在很短的时间里实现了铁路货运发展的历史性跨越，铁路货运硬件和管理、

服务水平取得了长足的进步和巨大的成绩。铁路货运手续大大简化,安全性和效率显著提高,但同时客户对铁路货运需求也有提高,要求铁路货运不能再像过去简单地满足运送需求,而必须逐步转向提供优质服务。另外,随着我国市场经济的发展,我国铁路货运行业实现了从"事业型"到"产业型"的转变,要面对激烈的市场竞争,这就要求铁路货运必须提高管理水平,才能在目前各种运输方式激烈竞争的环境中立于不败之地。

铁路货运管理系统的主要目的就是为了从货运计划、进站、装车、运输、到达、卸车甚至保管等各个环节对铁路货运进行方便快捷的管理。铁路货运管理系统的开发完成,将会使得货物从发送、托运、收货的过程都可以被清楚地了解和把握,从而使存放、运送过程变得更加高效便捷。从而增强铁路货运企业的竞争力,实现铁路货运现代化。

二、RFID 技术在铁路集装箱上的应用

集装箱运输货物最先开始的操作发生在集装箱堆场,在这里首先由货主提出运货申请并到计划室填写运单,之后等待铁路通知,按规定时间将货物运送到货场进行验货、装箱等一系列操作,之后进行运单登账,最后打印货票,至此货主任务完成,集装箱留在堆场按铁路计划等待装车。

目前我国的集装箱堆场存在一系列问题,首先是箱号识别问题,大部分情况下集装箱进出堆场都是通过肉眼识别集装箱箱号,通过手工抄录该集装箱箱号来记录集表箱进出堆场的。该方式受人工因素影响识别错误率高,而且每到一个进出闸口都要安排专人识别和记录箱号,效率低下、成本高。另外,在堆场内,当操作工人将集装箱放置到位后,通过肉眼识别该集装箱箱号,将该集装箱放置的三维位置记录在纸张单据上,在交接班时将单据传递给录入员,再由录入员将集装箱位置信息录入堆场集箱管理系统。这种方式一方面存在操作工人抄错箱号,特别是在夜间作业情况下,一般存在 1% 的抄错率;另一方面,数据通过纸张单据在交接班时传递,存在数据录入延误和不及时,同时由于数据再次手工录入,带来再次的人工录入错误。

基于以上情况,我们考虑采用 RFID 技术来实现堆场内部集装箱的跟踪管理。首先我们在集装箱堆场的出入门安装 RFID 电子标签阅读器,从而使集装箱一进入堆场便开始对其实行跟踪管理,在堆场内部对集装箱的所有操作,包括:验货、装箱、移箱、装车等操作,进行实时监控;其次,在堆场的集装箱堆高设备上安装车载电脑终端,在电脑终端中安装有集装箱堆放图形化管理系统,该系统提供了堆场视图,定义了三维堆放空间,通过触摸屏触摸的方式,操作工人可以非常简便地挑拣或者输入集装箱箱号,拣定或者选择集装箱放置的位置并且可以通过箱号准确快速地找到集装箱;最后,在闸口、堆高车、控制室等节点上布置无线数据传输终端,集装箱堆放作业完成后,通过该堆高设备上的无线数据传输终端将数据实时远程传输到控制室和后台管理系统,从而完全避免了多次重复的数据手工抄写和录入,并避免了数据记录的不及时和录入的延误。

案例分析:铁路服务数字化,电子客票新发展

据中国国家铁路集团有限公司消息,6 月 20 日电子客票将在全国普速铁路推广实施,将覆盖 1300 多个普速铁路车站,届时更多旅客群众将享受电子客票"一证通行"带来

的便利出行体验进一步提升。电子客票的推广在城际铁路和高铁经历了春运暑运、小长假、黄金周客流高峰等各时期、各线路、各地域、各场景的应用考验,系统运行安全稳定,旅客体验良好,积累了丰富的技术储备和实践经验,为在普速铁路实施奠定了坚实基础。

在今年疫情防控期间,电子客票自助退改签、无接触进出站、网上办理返岗务工团体票等优势得到充分体现。普速铁路旅客运输是铁路客运产品的重要组成部分,也是旅客出行的重要选择,目前普速铁路年旅客发送量约占全国铁路旅客发送总量的三分之一左右。在内地高铁和城际铁路实现电子客票全覆盖后,铁路部门即着手普速铁路实施电子客票的技术设备升级改造工作,目前已具备实施推广条件。6月20日,电子客票将在全国普速铁路推广实施,预计覆盖京广、京沪、京九、陇海等普速铁路路网干线和运输繁忙线路,共涉及1300多个车站。此次推广实施后,全国铁路有2400多个车站实行电子客票,将覆盖95%以上的铁路出行人群。

实施电子客票是铁路部门坚持以人民为中心的发展思想,运用信息化、智能化技术手段,持续提升旅客出行体验,深入实施客运提质计划的重要举措,体现了铁路发展的新理念。随着车票样式一代又一代的改革,可以看出铁路部门对旅客的服务也在一步步地发生着改变。车票的"无纸化"是铁路服务迈向"数字化"时代的重要一步,当今社会"互联网+"的发展理念日趋成熟,电子客票表面上只是减少了一张纸质车票,实际却是预示着智能化铁路时代的全面到来,都改变着广大旅客出行的体验和感受。

思考题:

铁路客运电子客票的推行从信息化建设的角度有何启发意义?

章节习题

一、填空题

1. 运输业的产品是旅客和货物的_____、单位量是_____、_____。
2. 机车按牵引动力分为:_____机车、_____机车。
3. 铁路车辆按用途分为_____、_____、_____三类。
4. 铁路标准轨距为_____ mm。
5. 车站按技术作业分为_____、区段站和中间站。

二、判断题

(   )1. 站间区间是两相邻技术站间的铁路线段,它包含了若干个中间站。

(   )2. 在会让站上,既可以实现会车,也可以实现越行。

(   )3. 道岔是把两条或两条以上的轨道,在平面上进行互相连接或交叉的设备。

(   )4. 从道岔两翼轨最窄处到辙叉心实际尖端之间,有一段钢轨中断的空隙,这个中断空隙对列车过岔非常有利。

（　　）5. 铁路运输的主要工作包括客运组织、货运组织和行车组织。

（　　）6. 列车运行图中规定了各次列车在每个车站的到、发或通过时刻。

三、选择题

1. 轨距是钢轨头部顶面下（　　）范围内两股钢轨作用边之间的最小距离。

A. 16mm　　　　　　B. 15mm　　　　　　C. 14mm　　　　　　D. 17mm

2. 设在单线铁路上（　　）主要办理列车的到发、会让,也办理少量客货运业务。

A. 中间站　　　　　B. 会让站　　　　　C. 越行站　　　　　D. 客运站

3. 在车站的正线和到发线上,应装设（　　）,用它来防护区间,指示列车能否由车站开往区间。

A. 出站信号机　　　B. 预告信号机　　　C. 通过信号机　　　D. 进路信号机

4. 铁路旅客运输以（　　）为计量单位。

A. 公里　　　　　　B. 换算公里　　　　C. 吨公里　　　　　D. 人公里

5. 在技术站编组,通过一个及其一个以上区段站不进行改编作业的列车称为（　　）。

A. 区段列车　　　　B. 直通列车　　　　C. 技术直达列车　　D. 始发直达列车

6. 道岔上（　　）的存在,是限制列车过岔速度的一个重要因素。

A. 翼轨　　　　　　B. 护轨　　　　　　C. 有害空间　　　　D. 辙叉角

三、简答题

1. 简述自动闭塞行车法的操作原理。

2. 简述铁路货物运输生产的基本过程。

模块五　　航空运输

学习目标：

◆ 了解航空运输的特点、掌握航空货物运输的概念、特点。

◆ 了解航空飞机、机场等设备与设施的分类、功能,掌握航空货运飞机的分类。

◆ 了解空中交通管理的任务,掌握我国空中交通管制机构。

◆ 了解航空货物进出口运输业务流程,掌握集中托运操作方式。

◆ 了解国际航空货物运输的行业组织和法律法规。

◆ 了解我国民航信息化建设现状,掌握航空公司信息系统框架组成。

模块导读：

2023 年全国民航工作会议于 2023 年 1 月 6 日在北京召开。会上指出:2022 年,中国民航行业实现运输航空严重征候万时率同比下降 25.7%,责任征候万时率同比下降 70.3%;全年民航完成运输总周转量 599.3 亿吨公里、旅客运输量 2.5 亿人次、货邮吞吐量 607.6 万吨,恢复至疫情前的 46.3%、38.1%、80.7%;全年完成固定资产投资超过 1200 亿元,连续 3 年超千亿,新建迁建 8 个机场,运输机场总数达到 254 个,通用机场 399 个;京广大通道历时 8 年实现全线贯通,形成纵贯南北 2000 多公里的空中大动脉,全年净增扇区 25 个、航路航线 32 条、总里程 2293 公里;全年保障抗疫防疫航班 1309 架次,运输医疗人员近 12 万人次、防疫物资 5633 吨;高质高效完成 C919 大型客机适航审定工作,颁发型号合格证和生产许可证。

会议指出,2023 年民航发展主要预期指标是运输总周转量 976 亿吨公里,旅客运输量 4.6 亿人次,货邮运输量 617 万吨,总体恢复至疫情前 75% 左右水平,力争实现盈亏平衡。

会议提出,2023 年民航共有五项重点工作:一要深入贯彻总体国家安全观,坚决守住航空安全底线;二要更好统筹疫情防控和行业恢复发展,推进航空运输市场安全有序恢复;三要大力夯实行业发展基础,增强民航服务国家战略承载力;四要充分发扬斗争精神,扎实推进落实深化民航改革行动计划;五要全面落实新时代党的建设总要求,持续深化民航系统全面从严治党。

单元一　航空运输概述

学习目标：

1. 了解航空运输发展历程、航空运输的概念和特点。
2. 理解航空货物运输的概念、特点。
3. 识别航空区划和九大航权。

情境导入：

随着国内经济建设平稳发展，居民消费水平提高，我国航空业发展迅速，机场业务量不断提高。2013—2018 年我国机场主要生产指标保持平稳增长，2018 年全国民航运输机场完成旅客吞吐量 126468.9 万人次，比上年增长 10.2%。2019 年，中国民航全行业完成运输总周转量 1292.7 亿吨公里、旅客运输量 6.6 亿人次、货邮运输量 752.6 万吨，同比分别增长 7.1%、7.9%、1.9%。2019 年，国内千万级机场达 39 个。2020 年民航业完成运输总周转量、旅客运输量、货邮运输量 798.5 亿吨公里、4.2 亿人次、676.6 万吨，相当于 2019 年的 61.7%、63.3%、89.8%。2021 年民航业完成运输总周转量、旅客运输量、货邮周转量 856.75 亿吨公里、44055.74 万人次。2022 年民航业完成运输总周转量、旅客运输量 599.28 亿吨公里、25171.32 万人次、254.10 亿吨公里。中国民航旅客运输量已连续 18 年稳居世界第二。

本单元为大家介绍中国航空运输发展历程、航空运输机与航空货物运输有关基础内容。

世界民航三十个里程碑事件

一、航空运输发展历程

航空运输始于 1871 年。当时普法战争中的法国人用气球把政府官员和物资、邮件等运出被普军围困的巴黎。1918 年 5 月 5 日，飞机运输首次出现，航线为纽约—华盛顿—芝加哥。同年 6 月 8 日，伦敦与巴黎之间开始定期邮政航班飞行。20 世纪 30 年代有了民用运输机，各种技术性能不断改进，航空工业的发展促进航空运输的发展。第二次世界大战结束后，在世界范围内逐渐建立了航线网，以各国主要城市为起讫点的世界航线网遍及各大洲。1990 年，世界定期航班完成总周转量达 2356.7 亿吨千米。

中国民航发展史回顾

1949 年 11 月 2 日，中国民用航空局成立，揭开了我国民航事业发展的新篇章。70 载峥嵘岁月，中国民航随新中国腾飞，留下了一道道辉煌的航迹。中国民航发展至今主要历经四个阶段：

第一阶段（1949—1978 年）

1949 年 11 月 2 日，中共中央政治局会议决定，在人民革命军事委员会下设民用航空局，受空军指导。1958 年 2 月 27 日，国务院通知：中国民用航空局划归交通部领导。1958 年 3 月 19 日，全国人大常委会第 95 次会议批准国务院将中国民用航空局改为交通部的部属局。1960 年 11 月 17 日，经国务院编制委员会讨论原则通过，决定中国民用航空局改称"交通部民用航空总局"。1962 年 4 月 13 日，第二届全国人民代表大会常务委员会第五十三次会议决定民航局名称改为"中国民用航空总局"。1962 年 4 月 15 日，中共中央国务院决定将民用航空总局由交通部属改为国务院直属局，其业务工作、党政工作、干部人事工作等均直归空军负责管理。

第二阶段（1978—1987 年）

1980 年 3 月 5 日，中共中央决定民航脱离军队建制，把中国民航局从隶属于空军改为国务院直属机构，实行企业化管理。期间中国民航局实施政企合一，既是主管民航事务的政府部门，又是以"中国民航（CAAC）"名义直接经营航空运输、通用航空业务的全国性企业。下设北京、上海、广州、成都、兰州（后迁至西安）、沈阳 6 个地区管理局。

第三阶段（1987—2002 年）

1987 年，中共中央决定对民航业进行以航空公司与机场分设为特征的体制改革。主要是将原民航北京、上海、广州、西安、成都、沈阳 6 个地区管理局的航空运输和通用航空相关业务、资产和人员分离出来，组建了 6 个国家骨干航空公司，实行自主经营、自负盈亏、平等竞争。这 6 个国家骨干航空公司是：中国国际航空公司、中国东方航空公司、中国南方航空公司、中国西南航空公司、中国西北航空公司、中国北方航空公司。此外，以经营通用航空业务为主并兼营航空运输业务的中国通用航空公司也于 1989 年 7 月成立。1993 年 4 月 19 日，中国民用航空局改称中国民用航空总局，属国务院直属机构。2002 年，民航行业完成运输总周转量 165 亿吨公里、旅客运输量 8594 万人、货邮运输量 202 万吨，国际排位进一步上升，成为令人瞩目的民航大国。

第四阶段（2002 年—）

2002 年 3 月，中共中央决定对中国民航业再次进行重组。

（1）航空公司与服务保障企业的联合重组。民航总局直属航空公司及服务保障企业合并后于 2002 年 10 月 11 日正式挂牌成立，组成六大集团公司，分别是：中国航空集团公司、东方航空集团公司、南方航空集团公司、中国民航信息集团公司、中国航空油料集团公司、中国航空器材进出口集团公司。成立后的集团公司与民航总局脱钩，交由中央管理。

（2）民航政府监管机构改革。民航总局下属 7 个地区管理局（华北地区管理局、东北地区管理局、华东地区管理局、中南地区管理局、西南地区管理局、西北地区管理局、新疆管理局）和 26 个省级安全监督管理办公室（天津、河北、山西、内蒙古、大连、吉林、黑龙江、江苏、浙江、安徽、福建、江西、山东、青岛、河南、湖北、湖南、海南、广西、深圳、重庆、贵州、云

我国七大航空管理局
管辖范围分布

南、甘肃、青海、宁夏），对民航事务实施监管。

（3）机场实行属地管理。按照政企分开、属地管理的原则，对 90 个机场进行了属地化管理改革，民航总局直接管理的机场下放所在省（区、市）管理，相关资产、负债和人员一并划转；民航总局与地方政府联合管理的民用机场和军民合用机场，属民航总局管理的资产、负债及相关人员一并划转所在省（区、市）管理。首都机场、西藏自治区区内的民用机场继续由民航总局管理。2004 年 7 月 8 日，随着甘肃机场移交地方，机场属地化管理改革全面完成，也标志着民航体制改革全面完成。

2004 年 10 月 2 日，在国际民航组织第 35 届大会上，中国以 105 票高票首次当选该组织一类理事国。截至 2022 年底，我国共有定期航班航线 4670 条，国内航线 4334 条。其中，港澳台航线 27 条，国际航线 336 条。按重复距离计算的航线里程为 1032.79 万 km，按不重复距离计算的航线里程为 699.89 万 km。到 2022 年底，定期航班国内通航城市（或地区）249 个（不含香港、澳门和台湾地区）。我国航空公司国际定期航班通航 50 个国家的 77 个城市，内地航空公司定期航班从 20 个内地城市通航香港，从 5 个内地城市通航澳门，大陆航空公司从 7 个大陆城市通航台湾地区。

二、航空运输的概念和特征

1）航空运输概念

航空运输又称飞机运输，简称"空运"，它是在具有航空线路和飞机场的条件下，利用飞机作为运输工具进行货物运输的一种运输方式。航空运输在我国运输业中，货运量占全国运输量比重还比较小，主要是承担长途客运任务，伴随着物流的快速发展，航空运输在货运方面也将会扮演重要角色。

2）航空运输特点

（1）商品性

航空运输所提供的产品是一种特殊形态的产品——"空间位移"，其产品形态是改变航空运输对象在空间上的位移，产品单位是"人公里"和"吨公里"，航空运输产品的商品属性是通过产品使用人在航空运输市场的购买行为最后实现的。

（2）服务性

航空运输业属于第三产业，是服务性行业。它以提供"空间位移"的多寡反映服务的数量，又以服务手段和服务态度反映服务的质量。这一属性决定了承运人必须不断扩大运力满足社会上日益增长的产品需求，遵循"旅客第一，用户至上"的原则，为产品使用人提供安全、便捷、舒适、正点的优质服务。

（3）国际性

航空运输已成为现代社会最重要的交通运输形式，成为国际政治往来和经济合作的纽带。这里面既包括国际友好合作，也包含着国际激烈竞争，在服务、运价、技术协调、经营管理和法律法规的制订实施等方面，都要受国际统一标准的制约和国际航空运输市场的影响。

（4）准军事性

人类的航空活动首先投入军事领域，而后才转为民用。现代战争中制空权的掌握是取得战争主动地位的重要因素。因此很多国家在法律中规定，航空运输企业所拥有的机群和相关人员在平时服务于国民经济建设,作为军事后备力量,在战时或紧急状态时,民用航空即可依照法定程序被国家征用,服务于军事上的需求。

(5)资金、技术、风险密集性

航空运输业是一个高投入的产业,无论运输工具,还是其他运输设备都价值昂贵、成本巨大,运营成本非常高。航空运输业由于技术要求高,设备操作复杂,各部门间互相依赖程度高,运营过程中风险性大。任何一个国家的政府和组织都没有相应的财力,像贴补城市公共交通一样去补贴本国的航空运输企业。出于这个原因,航空运输业在世界各国都被认为不属于社会公益事业,都必须以盈利为目标才能维持其正常运营和发展。

(6)自然垄断性

由于航空运输业投资巨大,资金、技术、风险高度密集,投资回收周期长,对航空运输主体资格限制较严,市场准入门槛高,加之历史的原因,使得航空运输业在发展过程中形成自然垄断。

三、航空货物运输概念和特点

航空货物运输简称航空货运,是指以航空器作为运输工具而进行的货物运输,其产品就是货物在空间上的位移。

航空货运虽然起步较晚,但发展异常迅速,特别是受到现代化企业管理者的青睐,原因之一就在于它具有许多其他运输方式所不能比拟的优越性。概括起来,航空货物运输的主要特征有:

(1)运输速度快

从航空业诞生之日起,航空运输就以快速而著称。快捷的交通工具大大缩短了货物在途时间,对于那些易腐烂、变质的鲜活商品;时效性、季节性强的报刊、节令性商品;抢险、救急品的运输来说这一特点显得尤为突出。当今国际市场竞争激烈,航空运输所提供的快速服务也使得供货商可以对国内外市场瞬息万变的行情即刻做出反应,迅速推出适销产品占领市场,获得较好的经济效益。

(2)不受地面条件影响

航空运输利用天空这一自然通道,不受地理条件的限制。航空运输使本地与世界相连,对外的辐射面广,而且航空运输相比较公路运输与铁路运输占用土地少,对地域狭小的地区发展对外交通无疑是十分适合的。

(3)安全、准确

与其他运输方式相比,航空运输的安全性较高。航空公司的运输管理制度也比较完善,货物的破损率较低。

(4)节约包装、保险、利息等费用

采用航空运输方式,货物在途时间短,周转速度快,企业存货可以相应的减少。另外航空货物运输安全、准确,货损、货差少,保险费用较低。与其他运输方式相比,航空运输的包装简单,包装成本减少。这些都构成企业隐性成本的下降,收益的增加。

航空运输也存在局限性,主要表现在航空货运的运输费用较其他运输方式更高,不适合低价值货物;飞机的机舱容积和载重量有限,有时还会受到气候条件的限制。另外,飞机本身及航材、维修等费用高昂,加上航空燃油价格持续上涨等诸多原因,造成航空运输的成本较高。但总的来讲,航空货运将会有更大的发展前景。

⚙ **知识链接**

我国第一家专营货邮业务公司——中国航空货运有限公司

在很长一段时间里,我国航空货运发展较为缓慢,各航空公司、机场的货运仓库等基础设施落后,航空公司只能利用客机腹舱的剩余吨位载货。1978 年,我国民航货邮运输量为 6.38 万吨;1998 年增长到 140 万吨。1998 年,我国首家专营航空货邮业务的航空公司——中国货运航空有限公司成立。航空货运改变了客机腹舱载货的客货兼营模式,真正从客运独立了出来。

四、航空区划

为了便于航空公司之间的合作和业务关系,IATA(国际航空运输协会)将世界划分为三个航空运输业务区(Traffic Conference):Area TC1、Area TC2 和 Area TC3,三个业务区又可以分为若干次区(sub - area)。世界航空区划如图 5 - 1 - 1 所示。

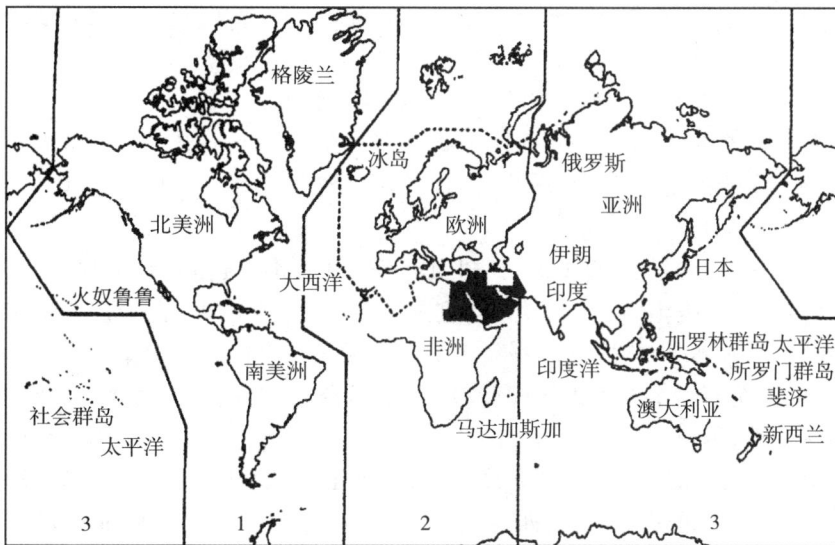

图 5 - 1 - 1　世界航空区划

1)Area TC1

Area TC1 北起格陵兰岛,南至南极洲。包括南北美洲大陆及其邻近的岛屿,还包括格陵兰群岛、百慕大群岛、西印度群岛、加勒比群岛、夏威夷群岛(包括中途岛和巴尔米拉环礁)。

(1)北美洲次区：包括阿拉斯加、加拿大、美国大陆、夏威夷、墨西哥、圣皮埃尔和密克隆。

(2)中美洲次区：包括伯利兹、哥斯达黎加、萨尔瓦多、危地马拉、洪都拉斯、尼加拉瓜。

(3)南美洲次区：包括阿根廷、玻利维亚、巴西、智利、哥伦比亚、厄瓜多尔、法属圭亚那、圭亚那、巴拿马、巴拉圭、秘鲁、苏里南、乌拉圭、委内瑞拉。

(4)加勒比次区：包括巴哈马、百慕大、加勒比群岛、圭亚那、法属圭亚那、苏里南。

2）Area TC2

Area TC2 北起北冰洋诸岛，南至南极洲。包括欧洲（包括俄罗斯的欧洲部分）及其近邻岛屿、冰岛、亚速尔群岛、非洲全部及其近邻岛屿、亚松森群岛、伊朗及其以西的亚洲部分。

(1)欧洲次区：包括阿尔巴尼亚、阿尔及利亚、安道尔、亚美尼亚、奥地利、阿塞拜疆、白俄罗斯、比利时、波斯尼亚和黑塞哥维那、保加利亚、克罗地亚、塞浦路斯、捷克共和国、丹麦、爱沙尼亚、法罗群岛、芬兰、法国、格鲁吉亚、德国、直布罗陀、希腊、匈牙利、冰岛、爱尔兰、意大利、拉脱维亚、列支敦士登、立陶宛、卢森堡、马其顿、马耳他、摩纳哥、摩尔多瓦、摩洛哥、荷兰、挪威、波兰、葡萄牙（包括亚速尔群岛和马德拉群岛）、罗马尼亚、俄罗斯（乌拉尔山以西部分）、圣马力诺、斯洛伐克、斯洛文尼亚、西班牙（包括巴利阿里群岛和加那利群岛）、瑞士、瑞典、突尼斯、土耳其、乌克兰、英国、塞尔维亚和黑山。

(2)中东次区：包括巴林、埃及、伊朗、伊拉克、以色列、约旦、科威特、黎巴嫩、卡塔尔、沙特阿拉伯、苏丹、阿曼、叙利亚、阿联酋、也门。

(3)非洲次区：包括中非、东非、印度洋群岛、利比亚的加米里亚、南非和西部非洲。

3）Area TC3

Area TC3 北起北冰洋，南至南极洲。包括整个亚洲及未包括在 Area TC2 范围内的相邻岛屿、东印度群岛、澳大利亚、新西兰，以及不包括在 Area TC1 内的太平洋岛屿。

(1)南亚次大陆次区：包括阿富汗、孟加拉国、不丹、印度、马尔代夫、尼泊尔、巴基斯坦、斯里兰卡。

(2)东南亚次区：包括文莱、柬埔寨、中国（不包括香港、澳门和台湾地区）、圣诞岛、澳属科科斯群岛、关岛、香港特别行政区、印度尼西亚、哈萨克斯坦、吉尔吉斯斯坦、老挝、澳门特别行政区、马来西亚、马绍尔群岛、密克罗尼西亚、蒙古、缅甸、北马里亚纳群岛、帕劳、菲律宾、俄罗斯（乌拉尔山以东）、新加坡、中国台湾省、塔吉克斯坦、泰国、土库曼斯坦、乌兹别克斯坦、越南。

(3)西南太平洋次区：包括美属萨摩亚、澳大利亚、库克群岛、斐济、法属波利尼西亚、基里巴斯、瑙鲁、新喀里多尼亚、新西兰、纽埃、巴布亚新几内亚、萨摩亚、所罗门群岛、汤加、图瓦卢、瓦努阿图、瓦利斯和富图纳群岛以及中间的所有岛屿。

(4)日本／朝鲜次区（东亚次区）：包括日本、韩国、朝鲜在内的地区。

五、九大航权

九大航权是一种国与国之间的双边协议，它规定一国航司在另一国可享受的权利。不同国家之间制定有不同的航权协议。半个多世纪过去，九大航权依然在规范国家间民航秩序中发挥着重要作用。

第一航权：领空飞越权。国际民航组织（ICAO）将全球按划分为若干飞行情报区（Flight Information Regions），各提供区域内飞航情报服务和告警服务。国际航线不可避免地要涉及它国控制的情报区（如中美航线常涉及的日本区，俄罗斯区和加拿大区），第一航权即为飞越非本国情报区的权利。

航权——航空运输权力

第二航权：技术经停权。受飞机机型限制，飞机不能一站直达目的地，而必须在中间某国落地补充燃油，或飞机遭遇意外（如飞机故障），第二航权不涉及商业活动，即落地期间不上下客/货。一般而言，第二航权也不需和中途落地机场所在国特别商议。

第三航权：目的地下客权。本国航机可以在协议国境内卸下乘客、邮件或货物。

第四航权：目的地上客权。本国航机可以在协议国境内载运乘客、邮件或货物返回。它是第三航权的反向航权。

航空公司开通国际航线，就是要进行国际客、货运输，将本国的客货运到其他国家，将其他国家的客货运到本国，这种最基本的商业活动权利就是第三、四航权。

第五航权：中间点权或延远权。指某国的航空公司在其登记国以外的两国间载运客货，但其航班的起点与终点必须是其登记国。即一个国家或地区的航空公司在经营某条国际航线的同时，在中途获得第三国的许可，允许它中途经停，并且上下旅客和装卸货物，是极具经济意义的航权。

第六航权：桥梁权。某国或地区的航空公司在境外两国或地区间载运客货且中经其登记国或地区（此为第三及第四航权的结合）的权利。

第七航权：完全第三国运输权。某国或地区的航空公司完全在其本国或地区领域以外经营独立的航线，在境外两国或地区间载运客货的权利。

第八航权：国内运输权（非连续的国内运输权）。某国或地区的航空公司在他国或地区领域内两地间载运客货的权利（境内经营权）。

第九航权：国内运输权（连续的国内运输权）。本国航机可以到协议国作国内航线运营。

小　结

我国经济已转向高质量发展阶段，中高收入群体规模不断扩大，消费结构升级趋势明显，而民航服务产品还无法完全满足人民群众对全流程、个性化和高品质的航空运输服务需求。同时，"十四五"时期也是我国民航从单一航空运输强国向多领域民航强国建设迈进的重要阶段，提升航班正常和服务质量，是支撑多领域民航强国建设的内在要求。

据国际航空运输协会预测，2023年航空业净利润预计达到98亿美元，净利润率达1.2%。总收入预计同比增长9.7%，达到8030亿美元，是自2019年以来首次突破8000亿美元大关。空客预计，未来20年，中国航空运输量年均增长率将达到5.3%，显著高于3.6%的世界平均水平；到2041年，中国的客机及货机需求数量将达到8420架，超过全球需求总量(约 39500 架)的 20% 以上。

根据《"十四五"民用航空发展规划》,民航"十四五"发展分为两个阶段,分别是 2021 年至 2022 年的恢复期和积蓄期以及 2023 年至 2025 年的增长期和释放期。根据《"十四五"民用航空发展规划》,到"十四五"末,运输机场 270 个,空管年保障航班起降 1700 万架次。

案例分析:机票的演变

20 世纪 90 年代以前,购买机票的程序极为烦琐,只有职务到达一定级别的人,才可以凭借单位的介绍信到现场预订机票,而那时的机票,全靠人工手写。首先需要由平衡人员计算好这趟航班的座位安排、告诉值机柜台有没有限载、哪些座位可以值机,然后柜台上就会照着做好一张张座位标签。待旅客来值机时,地服人员核对完纸质机票和第一代身份证,然后在手工制作的登机牌与行李牌上手动盖章、手工贴好座位号,交给旅客,如此才能做好一份登机凭证。每位旅客的值机信息,也都要手工记录、提交。

到了 2000 年 3 月 28 日,随着第一张电子客票的推出,人们购票后只需要拿着身份证,就可以去机场值机柜台直接兑换登机牌了,极大简化了乘机流程。

2011 年底,中国最先成为全球航空电子客票普及率 100% 的国家。

2014 年,东航又在中国民航首家推出"购票即值机"服务,旅客在东航官方网站购买国内航班机票,可以同步选择所搭乘航班的座位,官网后台能够在值机开放后,根据其预选座位就可以自动完成值机。后台系统为旅客办理值机后,东航还会把一份二维码图案发到旅客在官网预留的手机上,在上海的浦东、虹桥两场等国内部分主要机场,可以直接凭手机上的二维码和身份证件通过安检。

从纸质手写机票,到第一张电子客票,再到首张电子登机牌,之后是 2016 年开具的中国民航第一张电子发票,再到 2017 年推出的全国首张航空旅客运输电子发票,一张机票形态的变迁,背后折射出的不仅是民航业服务水平的提升,更是新中国成立 70 年来,高科技日新月异的迅猛发展,所带给人们真真切切的便利。

机型的变迁

新中国成立后的最初十几年,中国民航的主力机型,还是苏制安-24 和伊尔-18,中国仿制的运 5、英国的三叉戟和美国的波音 707 等。

1949 年 11 月 9 日,原中国航空公司和中央航空公司在香港宣布起义,两公司总计 12 架飞机从香港启德机场陆续飞抵北京和天津,史称"两航起义"。其中中央航空公司飞行员潘国定驾驶的康维尔 240 型 XT-610 号飞机作为带队飞机,从香港飞抵北京西苑机场,由毛泽东主席亲笔题写命名"北京"号,这成为新中国民航拥有的第一架飞机。

1950 年 8 月 1 日,潘国定驾驶的康维尔飞机执行天津—广州航线,成为新中国民航最早开辟的国内航线,史称"八一开航"。当时,中国民航仅有 30 多架小型飞机,年旅客运输量仅 1 万人,运输总周转量仅 157 万吨公里。

1959 年,中国民航引进伊尔-18 型飞机,标志着中国民航从活塞式螺旋桨飞机,向涡轮螺旋桨飞机时代过渡。

中国民航第一次引进西方国家飞机是在 1963 年,中国民航北京管理局开始接收子爵 Viscount 843 型飞机,从而结束了长期以来只使用苏制飞机的时代。

十年后,中国订购的第一架波音 707 飞机从波音公司机场起飞,到达上海。标志着波音飞机开始进入中国。

首架空客 A310－200 飞机是在 1985 年 6 月交付的,这是中国民航首次引进空客飞机。

2015 年 11 月,中国商飞向成都航空交付首架 ARJ－21 喷气式支线客机,投入上海—成都航线运营,这是国产喷气支线客机首次投入中国民航服役。

C919 飞机,全称 COMAC C919,是中国按照国际民航规章自行研制、具有自主知识产权的大型喷气式民用飞机。2022 年 5 月 14 日,中国商飞公司即将交付首家用户的首架 C919 大飞机首次飞行试验圆满完成。2023 年 5 月 28 日,C919 顺利完成首个商业航班飞行、正式进入民航市场,开启常态化商业运行。

思考题:

请结合本单元学习的知识用分析一下我国航空业的发展形式和未来趋势。

单元二　航空运输设备与设施

学习目标：

1. 了解航空运输设备与设施基本种类。
2. 掌握航空货运飞机的分类和特征。
3. 了解机场的分类。
4. 理解机场各设施的作用和组成。
5. 了解航路、航线、航班的概念和设置形式。

情境导入：

2019年7月19日，天安门正南46公里，北京新建的超级机场——北京大兴国际机场举行投运前第一次综合演练。

北京大兴国际机场目前是全球建设规模最大的新建机场。机场规划了四纵两横6条民用跑道，本期建设三纵一横四条跑道、268个停机位。目前已经建成了"五纵两横"的交通网络，1小时可达京津冀。北京大兴国际机场工程建设难度世界少有，其航站楼是世界最大的减隔震建筑，建设了世界最大单块混凝土板。机场目前已创造了40余项国际、国内第一，工程验收一次合格率100%，13项关键建设指标达到世界一流。投入运营后，北京大兴国际机场在运行效率和绿色指标方面均领先世界水平。就运行效率而言，机场航站楼是世界首个实现高铁下穿的航站楼，机场跑道在国内首次采用"全向型"布局，采用了世界最大的空管自动化系统。就绿色指标而言，机场旅客航站楼及停车楼工程获绿色建筑三星级认证和全国首个节能建筑3A级认证，机场在全球枢纽机场中首次实现了场内通用车辆100%新能源，拥有世界最大的耦合式浅层地温能利用项目，是全国可再生能源利用率最高的机场。

自2019年开航投运以来，大兴机场累计入驻航司约50家，其中国内航司近30家，国际及地区航司近20家，累计开通过航线285条，通达过190个航点。大兴机场近期规划到2025年，满足年旅客吞吐量7200万人次、年货邮吞吐量200万吨的运输需求。

机场是航空运输不可或缺的设施之一，本单元为大家介绍航空运输运行所需要的飞机、机场等多种设备和设施。

一、航空飞机

飞机是航空货物运输的运输工具，是以高速造成与空气间的相对运动而产生空气动力以支托并使飞机在空中飞行

世界著名航空器简介

的。飞机是 20 世纪初最重大的发明之一,公认由美国人莱特兄弟发明。自从飞机发明以后,飞机日益成为现代文明不可缺少的工具。它深刻的改变和影响了人们的生活,开启了人们征服蓝天的历史。

1. 航空飞机的分类

飞机按用途可以分为军用机和民用机两大类。军用机是指用于各个军事领域的飞机,而民用机则是泛指一切非军事用途的飞机(如客机、货机、农业机、运动机、救护机以及试验研究机等)。

(1)按飞机的用途划分

有民用航空飞机和国家航空飞机之分。国家航空飞机是指军队、警察和海关等使用的飞机;民用航空飞机主要是指民用飞机和直升机。

(2)按飞机的构造划分

按机翼的数量可以将飞机分为单翼机、双翼机和多翼机。按尾翼布局形式,飞机可分为正常尾翼飞机和鸭式飞机。根据起落架滑行方式的不同,飞机可分为轮式起落架飞机、滑橇式起落架飞机和浮筒式飞机。

(3)按飞机的发动机划分

有螺旋桨飞机和喷气式飞机之分。螺旋桨飞机,包括活塞螺旋桨式飞机和涡轮螺旋桨式飞机。喷气式飞机,包括涡轮喷气式和涡轮风扇喷气式飞机。

(4)按飞机的飞行速度划分

有亚音速飞机和超音速飞机之分。多数喷气式飞机为高亚音速飞机。超音速飞机是指飞机速度超过音速的飞机。民用超音速飞机的代表是法国研制的"协和"超音速飞机。它可爬升到距地面 15000~18000m 的高空,以每小时约 2180km 的速度巡航,不间断飞行距离为 6230km。

(5)按飞机的航程远近划分

有远程、中程、近程飞机之分。远程飞机的航程在 4800km 以上,可以完成中途不着陆的洲际跨洋飞行;中程飞机的航程为 2400~4800km 左右;近程飞机的航程一般小于2400公里。近程飞机一般用于支线,因此又称支线飞机。中、远程飞机一般用于国内干线和国际航线,又称干线飞机。

我国民航采用按飞机客座数划分大、中、小型飞机,飞机的客座数在 100 座以下的为小型,100~200 座之间为中型,200 座以上为大型。航程在 2400km 以下的为短程,2400~4800km 之间为中程,4800km 以上为远程。但分类标准是相对而言的。

2. 航空货运飞机分类

1)按机身宽度划分

按机身宽度划分,飞机可分为窄体飞机和宽体飞机。

(1)窄体飞机

窄体飞机(Narrow-body Aircraft)的机身宽约 3m,客舱旅客座位之间只有一条通道,亦被称为单通道飞机。下货舱一般只能装载散装货物,因此通常称之为"散货舱";不能装运集装货物,可将货物直接装入飞机腹舱。航程不允许进行跨大西洋或者洲际航线飞行的窄体客机又通常被称为支线客机。图 5-2-1 为窄体飞机及内部机构。

(a) 图 5-2-1 窄体飞机及内部机构 (b)

（2）宽体飞机

宽体飞机（Wide - body Aircraft）的机身宽度不少于
4.72m，客舱内有两条通道，通常一排能够容纳 7～10 个座
位。这类飞机可以装运集装货物和散货。下货舱主要装载
集装货物，也称为"集装货舱"，大多数宽体飞机的下货舱也
设置了散货舱。图 5-2-2 为宽体飞机及内部结构。

波音 747 历史

(a) 图 5-2-2 宽体飞机及内部结构 (b)

2）按用途划分

按用途划分，飞机可分为全客机、全货机和客货两用机。

（1）全客机

全客机（Passenger Aircraft）的主舱和下舱用来载运旅客，下舱可以装载货物和行
李。常见的全客机如 B737 - 300。

（2）全货机

全货机（Freighter Aircraft）的主舱和下舱只用于载运货物，不能载运旅客。其飞机
代号后有字母"F"，如 B737 - 200F、B747 - 400F。

全货机一般为宽体飞机，主舱可装载大型集装箱，目前全世界最巨大的全货机装载
量达 250 吨，通常的商用大型全货机装载量在 100 吨左右。

（3）客货两用机

客货两用机（Mixed Passenger/Freighter Aircraft）不仅下舱装载货物，而且其主舱

也分为两个部分:前部设有旅客座位,用于载运旅客;后部用于装载货物。客货两用机一般称为 COMBI,其飞机代号后有字母"M",如 B747M。

知识链接

空中客车 A380

  欧洲空客航空公司研制生产的四发远程 550 座级超大型宽体飞机,投产时也是全球载客量最大的客机。A380 为全机身长度双层客舱四引擎客机,采用最高密度座位安排时可承载 850 名乘客,在典型三舱等配置(头等—商务—经济舱)下也可承载 555 名乘客。A380 在投入服务后,打破波音 747 在远程超大型宽体客机领域统领 35 年的纪录,A380 的出现结束了波音 747 在大型运输机市场 30 年的垄断地位。

  3. 飞机的舱位结构

1)主舱和下舱

  从飞机内部结构看,一般飞机主要分为两种舱位:主舱(Main Deck)和下舱(Lower Deck)。

  但 B747 分为三种舱位:上舱(Upper Deck)、主舱和下舱,如图 5-2-3 所示。

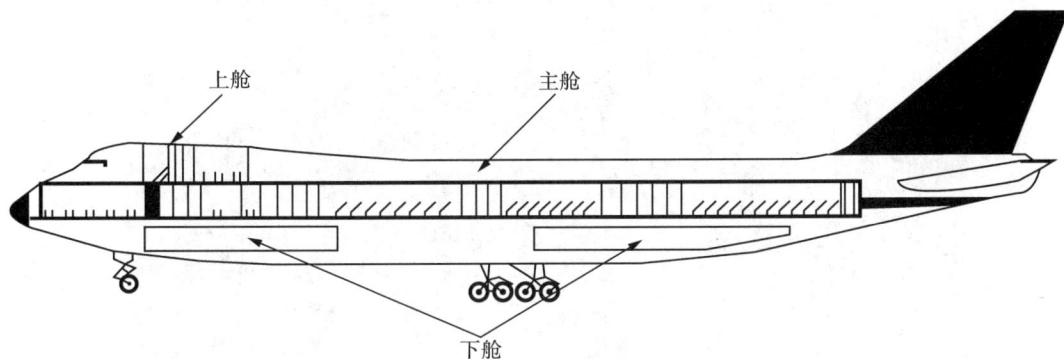

图 5-2-3 波音 747 飞机舱位结构

  (1)主舱

  全客机的主舱主要设置有旅客座位、行李架、储藏室等;全货机的主舱全部用于装载集装货物;客货两用机的主舱前半部分为客舱区,后半部分安排有集装货舱,可以装载集装货物。图 5-2-4 所示分别为 B747 全客机、全货机和客货两用机的剖面图。

  (2)下舱

  窄体飞机的下舱都是散装舱,因此只能装载散装货物、行李和邮件。大型宽体飞机的下舱分为前舱、后舱和尾舱,前舱和后舱均有集装设备卡锁设施,因此可以装载集装箱

B747全客机部面图　　　　B747全货机部面图　　　　B747客货两用机部面图

图 5 - 2 - 4　波音 747 飞机主舱剖面图

和集装板货物,装载布局视各机型出厂时的卡锁设施而定;尾舱则只能装载散装货物、行李和邮件。

2)货舱和分货舱

货舱一般位于飞机的下腹部,有前下货舱和后下货舱,通常情况下被分成若干个分货舱(Compartment)。分货舱一般是用永久性的固体舱壁或可移动的软网隔离而成。用固体舱壁隔离的货舱是不允许超过界限的,而用可移动的软网隔离的货舱可以装载超过分货舱容积的货物。图 5 - 2 - 5 为 B747 - 400F 的货舱内部。

图 5 - 2 - 5　B747 - 400F 的货舱

二、航空机场及机场设施

机场,亦称飞机场、空港,较正式的名称是航空站。机场有不同的大小,除了跑道之外,机场通常还设有塔台、停机坪、航空客运站、维修厂等设施,并提供机场管制服务、空中交通管制等其他服务。

1.机场发展历史

最早的飞机起降落地点是草地,一般为圆形草坪,飞机可以在任何角度,顺着有利的风向来进行起降,周围会有一个风向仪以及机库(因为当时的飞机一般是木及帆布制成,不能风吹雨打,日晒雨淋)。之后开始使用土质场地,避免草坪增加的阻力,然而,土质场地并不适合潮湿的气候,否则会泥泞不堪。随着飞机重量的增加,起降要求亦跟着提高,混凝土跑道开始出现,任何天气、任何时间皆适用。

1919 年后,随着第一次世界大战的结束,飞行技术得到迅速应用,欧洲一些国家率先开始对机场设计进行初步改进,当年修建完成的巴黎勒布尔热(Le Bourget)机场和伦敦希思罗(Hounslow)机场保证了巴黎至伦敦的定期旅客航班的开通,欧洲开始建立起最初的民用航线。随着航空运输的发展,机场大量建设起来,特别是在欧洲和美国,机场建设得到了稳步而快速的发展。

1922 年,第一个供民航业使用的永久机场和航站楼出现在德国柯尼斯堡,这个时代的机场开始使用水泥铺设的停机坪,允许夜间飞行和较重的飞机降落。二次世界大战之后,机场的设计日趋复杂,航站楼聚集在一处,而跑道聚集在另一处,这样的安排可方便机场设施的扩展,但也意味着乘客在登机时必须移动较长的距离。之后,机场所铺设的混凝土开始有了导水沟槽,与飞机降落的角度垂直,有助于排水,避免影响飞机起降作业。

1960 年代后,机场的建设随着喷气式飞机的增加蓬勃发展,跑道延伸至 3,000 米长,利用滑模机筑出连续性的强化混凝土跑道。1960 年代初,现代化的机场航站楼开始使用空桥系统,乘客不必走出室外登机。由于喷射引擎带来严重的噪音问题,使不少机场需要搬离市中心。

2. 机场分类

机场一般分为军用和民用两大类。军用机场供军用飞机起飞、着陆、停放和组织、保障飞行活动的场所。是航空兵进行作战训练等各项任务的基地。由它构成的机场网,战略地位十分重要。

民用机场专供民用航空器起飞、降落、滑行、停放以及进行其他活动使用的划定区域,包括附属的建筑物、装置和设施。民用机场不包括临时机场和专用机场。用于商业性航空运输的机场也称为航空港(Airport)。

民用机场还可细分为:

1)按航线性质

(1)国际机场:为国际航班出入境而指定的机场,它必须有办理海关、移民、公共健康、动植物检疫和类似程序手续的机构。

(2)国内机场:供国内航班使用的机场。

2)按民航运输网络中作用:

(1)枢纽机场:指国际、国内航线密集的机场。旅客在此可以很方便地中转到其他机场。

(2)干线机场:是指各直辖市、省会、自治区首府以及一些重要城市或旅游城市(如大连、厦门、桂林和深圳等)的机场。

(3)支线机场:机场处于非首都、非省会或自治区首府城市,航班以国内和省内为主,服务的旅客群体以本地为主。

3)按所在城市的性质、地位:

(1)Ⅰ类机场:全国经济、政治、文化中心城市的机场,是全国航空运输网络和国际航线的枢纽,一般机场占地面积较大,与机场周围的环境具有共容性,与服务的城市之间具有良好潜在地面的交通系统,具有两条以上的跑道、精密仪表进近系统、接收大型飞机的能力、良好的飞机维修和国内国际旅客转乘衔接。交通运输业务繁忙。

全景视角看北京大兴国际机场

(2)Ⅱ类机场:省会、自治区首府、直辖市和重要的经济特区、开发城市和旅游城市,或经济发达、人口密集城市的机场,具有跨省、跨地区的航线,是省内或区域内的航空运输枢纽,具有一定的机务维修能力和转乘旅客衔接能力,有的也可作为国际和地区航班机场。

(3)Ⅲ类机场:指经济比较发达或一般开放城市的机场,这类机场在民用通航机场所占的比重比较大。

(4)Ⅳ类机场:除上述三类之外的机场都通称为Ⅳ类机场,Ⅳ类机场也称为支线机场。

4)按旅客乘机目的:分为始发/终程机场、经停(过境)机场和中转(转机)机场。

5)其他分类:

(1)门户机场:国际航班第一个抵达和最后一个始发地的国际机场。

(2)轴心机场:有众多进出港航班和高额比例衔接业务量的机场。

(3)备降(用)机场:由于技术等原因预定降落变得不可能或不可取的情况下,飞机可以前往的另一机场。

3. 机场设施构成

机场作为商用运输的基地可划分为飞行区、地面运输区和候机楼区三个部分。飞行区是飞机活动的区域;地面运输区是车辆和旅客活动的区域;航站楼区是旅客登记的区域,是飞行区和地面运输区的接合部位。

1)飞行区

飞行区是机场内用于飞机起飞、着陆和滑行的区域,通常还包括用于飞机起降的空域在内。飞行区分空中部分和地面部分。空中部分指机场的空域:包括进场和离场的航路;地面部分包括跑道、滑行道、停机坪和登机门,以及一些为维修和空中交通管制服务的设施和场地。

(1)跑道

跑道(图5-2-6)是提供飞机起飞、着陆、滑跑以及起飞滑跑前和着陆滑跑后运转的场地。跑道主要由结构道面、道肩、防吹坪、跑道安全地带构成。

跑道形式有单条跑道、平行跑道、交叉跑道、开口V形跑道四种。

飞机的重量越大,它所需用的跑道就越长而且宽。我国的主要国际机场都是4E级。这类机场的跑道长度超过1800m,翼展在52～65m之间,可以起降波音747全系,空中客

车 A340 等远程宽体飞机。中小城市的机场多数是 3C 级,跑道长度在 1200～1800m 之间,翼展在 24～36m 之间,可以起降国产运 7 型飞机。

图 5-2-6　机场跑道

(2)滑行道

滑行道(图 5-2-7)是机场的重要地面设施,是机场内供飞机滑行的规定通道。滑行道的主要功能是提供从跑道到候机楼区的通道,使已着陆的飞机迅速离开跑道,不与起飞滑跑的飞机相干扰,并尽量避免延误随即到来的飞机着陆。滑行道也提供了飞机由航站区进入跑道的通道;滑行道还可使性质不同的各功能分区连接起来。滑行道包括:出口滑行道、转出滑行道。

图 5-2-7　机场滑行道

(3)停机坪

停机坪是飞机起飞前的等待或准备机坪。停机坪(图 5-2-8)包括:站坪、维修机坪、隔离机坪、等候机位机坪、等候起飞机坪等。停机坪上设有机位,即供飞机停放的划定位置。

航站楼空侧所设停机坪称作站坪,可供飞机滑行、停驻机位和旅客上下及加油。

图 5-2-8　上海浦东国际机场停机坪

2)航站楼区

航站楼区设备包括航站楼、助航设施、地面活动引导和管制系统、地面特种车辆和场务设备等。它是地面交通和空中交通的结合部,是机场对旅客服务的中心地区。

(1)航站楼

航站楼(主要指旅客航站楼,即候机楼)是航站区的主体建筑物。图 5-2-9 为北京大兴机场候机楼大厅。

旅客航站楼基本功能是安排好旅客和行李的流程,为其改变运输方式提供各种设施和服务,使航空运输安全有序。分为旅客服务区和管理服务区两大部分。旅客服务区包括值机柜台、安检、海关以及检疫通道、登机前的候机厅,迎送旅客活动大厅以及公共服务设施等。管理服务区则包括机场行政后勤管理部门,政府机构办公区域以及航空公司运营区域等。

图 5-2-9　北京大兴机场候机楼大厅

（2）登机机坪

登机机坪是指旅客从候机楼上机时飞机停放的机坪,这个机坪要求能使旅客尽量减少步行上机的距离。按照旅客流量的不同,登机机坪的布局可以有多种形式,如单线式,指廊式、卫星厅式等。旅客登机可以采取从登机桥登机,也可采用车辆运送登机。

（3）助航设施

① 仪表助航设备。为驾驶员提供通信、导航和监视方面的帮助。

② 目视助航设备。主要有助航灯光、标志、标志物 3 类。保证飞机的安全起飞、着陆、滑行。

（4）地面活动引导和管制系统

使机场能安全地解决运行中提出的地面活动需求,即防止飞机与飞机、飞机与车辆、飞机与障碍物、车辆与障碍物以及车辆之间的碰撞等,由助航设备、设施和程序组成。

（5）地面特种车辆和场务设备

地面特种车辆包括牵引车、电源车、加油车、行李车、升降平台、客梯车等。

场务设备包括机场配备的维护、检测设备(清扫车、吹雪车、推雪车、割草机、道面摩擦系数测试车等)以及驱鸟设备等。

3）地面运输区

进出机场的地面交通系统通常是公路,也包括铁路、地铁(或轻轨)和水运码头等。其功能是把机场和附近城市连接起来,将旅客和货邮及时运进或运出航站楼。

三、航路、航线、航班

1. 航路

航路是政府有关部门批准的,使飞机能够在地面通信导航设施的指挥下沿着一定高度、宽度和方向在空中飞行的空域。根据地面导航设施建立的走廊式保护空域,供飞机作航线飞行之用。

划定航路是以连接各个地面导航设施的直线为航路中心线,在航路范围内规定有上限高度、下限高度和航路宽度。航路的宽度决定于飞机能保持按指定航迹飞行的准确度、飞机飞越导航设施的准确度、飞机在不同高度和速度时的转弯半径,并需加必要的缓冲区,因此航路的宽度不是固定不变的。我国民用航路的宽度规定为 20km。

2. 航线

飞机飞行的路线称为空中交通线,简称航线。飞机的航线不仅确定了飞机飞行具体方向、起讫点和经停点,而且还根据空中交通管制的需要,规定了航线的宽度和飞行高度,以维护空中交通秩序,保证飞行安全。

按照飞机飞行的起讫点,航线可分为国际航线、国内航线和地区航线三大类。

（1）国际航线:指飞行路线连接两个或两个以上国家的航线;

我国民航航线发展

（2）国内航线:指在一个国家内部的航线,它又可分为干线、支线和地方航线三大类；

（3）地区航线：指在一国之内，连接普通地区和特殊地区的航线，如中国内地与港、澳、台地区之间的航线。

另外，航线还可分为固定航线和临时航线，临时航线通常不得与航路、固定航线交叉或是通过飞行频繁的机场上空。

3. 航班

航班是指飞机定期由始发站按规定的航线起飞、经过经停站到终点站或不经经停站直达终点的运输飞行。

在国际航线上飞行的航班称为国际航班，在国内航线上飞行的航班，称为国内航班。

国内航班号示例：　　　　　　　　CA　1501

其中：CA——执行航班任务的航空公司；

　　　1——执行该航班任务的航空公司所属管理局；

　　　5——该航班终点站所属管理局；

　　　01——班次：即航班的具体编号，若第4位数字为奇数表示为去程航班，若为偶数则表示回程航班。

小　结

让中国的大飞机飞上蓝天，是国家的意志，人民的意志。C919中型客机，全称CO-MACC919，是中国首款按照最新国际适航标准，具有自主知识产权的干线民用飞机。2017年5月5日15时19分，C919大型客机在上海浦东机场圆满首飞。国产大飞机C919首飞成功，预示着中国航空制造领域有了量变到质变的跨越。这预示着中国航空制造领域有了量变到质变的跨越。

2019年9月25日，正式投入运营的北京大兴机场创造了40余项国际、国内第一，13项关键建设指标达到世界一流。被英国卫报誉为"新世界七大奇迹之首"。

全面了解航空运输设备与设施，了解我国航空发展的伟大成就，将大大激发民族自豪感和自信心。

案例分析：川航3U8633航班生死备降

2018年5月14日早上，川航空客A319飞机执飞重庆—拉萨航班任务，在飞经成都空管区域巡航时，该飞机驾驶舱右座前风挡玻璃突然破裂并脱落，造成飞机客舱失压，旅客氧气面罩掉落。

尽管当时驾驶舱部分设备受损，副驾驶和一名乘务员受伤，但机组第一时间实施了紧急处置程序：联系空管、检查飞机和机上人员情况，并就近选择成都双流机场紧急备降。

在民航各部门配合下，飞机于上午7时42分安全降落在双流机场，机上所有旅客安全。

5月15日，中国民用航空局（下称民航局）对这次"史诗级"备降给予了高度肯定，称机组"临危不乱、果断应对、正确处置,避免了一次重大航空事故的发生"。

思考题:

请根据以上案例及本节内容,查阅有关信息,回答以下问题:

1. 该次事故中的飞机是什么类型?

2. 该次事故降落的双流机场按照分类方法属于什么类型? 该机场有哪些设备设施?

3. 请解读该次事故的航班号含义。

单元三　空中交通运行与管理

学习目标：

1. 了解空中交通管理的任务和内容。
2. 了解空中交通管制服务的条件和要求。
3. 了解飞行情报服务的内容和要求。
4. 掌握我国空中交通管制机构。

情境导入：

1977 年 3 月 27 日傍晚，两架波音 747 客机在北非加那利群岛的洛司罗迪欧机场（Aeropuerto Internacional de Los Rodeos，今日的"北特内里费机场"）的跑道上高速相撞，导致两机上多达 583 名的乘客和机组人员死亡的惨剧。如果不计地面人员的伤亡，这场空难至今还是死伤最惨重的空难，也是在 911 事件发生前总伤亡人数最多的航空事故。

共约 70 名来自西班牙、荷兰、美国的事故调查员，以及事故双方航空公司的代表参加了整个调查过程。经调查表明，机场塔台的错误指挥和机组未经许可的擅自起飞是造成灾难的主要原因。事后对黑匣子的通话记录分析也证明，荷航机组"通讯内容的错误解读"和泛美机组"错误认定"。

本单元为大家介绍空中交通运行与管理的有关内容和要求。

一、空中交通管理

1910 年，奥地利维也纳发生了世界航空史上的第一起飞机空中相撞事故，人们开始认识到飞行活动也需要进行合理、有效的管理。于是，空中交通管制产生了。随着商业飞行的开始，航空运输涉及的范围越来越多，为了安全和效率起见，要求飞行活动能按照一定的规则来组织进行。空中交通管理（air traffic management，简称 ATM）的任务就是有效地维护和促进空中交通安全，维护空中交通秩序，保障空中交通畅通。

包括空中交通服务、空中交通流量管理和空域管理三大部分。

（1）空中交通服务（air traffic service，简称 ATS）是指对航空器的空中活动进行管理和控制的业务，是空中交通管制服务、飞行情报服务和告警服务的总称。主要目的是防止航空器之间、航空器与障碍物之间发生碰撞，加速和维持现有秩序的空中交通活动。

空中交通管制服务是 ATS 的主要工作，包含区域管制、进近管制、塔台管制和空中交通报告服务四部分。

（2）空中交通流量管理（air traffic flow management）的任务是在空中交通流量接近

或达到空中交通管制的可用能力时,适时地进行调整,保证空中交通量最佳地流入或通过相应区域,尽可能提高机场、空域可用容量的利用率。

(3)空域管理(airspace management)的任务是依据既定空域结构条件,实现对空域的充分利用,尽可能满足经营人对空域的需求。

二、空中交通管制

1. 空中交通管制的产生与发展

为了保证飞行安全,每个国家都有严格的空中交通管理法规,健全的管制机构和相应的设备和设施。利用技术手段和设备对飞机在空中飞行的情况进行监视和管理,以保证其飞行安全和飞行效率,称为空中交通管制(Air Traffic Control)。除了保障空中交通安全以外,空中交通管制部门

空中交通管制

还担负着协调各部门对空域的使用、为国土防空系统提供空中目标识别情报、预报外来航空器入侵和本国飞机擅自飞入禁区或非法飞越国界等多项任务。

2. 空中管制的分类

为了维持飞行秩序,保证飞行安全,空中交通管制部门要划定航线、避免各类飞机在空中相撞或与地面障碍物(如山头、高层建筑物等)相撞等事故发生。飞机从起飞到降落,一直处在空中交通管制之下,严格按预定时间、航线、高度、速度飞行,受机场空域管制中心、沿途航路管制中心和终点机场空域管制中心的指挥与调度。

空中交通管制可分为:

(1)一般空中交通管制,适用于整个国土上空;特别空中交通管制,适合于边境地区、通过国界的空中走廊和某些特殊地区上空;

(2)临时空中交通管制,适合于演习、飞行检阅和航天器发射场区上空;

(3)地方空中交通管制,适合于某些地方航线和经过该地区航线的管制。

3. 空中交通管制任务

(1)利用通信、导航技术和监控手段对飞机飞行活动进行监视和控制,保证飞行安全和有秩序飞行。

(2)在飞行航线的空域划分不同的管理空域,包括航路、飞行情报管理区、进近管理区、塔台管理区、等待空域管理区等,并按管理区不同使用不同的雷达设备。

(3)在管理空域内进行间隔划分,飞机间的水平和垂直方向间隔构成空中交通管理的基础。

(4)由导航设备、雷达系统、二次雷达、通信设备、地面控制中心组成空中交通管理系统,完成监视、识别、导引覆盖区域内的飞机。

4. 空中交通管制工作的基本要求

(1)周密计划,准备充分,做好飞行的组织和保障工作

根据任务性质、机型特点、天气、地形、飞行活动情况及主要障碍物的关系位置、高度,按照飞行条例,管制工作细则及有关规定,考虑最复杂、最困难的情况做好多种预案。根据有关单位和个人提出的飞行申请,制定飞行预报和飞行计划,申请和批复飞行预报

和计划,研究和制定保证飞行的工作计划,报告或通报飞行动态,使空、地之间和各项服务保障部门之间密切配合,协调一致地进行工作。

(2)积极主动、准确及时和不间断地工作,防止飞机之间在空中和在机场地面活动中相撞。

实施空中交通管制要力争主动,力避被动,做到准确、及时和不间断,这样才能掌握管制飞行的主动权和控制飞机活动的自由权,从而有效地防止一切相撞事故的发生。在实施飞行管制过程中,要统筹兼顾,审时度势,灵活机动地使空中交通处于安全、合理、连续、严格运行的管制之中。

(3)主动配合,密切协同,合理地控制空中交通流量

空中交通管制单位在计划飞行时,就应当进行周密地计划,合理地安排,与相邻及有关的空中交通管制部门密切协作,互通动态,互相配合,主动、灵活地采取最简便的方法,在符合技术要求的条件下,在最短的时间内,能够通过更多的飞机架次,有效地、最大限度地提高空中交通的利用率。

(4)掌握熟练的业务技能,为飞行提供保障安全的情报、措施和建议

空中交通管制人员在安全生产中,充当着业务总管的角色,为了使各个生产保障单位能够合理地调度和科学地管制协调,使之更好地为安全生产服务。也为了能够为飞行提供大量的、合理有效的措施和建议,必须对航空各部门工作的基本常识熟悉了解,对规章制度熟练记忆,灵活运用自如,才能保证在各种不同情况下为飞行提供可靠有效的措施和建议。

(5)保证及时提供导航设备和提供遇险飞机的情况

为了保证飞机沿预定航线飞行以及正确地进近和着陆,空中交通管制员必须根据飞机的位置报告和雷达资料,准确地掌握飞机的位置,及时通知地面导航设备的开启、关闭时间。当飞机在飞行过程中发生特殊情况时,如已构成遇险、紧急或失事等情况,管制部门应立即将自己掌握的最后资料和情报报告给负责组织援救的单位和领导,在可能的条件下,应尽一切努力,收集发生特殊情况的飞机的进一步情报,为开展搜寻和救援工作提供可靠的情报信息,以便援救工作获得满意的效果。

5. 中国空中交通管制发展现状

(1)空管体制。全国实行"统一管制、分别指挥"的体制。即在国务院、中央军委空中交通管制委员会的领导下,由空军负责实施全国的飞行管制,军用飞机由空军和海军航空兵实施指挥,民用飞行和外航飞行由民航实施指挥。各级空管部门分别隶属于民航总局、地区管理局、省(市、区)局以及航站。总局空管局对民航空管系统实行业务领导,其余工作包括人事、财务、行政管理及基本建设等均由各地区管理局、省(市、区)局以及航站负责。

(2)空域管理。全国划设飞行情报区9个,即北京、上海、广州、武汉、兰州、沈阳、昆明、乌鲁木齐以及台北飞行情报区。经2014年5月全国空管区域优化后,大陆上空划设高空管制区(兼中低空管制区)8个,分别为北京管制区、上海管制区、广州管制区、成都管制区、沈阳管制区、西安管制区、三亚管制区和乌鲁木齐管制区;绝大多数民用机场(含军民合用机场)均设置了塔台管制区域。

(3)空管设施。经过不断的建设,基本形成了比较完善的通信、导航、情报、气象保障系统。通信保障方面,全国绝大多数民用机场配置了卫星语音地面站和卫星数据地面站,每个管制单位装备了2套以上的甚高频对空通信台,部分对空通信薄弱地区配备了甚高频转播台,中国东部地区实现了7000m以上甚高频对空通信的覆盖。导航保障方面,绝大多数民用机场配备了仪表着陆系统、全向信标和测距仪,大部分高空、中低空管制区配备了二次或一、二次雷达,中国东部地区基本达到7000m以上雷达覆盖。航行情报保障方面,正在建设航行情报自动化系统,航行通告及航行资料制作技术有了明显改进。气象保障方面,各机场配备了气象观测、预报设备,部分机场配备了气象雷达、自动观测系统、气象卫星云图接收设备,为航班飞行及时提供了所需的气象资料。

三、飞行情报服务

飞行情报服务是指提供规定区域内航行安全、正常和效率所必需的航行资料和数据的服务,其任务是收集、整理、编辑民用航行资料,设计、制作、发布有关飞行情报服务产品,提供及时、准确、完整的民用航空活动所需的飞行情报。内容包括重要的气象情报、使用的导航设施变化情况、机场有关设备的变动情况以及可能影响飞行安全的其他情报等。飞行情报服务一般情况下与空中交通管制服务紧密联系。

1. 航行通告

航行通告(Notice To Airmen,NOTAM)是飞行人员和飞行业务的有关人员必须及时了解的,以电信方式发布的、关于航行设施、服务、程序的建立、情况或者变化,以及对航行有危险的情况的出现和变化的通知。航行通告的收集整理、审核发布工作,应由民航情报服务机构负责实施,其他任何单位和个人不得发布。

航行通告按分发范围分为:国际、国内和地区系列航行通告、S系列雪情通告、V系列火山通告。按级别分为一级航行通告、二级通行通告、雪情通告和火山通告等。

2. 航行资料

航行资料是对航空数据进行收集、分析和整理后形成的资料。航行资料汇编是由国家或者国家授权发行的、载有空中航行必需的具有持久性质的航行资料出版物,是国际航行所必需的可用于交换的持久性航行资料。这些资料的格式便于飞行使用。分为总则、航路和机场三个内容,使用标准电子资料储存和检索,节和分节统一编号。

3. 航图

航图是民航情报服务部门根据飞行规则、飞机性能、空域情况等内容统一绘制并发布,具有很强的时效性针对性,并且具有法律效力的公文。航图包含有飞行所需要的有关规定、限制、标准、数据和地形等,以一定的图表形式集中编绘。航图分为航空地图和特种航图两种。

通过航图,飞机驾驶员可以判断飞机所在方位、安全飞行高度、飞行最佳路径、沿途导航设备,以及飞机失事时最佳迫降机场/场地等。特定航图用于飞行的每个阶段,并且可以从特定机场设施的地图到涵盖整个大陆的仪表路线(例如,全球导航图)的概况,可以随其间的许多类型不同而变化。

4. 气象情报服务

气象情报主要来自为机场及航路服务的气象部门,主要有"日常航空天气报告""特选天气报告""航站天气预报""重要气象情报""机场危险天气警告"等几种。上述情报一般通过航站自动情报服务和对空天气广播等方式发布,有些时效性不强的机场情报通过通告的形式发布。

四、民航管理机构

我国民航管理目前分为三级机构管理形式,分别是中国民用航空局,民航地区管理局,省、市民航安全监督管理局。

1. 中国民用航空局

中国民用航空局(简称:中国民航局或民航局,英文缩写 CAAC)是中华人民共和国国务院主管民用航空事业的由部委管理的国家局,归交通运输部管理。前身为中国民用航空总局,在 1987 年以前曾承担中国民航的运营职能。2008 年 3 月,由国务院直属机构改制为部委管理的国家局,同时更名为中国民用航空局。

管理职责:

(1)提出民航行业发展战略和中长期规划、与综合运输体系相关的专项规划建议,按规定拟订民航有关规划和年度计划并组织实施和监督检查。起草相关法律法规草案、规章草案、政策和标准,推进民航行业体制改革工作。

(2)承担民航飞行安全和地面安全监管责任。负责民用航空器运营人、航空人员训练机构、民用航空产品及维修单位的审定和监督检查,负责危险品航空运输监管、民用航空器国籍登记和运行评审工作,负责机场飞行程序和运行最低标准监督管理工作,承担民航航空人员资格和民用航空卫生监督管理工作。

(3)负责民航空中交通管理工作。编制民航空域规划,负责民航航路的建设和管理,负责民航通信导航监视、航行情报、航空气象的监督管理。

(4)承担民航空防安全监管责任。负责民航安全保卫的监督管理,承担处置劫机、炸机及其他非法干扰民航事件相关工作,负责民航安全检查、机场公安及消防救援的监督管理。

(5)拟订民用航空器事故及事故征候标准,按规定调查处理民用航空器事故。组织协调民航突发事件应急处置,组织协调重大航空运输和通用航空任务,承担国防动员有关工作。

(6)负责民航机场建设和安全运行的监督管理。负责民用机场的场址、总体规划、工程设计审批和使用许可管理工作,承担民用机场的环境保护、土地使用、净空保护有关管理工作,负责民航专业工程质量的监督管理。

(7)承担航空运输和通用航空市场监管责任。监督检查民航运输服务标准及质量,维护航空消费者权益,负责航空运输和通用航空活动有关许可管理工作。

(8)拟订民航行业价格、收费政策并监督实施,提出民航行业财税等政策建议。按规定权限负责民航建设项目的投资和管理,审核(审批)购租民用航空器的申请。监测民航行业经济效益和运行情况,负责民航行业统计工作。

(9)组织民航重大科技项目开发与应用,推进信息化建设。指导民航行业人力资源开发、科技、教育培训和节能减排工作。

（10）负责民航国际合作与外事工作，维护国家航空权益，开展与港澳台的交流与合作。

（11）管理民航地区行政机构、直属公安机构和空中警察队伍。

（12）承办国务院及交通运输部交办的其他事项。

2. 民航地区管理局

中国民用航空局下设七个地区管理局：华北管理局、东北管理局、西北管理局、华东管理局、中南管理局、西南管理局、新疆管理局。每个地区管理局下面又分别设有若干个省、市安全监督管理局。

3. 中国民用航空局空中交通管理局

中国民用航空局空中交通管理局（简称民航局空管局）是民航局管理全国空中交通服务、民用航空通信、导航、监视、航空气象、航行情报的职能机构。

中国民航空管系统现行行业管理体制为民航局空管局、地区空管局、空管分局（站）三级管理。其中，华北、东北、华东、中南、西南、西北、新疆七大地区空管局为民航局空管局所属的事业单位，其机构规格相当于行政副司局级，实行企业化管理。

管理职责：

（1）贯彻执行国家空管方针政策、法律法规和民航局的规章、制度、决定、指令；

（2）拟定民航空管运行管理制度、标准、程序；

（3）实施民航局制定的空域使用和空管发展建设规划；

（4）组织协调全国航班时刻和空域容量等资源分配执行工作；

（5）组织协调全国民航空管系统建设；

（6）提供全国民航空中交通管制和通信导航监视、航行情报、航空气象服务，监控全国民航空管系统运行状况，负责专机、重要飞行活动和民航航空器搜寻救援空管保障工作；

（7）研究开发民航空管新技术，并组织推广应用；

（8）领导管理各民航地区空管局，按照规定，负责直属单位人事、工资、财务、建设项目、资产管理和信息统计等工作。

小　结

随着我国经济的不断发展，我国的航空运输事业也得到了蓬勃发展，对空中交通管制工作提出了更高的要求。空域作为国家的重要资源，应该确保其安全、有序、高效率的使用。

案例分析：6·20 俄罗斯客机迫降事故

2011 年 6 月 20 日，Rusair 航空公司一架图波列夫飞机公司生产的图-134A 飞机（注册号为 RA-65691）执行 7R-243 航班从莫斯科多莫杰多沃机场飞往彼得罗扎沃茨克（俄罗斯），机上载有 43 名乘客和 9 名机组人员，于当地时间大约 23∶40（世界协调时 19∶40）与 A-133 公路（距离彼得罗扎沃茨克机场 01 号跑道 800m/2600 英尺）南侧的树木相撞后坠落在公路上，之后突然起火。飞机最终停在 Besovets 村庄郊外的几个私人住宅的花园里,但是没有与房屋发生碰撞。这起事故导致机上 47 人遇难。

调查发现:彼得罗扎沃茨克机场塔台一名轻度醉酒的管制员参考未经批准的 KLN-90 卫星导航系统为机组提供近进信息。过程中管制员没有看到飞机,于当地时间 23:40:17 注意到跑道灯光失效,并于当地时间 23:40:22 向飞机发布复飞指令,但是没有得到回复。在尝试了所有可用频率(包括通过航空公司的签派)都无法与飞机取得联系后,塔台于当地时间 23:45:15 发出告警。

思考题:

请根据以上案例及本节内容,查阅有关信息,回答以下问题:

1. 空中交通管制的内容及其重要性?

2. 案例中该空中管制人员违反了哪些工作要求?

3. 请查询具体事件,了解该案例事故原因中有没有气象因素,并说明空中交通管理中应提供哪些气象服务?

单元四　民航航空运输组织

学习目标：

1. 了解航空货物运输组织分类。

2. 掌握集中托运的优势和运输对象。

3. 了解航空货物进出口运输业务流程。

情境导入：

国际航空运输协会(IATA,简称"国际航协")全球航空货运市场定期数据显示,2022年全年航空货运需求较 2021 水平大幅回落,接近 2019 年的水平。全球航空货运需求,按照货运吨公里(CTKS)计算,同比 2021 年下降 8.0%(国际需求下降 8.2%)。与 2019年相比,下降 1.6%(全球和国际)。运力(可用货运吨公里,ACTK)同比 2021 年增长3.0%(国际运力增长 4.5%)。与 2019 年(疫情前)相比,运力下降 8.2%(国际运力下降 9.0%)。

2022 年是"十四五"规划全面落实的一年,同样也是中国航空货运充满挑战,抢抓机遇的一年。纵观 2022 年,中国航空货运行业在全球疫情肆虐的环境下不断攻坚克难;在国家政策的激励下,不断抢抓机遇,敢于布局;在国家统筹运行安全的基础上,不断提高运营能力与市场竞争力;中国航空货运市场呈现积极健康的发展态势。

本单元为大家介绍航空货物运输组织形式、集中托运和航空货物运输进出口流程。

一、航空货物运输组织分类

与其他运输方式相比,航空运输具有运送速度快、不受地形限制、破损率低、安全性好的特点,但同时也存在运载量有限、运输成本高的缺点。根据运输组织形式,航空货物运输可以分为班机运输、包机运输、包舱运输和集中托运四种。

1. 班机运输

班机运输是指在固定航线上按预定时间定期航行的形式,即有固定的始发站、经停站和目的站的航班所进行的运输。

由于班机运输有固定的航线、挂靠港、航期和相对固定的收费标准,便于收、发货人确切掌握货物起运和到达的时间,核对运输成本,可以有效保障国际贸易合同的履行,所以对市场上急需的商品、鲜活易腐货物以及贵重物品等物品具有非常大的吸引力,因此国际货物航空运输多使用班机运输。

为了更有效地保证舱容,班机运输一般采用客货混载,因此舱位有限,不能及时运送大批量货物,是班机运输的不足之处。

2. 包机运输

包机运输是指航空公司按照约定的条件和费率,将整架飞机租给一个或若干个包机人(包机人指发货人或航空货运代理公司),从一个或几个航空站装运货物至指定目的地的形式,可分为整包机和部分包机两种。包机运输适合于大宗货物运输,费率低于班机运输,但运送时间则比班机要长些。

(1)整包机:航空公司按照与包机人事先约定的条件及费用,将整架飞机租给包机人,从一个或几个航空港装运货物再运至目的地。包机人一般要在货物装运前一个月与航空公司联系,以便航空公司安排运载和向起降机场及有关政府部门申请、办理过境或入境的有关手续。整包机的费用是按每一飞行公里固定费率核收费用,并按每一飞行公里费用的 80% 收取空放费。因此,大批量货物使用包机时,最好保证来回都有货载,才能降低运输成本。

(2)部分包机:由几家航空货运代理公司(或发货人)联合包租一架飞机,或者由航空公司把一架飞机的舱位分别卖给几家航空货运代理公司装载货物,其适用于托运货物不足一架整机,但载货量又较大的货物运输。

3. 包舱运输

包舱运输是指托运人在一定航线上包用承运人全部或部分货舱运输货物。包舱人可以在一定时期内或一次性包用承运人在某条航线或某个航班上的全部或部分货舱,并与承运人签订包舱运输合同。

4. 集中托运

集中托运是指航空货运代理公司把若干批单独发运的货物组成一批向航空公司办理托运,填写一份总运单将货物发运到同一目的站,由航空货运代理公司在目的站的代理人负责收货、报关,并将货物分别拨交给各收货人。

集中托运是航空货物运输中开展最为普遍的一种运输方式,也是航空货运代理的主要业务之一。具有以下优势:

(1)节省运费。集中托运运价一般都低于航空协会的运价,发货人可得到低于航空公司运价。

(2)提供方便。将货物集中托运,可延长货物的运输责任,将货物的起始地扩展到发货人所在地和收货人所在地,甚至可以开展多种运输方式的联运,方便了收发货人。

(3)提前结汇。发货人将货物交与航空货运代理后,取得有航空货运代理签发的航空货运分运单,可持分运单到银行提前办理结汇手续,尽早完成资金的回笼。

集中托运方式已在世界范围内普遍开展,形成较完善、有效的服务系统,为促进国际贸易发展和国际科技文化交流起了良好的作用。

但由于集中托运的货物往往需要等候航空货运代理组货,所以集中托运只适合办理普通货物,对于等级运价的货物,如贵重物品、危险品、活动物以及文物等不适合使用。目的地相同或临近的可以办理,不同地区的则不宜办理。另外可以享受优惠运价的货物也不适合采用集中托运,会增加货物的运费。

二、航空货物运输业务流程

1. 航空货物出口运输代理业务程序

1)销售、揽货

销售揽货是航空货物出口运输代理业务的核心,直接影响整个代理业务的开展和代理公司的发展,所以航空运输代理公司非常注重该项工作。具体操作时,代理公司需要及时向委托方介绍公司的业务范围、服务优势、收费标准等。

2)接受委托

代理公司与委托人达成合作意向后,需要由委托人出具"货物托运书"作为代理公司办理出口业务和填制"航空货运单"的凭证。代理人通常会指定专人对托运人进行审核,审核的重点是价格和航班日期,确认无误后签字,开始航空出口托运业务。

3)审核单证

航空代理公司必须同时审核托运人提供的发票、装箱单、托运书、报关单、外汇核销单、出口许可证、商检证书等出口有关单证。

4)预配舱

由代理人汇总所接受的委托和客户的预报,并输入电脑,计算出各航线的件数、重量、体积,按照客户的要求和货物重量、体积情况,根据各航空公司不同机型对不同板箱的重量和高度要求,制定预配舱方案,并对每票货配上运单号。

5)预定舱

代理人根据所制定的预配舱方案,按航班、日期打印出总运单号、件数、重量、体积,向航空公司预订舱。

这一环节称之为预订舱,是因为此时货物可能还没有进入仓库,预报和最终订舱的件数、重量、体积等都会有差别,需要留待配舱时再做调整。

6)接受单证

接受托运人或其代理人送交的已经审核确认的托运书及报关单证和收货凭证。将电脑中的收货记录与收货凭证核对。

制作操作交接单,填上所收到的各种报关单证份数,给每份交接单配一份总运单或分运单。将制作好的交接单、配好的总运单或分运单、报关单证移交制单。

如此时货未到或未全到,可以按照托运书上的数据填入交接单并注明,货物到齐后再进行修改。

7)填制货运单

根据发货人提供的托运书填写货运单。航空货运单是发货人结汇的主要有效凭证。因此运单的填写必须详细、准确、严格,符合单货一致、单单一致的要求。

8)接收货物

航空货运代理公司把即将发运的货物从发货人手中接过来并运送到自己的仓库。

接货时应对货物进行过磅和丈量,并根据发票、装箱单

航空货运单

或送货单清点货物,并核对货物的数量、品名、合同号或唛头等是否与货运单上所列一致。

接货时应检查货物的外包装是否符合运输的要求:

(1)托运人提供的货物包装要求坚固、完好、轻便,应能保证在正常的操作(运输)情况下,货物可完好地运达目的站。同时也不损坏其他货物和设备。

(2)为了不使密封舱飞机的空调系统堵塞,不得用带有碎屑、草末等材料作包装,如草袋、革绳、粗麻包等。包装的内衬物,如谷糠、锯末、纸屑等不得外漏。

(3)包装内部不能有突出的棱角,也不能有钉、钩、刺等。包装外部需清洁、干燥、没有异味和油腻。

(4)托运人应在每件货物的包装上详细写明收货人、另请通知人和托运人的姓名和地址。如包装表面不能书写时,可写在纸板、木牌或布条上,再拴挂在货物上,填写时字迹必须清楚、明晰。

(5)包装窗口的材料要良好,不得用腐朽、虫蛀、锈蚀的材料。无论木箱或其他容器,为了安全,必要时可用塑料、铁箍加固。

(6)如果包装件有轻微破损,填写货运单应在"Handling Information"标注出详细情况。

9)贴挂标记和标签

通常一件货物贴一张航空公司标签。对于集中托运货物,要在每一件货物上贴上分标签,在分标签上要特别注明主单号和分单号。

10)配舱

配舱时,发货人托运的货物都已入库。这时需要核对货物的实际件数、重量、体积与托运书上预报数量的差别;应注意对预订舱位、板箱的有效领用、合理搭配,按照各航班机型、板箱型号、高度、数量进行配载。

同时,对于货物晚到、未到情况以及未能顺利通关放行的货物做出调整处理,为制作配舱单做准备。

11)订舱

将所接收空运货物向航空公司正式提出申请并订妥舱位。货物订舱需根据发货人的要求和货物标识的特点而定。一般来说,大宗货物、紧急货物、鲜活易腐货物、危险品、贵重物品等,必须预订舱位。非紧急的零散货物可以不预订舱位。

12)出口报关

发货人或其代理人在货物发运前,向出境地海关办理货物出口手续。

13)编写出仓单

配舱方案制定后就可着手编制出仓单。出仓单上应载明日期、承运航班的日期、装载板箱形式及数量、货物进仓顺序编号、总运单号、件数、重量、体积、目的地三字代码和备注。

出仓单交给出口仓库,用于出库计划,出库时点数并与装板箱部门交接。出仓单交给报关环节,当报关有问题时,可有针对性反馈,以采取相应措施。

14)提板箱与装货

根据订舱计划向航空公司申领板、箱并办理相应的手续。提板、箱时提取相应的塑料薄膜和网袋。

　　货物装箱时注意不要用错集装箱、集装板,不要用错板型、箱型;不要超装箱板尺寸;集装箱、板内货物尽可能配装整齐,结构稳定,防止运输途中倒塌;对于大宗货物、集中托运货物,尽可能将整票货物装一个或几个板、箱内运输。已装妥整个板、箱后剩余的货物尽可能拼装在同一箱、板上,防止散乱、遗失。

　　15)签单

　　货运单在盖好海关放行章后即可到航空公司签单。航空公司的地面代理规定,只有签单确认后才允许将单、货交给航空公司。

　　16)交接发运

　　交接是向航空公司交单交货,由航空公司安排航空运输。其中交单是指将随机单据和应有承运人留存的单据交给航空公司。交货是指把与单据相符的货物交给航空公司。交货之前必须粘贴或拴挂货物标签,清点和核对货物,填制货物交接清单。航空公司审单验货后,在交接签单上验收,将货物存入出口仓库,单据交吨控部门,以备配舱。

　　17)航班追踪

　　单、货交接给航空公司后,航空公司会因种种原因未能按预定时间运出,所以货运代理公司从单、货交给航空公司后就需对航班、货物进行跟踪。

　　18)信息服务

　　在整个运输服务过程中,航空货运代理公司可以在多个方面为客户做好信息服务,如订舱信息、审单及报关信息、仓库收货信息等。

　　19)费用结算

　　发货人、承运人、机场地面代理人和国外代理人四方面的结算。

　　2. 航空货物进口运输代理业务程序

　　航空货物进口运输代理业务程序包括:代理预报;承接运单与货物;货物仓储;整理运单;发出到货通知;进口报关;收费与发货;送货上门及货物转运等业务内容,其中,对于交接运单与货物、收费与发货等业务,航空公司有关部门业务人员应重点做好下列工作。

　　1)代理预报

　　在国外发货前,由国外代理公司将运单、航班、件数、重量、品名、实际收货人及其他地址、联系电话等内容发给目的地代理公司。到货预报的目的是使代理公司做好接货前的所有准备工作。

　　2)交接单、货

　　航空公司的地面代理公司向货物代理公司交接的有:国际货物交接清单、主货运单、随机文件、货物。需要将交接清单与总运单核对、交接清单与货物核对。货物卸下后,将物存入航空公司或机场的监管仓库,将舱单上总运单号、收货人、始发站、目的站、件数、重量、货物品名、航班号等信息通过电脑传输给海关留存,供报关用。同时根据运单上的收货人地址寄发运单、提货通知。

飞机装卸货物

3）理货与仓储

逐一核对每票件数，再次检查货物破损情况，确有接货时未发现的问题，可向民航提出交涉。按大货、小货、重货、轻货、单票货、混载货、危险品、贵重品、冷冻品、冷藏品等分别堆存，进行仓储。

4）理单与到货通知

将集中托运进口的每票总运单项下的分运单理出来，审核与到货情况是否一致，并抄成清单录入电脑。代理公司理单人员逐单审核、编配，凡单证齐全、符合报关条件的货物即转入制单、报关程序，并尽快通知收货人到货情况。

5）制单、报关

按照海关要求，依据运单、发票、装箱单及证明货物合法进口的有关批准文件，制作进口货物报关单。航空进口制单报关可以有如下几种情况：

（1）货代公司代办制单、报关、运输；

（2）货主自行办理制单、报关、运输；

（3）货代公司代办制单、报关，货主自办运输；

（4）货主自行办理制单、报关后，委托货代运输；

（5）货主自办制单，委托货代公司报关和办理运输。

6）收费、发货

办完报关、报检等手续后，收货人可以凭盖有海关放行章、动植物报验章、卫生检疫报验章的进口提货单，到所属监管仓库付费提货。货代公司仓库在发放货物前，一般先将费用收妥。

7）送货与转运

目前，绝大部分发货人要求将进口到达货物由货运代理报关、垫税、提货后送至收货人手中。

（1）送货上门业务：主要指进口清关后货物直接运送至货主单位，运输工具一般为汽车。

（2）转运业务：主要指将进口清关后货物转运至内地的货运代理公司，运输方式主要为飞机、汽车、火车、水运、邮政。

（3）进口货物转关及监管运输：货物入境后不在进境地海关办理进口报关手续，而运往另一设关地点办理进口海关手续，在办理进口报关手续前，货物一直处于海关监管之下。

小　结

国际航空货物运输涉及面广、流程复杂，随着我国民航货运量规模的不断提升，为了提供更好更快的运输服务，航空货运代理公司必须非常熟悉航空货物运输流程，掌握各国法律、法规和有关规定的运输要求，对货物进行包装和安全检查，按货物的性质和急缓程度，有计划地收运和发送货物。

案例分析：代理疏忽漏填货物性质致使卸货受损

一批空运货物，其中有一包是易碎货。托运人在托运单上正确地描述了包裹中货物的性质，但负责代为办理托运的空运代理在填写的航空货运单中，由于疏忽却未写明该包裹中易碎货物的性质。在目的地，卸货操作人员不知晓该包裹中货物的性质没有重点对待导致交货时发现该批货物已严重受损。

思考题：

请根据以上案例及本节内容，查阅有关信息，回答以下问题：

1. 请问以上案例中，易碎货物该如何包装？
2. 办理托运的空运代理人处理该批货物的出口运输时要注意哪些问题？

单元五　国际航空运输管理

学习目标：

1. 了解国际航空货物运输的行业组织。

2. 了解国际航空货物运输的法律法规。

情境导入：

2014 年是《国际民用航空公约》（也称《芝加哥公约》）签署 70 周年。为纪念这一对国际民用航空产生深远影响的公约诞生，国际民航组织举行了一系列庆祝活动，各成员国也采用各种形式举办纪念活动。作为国际民航组织一类理事国，中国驻国际民航组织理事会代表处积极参与各项庆祝活动。此外，中国民航局还与中国邮政集团公司合作发行了《国际民用航空公约》70 周年纪念邮资明信片。

《国际民用航空公约》（Convention on International Civil Aviation），也称《芝加哥公约》（Chicago Convention），为管理世界航空运输奠定了法律基础，是国际民航组织的宪法。本单元为大家介绍国际航空货物运输的行业组织和法律法规。

一、民航运输行业组织

1. 国际民用航空组织

国际民航组织（International Civil Aviation Organization）（标志见图 5 - 5 - 1）前身为根据 1919 年《巴黎公约》成立的空中航行国际委员会（ICAO）。由于第二次世界大战对航空器技术发展起到了巨大的推动作用，使得世界上已经形成了一个包括客货运输在内的航线网络，但随之也引起了一系列急需国际社会协商解决的政治上和技术上的问题。因此，在美国政府的邀请下，52 个国家于 1944 年 11 月 1 日至 12 月 7 日参加了在芝加哥召开的国际会议，签订了《国际民用航空公约》（通称《芝加哥公约》），按照公约规定成立了临时国际民航组织（PICAO）。1947 年 4 月 4 日，《芝加哥公约》正式生效，国际民航组织也因之正式成立，并于 5 月 6 日召开了第一次大会。同年 5 月 13 日，国际民航组织正式成为联合国的一个专门机构。我国于 1974 年正式加入该组织，也是理事国。2013 年 9 月 28 日，

国际民航日

图 5 - 5 - 1　国际民航组织

中国在加拿大蒙特利尔召开的国际民航组织第 38 届大会上再次当选为一类理事国。

ICAO 总部设在加拿大的蒙特利尔,在全球范围设有 7 个地区办事处,负责协调区域内的有关航空问题,是世界范围内管理航空运输活动的最重要的国家之间的国际性组织。国际民航组织(ICAO)的宗旨和目的在于发展国际航行的原则和技术,促进国际航空运输的规划和发展,以便实现下列各项目标:

(1)确保全世界国际民用航空安全和有序地发展;

(2)鼓励为和平用途的航空器的设计和操作技术;

(3)鼓励发展国际民用航空应用的航路、机场和航行设施;

(4)满足世界人民对安全、正常、有效和经济的航空运输的需要;

(5)防止因不合理的竞争而造成经济上的浪费;

(6)保证缔约各国的权利充分受到尊重,每一缔约国均有经营国际空运企业的公平的机会;

(7)避免缔约各国之间的差别待遇;

(8)促进国际航行的飞行安全;

(9)普遍促进国际民用航空在各方面的发展。

2. 国际航空运输协会

国际航空运输协会(International Air Transport Association,IATA)(标志见图 5-5-2)简称国际航协,前身是 1919 年在海牙成立并在二战时解体的国际航空业务协会。1944 年 12 月,出席芝加哥国际民航会议的一些政府代表和顾问以及空运企业的代表聚会,商定成立一个委员会为新的组织起草章程。1945 年 4 月 16 日在哈瓦那会议上修改并通过了草案章程后,国际航空运输协会成立。同年 10 月,新组织正式成立,定名为国际航空运输协会,总部设在加拿大的蒙特利尔。是世界航空运输企业自愿联合组织的非政府性的国际组织,活动主要分为行业协会活动和运价协调活动两大类。

目前 IATA 在全世界近 100 个国家设有办事处,280 家会员航空公司遍及全世界 180 多个国家。中国有 13 家会员航空公司(除香港、澳门和台湾)。凡国际民航组织成员国的任一经营定期航班的空运企业,经其政府许可都可成为该协会的会员。经营国际航班的航空运输企业为正式会员,只经营国内航班的航空运输企业为准会员。

图 5-5-2 国际航空运输协会

IATA 的宗旨是为了世界人民的利益,促进安全、正常而经济的航空运输,对于直接或间接从事国际航空运输工作的各空运企业提供合作的途径,与国际民航组织以及其他国际组织通力合作。

(1)推动地空通信、导航、航空器安全飞行等新技术;

(2)制定机场噪声、油料排放等环境政策;

(3)与国际民航组织密切联系制定一系列国际公约;

(4)协助航空公司处理有关法律纠纷,筹建国际航空清算组织;

(5)推进行业自动化,促进交流;

(6)对发展中国家航空运输企业提供从技术咨询到人员培训的各种帮助;

(7)在航空货运方面制定空运集装箱技术说明及航空货运服务有关规章;

(8)培养国际航协代理人。

3. 国际货运代理协会联合会

国际货运代理协会联合会(International Federation of Freight Forwards Association, FIATA)(标志见图 5-5-3)是国际货运代理的行业组织。该协会于 1926 年 5 月 31 日在奥地利维也纳成立,总部设在瑞士苏黎世。并分别在欧洲、美洲、亚太、非洲和中东四个区域设立了区域委员会,任命有地区主席。FIATA 是世界范围内运输领域中最大的非政府性和非营利性组织。

图 5-5-3　国际货运代理协会联合会

FIATA 设立目的是代表、保障和提高国际货运代理在全球的利益。该联合会是目前在世界范围内运输领域最大的非政府和非营利性组织,具有广泛的国际影响。其会员来自全球 161 个国家和地区的国际货运代理行业,包括 106 家协会会员和近 6000 家企业会员。

4. 国际航空电信协会

国际航空电信协会(Society International De TelecommunicationAeronautiques, SITA)成立于 1949 年,是联合国民航组织认可的一个非营利性组织,是世界上航空运输业领先的电信和信息技术解决方案的集成供应商。随着成员不断增加和航空运输业务对通信需求的增长,SITA 已成为一个国际化的航空电信机构,SITA 经营着世界上最大的专用电信网络。

主要职责:带动全球航空业使用信息技术的能力,并提高全球航空公司的竞争能力,不仅为航空公司提供网络通信服务,还可为其提供共享系统,如机场系统、行李查询系统、货运系统、国际票价系统等。

5. 中国航空运输协会

中国航空运输协会(China Air Transport Association,CATA)(标志见图 5-5-4)于 2005 年 9 月 26 日在北京成立。以民用航空公司为主体,由企事业法人和社团法人自愿参加组成的行业性的、不以营利为目的的,经中华人民共和国民政部核准登记注册的全国性社团法人。

CATA 的目标任务是围绕国家改革发展大局,围绕企业经营的热点、难点,围绕维护会员单位合法权益,积极推进各项工作,坚定地走自立、自主、自律、自我发展的道路,以服务为本,把协会建设成中国航空运输企业之家、会员之家,以创新为源,把协会办成高效率、有信誉、具有国际影响的先进社团组织。

图 5-5-4　中国航空运输协会

二、民航货物运输的国际公约和法律

1.《芝加哥公约》

国际民用航空组织于1944年12月7日通过《国际民用航空公约》,因其在美国城市芝加哥签订,故又称其为《芝加哥公约》。根据芝加哥公约的规定,1947年4月1日,国际民航组织正式成立。1992年9月召开的国际民航组织第29届大会作出决议,自芝加哥公约签署50周年的1994年起,将

芝加哥公约

每年的12月7日定为"国际民航日"。我国于1974年2月15日承认该公约,同时决定参加国际民用航空组织的活动。

《芝加哥公约》确立了国家领空主权原则,规定了航空器国籍、航空运输管理、空中航行规则、事故调查和搜寻救援等航空活动的重要制度,明确了国际民用航空组织的宗旨、性质和机构。《国际民用航空公约》及其确立的原则,已经得到国际社会的普遍接受,是国际接受度最高的国际公约之一,目前,批准或加入该公约的国家已达到192个。

同时,《国际民用航空公约》也是现代国际航空法和国际民用航空新秩序的基石。以《国际民用航空公约》及其法律原则为基础,形成了包括19个附件在内的国际民用航空法律标准和措施体系,在制度上保障了国际民用航空活动的有序开展。

2.《华沙公约》

《华沙公约》全称为《统一国际航空运输某些规则的公约》,该公约于1929年10月12日签订于波兰华沙,于1933年2月13日生效。中国于1958年正式加入。

《华沙公约》是国际空运的一项基本的公约。规定了以航空运输承运人为一方和以旅客和货物托运人与收货人为另一方的法律义务和相互关系。共分5章41条。《华沙公约》规定了运输凭证的法定形式、法定内容、法定效力、对违反规定的承运人实施的法律制裁,并体现了航空运输以合同为准则的基本原则。

在承运人损害赔偿责任规定中,《华沙公约》采用了推定过失责任制。并对适用范围、一般原则、责任限额、索赔期限、司法管辖与仲裁等租赁相关规定。

3. 蒙特利尔协议

1975年,在蒙特利尔签订了第一、二、三、四号《关于修改〈统一国际航空运输某些规则的公约〉的附加议定书》,简称蒙特利尔第几号议定书。以与《华沙公约》和经《海牙议定书》《危地马拉议定书》修正的《华沙公约》接轨为目的,对《华沙公约》中规定的以法国法郎为标准货币单位的损害赔偿金最高限额做出了变更。

主要内容是:①承运人对每一旅客的责任限额为7.5万美元,如不包括法律费用则责任限额为5.8万美元。②采用严格责任制即承运人不引用华沙公约或海牙议定书的除外责任条款。③协议只适用于航线始发点、目的地点或经停点中有一点是在美国的航空运输。④承运人向旅客开出票据时,必须按规定方式和内容给旅客一纸通知。

4.《中华人民共和国民用航空法》

《中华人民共和国民用航空法》(以下简称《民航法》)由中华人民共和国第八届人民代表大会常务委员会第十六次会议于1995年10月30日通过,自1996年3月1日起施

行。2015年4月24日,第十二届全国人民代表大会常务委员会第十四次会议对其进行了修正。

在对航空货物运输的有关规定中,《民航法》吸收了《华沙公约》的主要精神,如国际航空运输的定义、承运人责任期间、收发货人的权利和义务、诉讼时效等,同时采纳了《海牙议定书》中的合理内容,删除了承运人的驾驶过失免责和延长索赔时效等规定。针对承运人对货物灭失或损坏的责任,《民航法》采取了更为严格的态度,即不是以是否存在过失来判断承运人是否负责,而是采用了严格责任制为基础。

小　结

蓬勃发展的国际航空运输业引发复杂的国际私法问题,也呼唤航空私法公约出台,以消除各国国内的航空法冲突。航空运输企业在提供运输服务时要严格遵守行业的相关法律法规和有关规章制度,才能保障运输的安全性。

案例分析:航空承运人责任辨析

青岛某货主将一批价值10000美元,计10箱的丝织品通过A航空公司办理空运出口至法国巴黎。货物交付后,由B航空公司的代理人A航空公司于2013年1月1日出具了航空货运单一份。该货运单注明:第一承运人为B航空公司,第二承运人是C航空公司,货物共10箱,重250千克,货物未声明价值。B航空公司将货物由青岛运抵北京,1月3日准备按约将货物转交C航空公司时,发现货物灭失。因此,B航空公司于当日即通过A航空公司向货主通知了货物已灭失。为此,货主向A航空公司提出书面索赔要求,要求A航空公司全额赔偿。

思考题:

请根据以上案例及本节内容,查阅有关信息,回答以下问题:

1. 谁应当对货物的灭失承担责任?

2. 本案是否适用于《华沙公约》?

单元六　航空运输信息化技术应用

学习目标：

1. 了解我国民航信息化建设现状。
2. 了解航空公司信息系统框架组成。
3. 了解航空商务系统五大系统功能。

情境导入：

在第七届数字趋势发展峰会上，中国南航、世纪互联、浪潮集团等知名企业的专家汇聚一堂，共同探讨运用大数据、互联网、云计算等新技术提升航空业的管理和民营环境，改善客户服务质量，提供个性化的航旅服务。

中国民航大学计算机科学与技术学院院长、中国民航信息技术科研基地院长徐涛提出，2020 年是民航强国的第一个阶段，信息化、业务化的深入融合将得到有效推进，尤其是在旅客保障、决策支持等领域进行提升，使整个行业信息化发展指数达到世界先进水平。本单元为大家介绍我国民航信息化建设现状和民航信息系统的框架组成。

在竞争日益激烈的航空运输市场，信息技术在航空公司获得了广泛应用。快速发展的信息技术可以在保证飞行安全的同时，降低运行成本，明显提高市场竞争力。

一、我国民航信息化建设现状

1. 我国民航信息化发展进程

我国民航信息化建设从"七五"开始起步，经过"八五""九五"的重点建设，民航信息化在基础设施建设、重要信息系统开发和运行、技术队伍建设和人才培训等方面都取得了显著成绩，为进一步加快民航信息化奠定了良好的基础。

我国民航信息化发展

"十五"期间，我国民航全行业实施了信息化"八大工程"，带动全行业基本实现了信息化，使中国民航的面貌发生了巨大变化。

"十一五"建设期间，我国民航信息化建设延续"八大工程"的建设格局，同时加强了信息安全建设，基本形成了以"空中交通管理服务的空管数据通信网和为航空运输服务的商务通信网为骨干的两大专用通信网络"为依托、"九系统"为支柱的发展格局。

"十三五"时期是全面建成小康社会的决胜阶段，是信息技术变革实现新突破的发轫阶段，也是我国从民航大国向民航强国迈进的关键阶段。民航业提出发展"智慧民航"，实现民航发展新跨越。

智慧民航建设是"十四五"时期民航发展的主线。2022 年 1 月，民航局印发《智慧民

航建设路线图》,明确提出了构建民航大数据管理体系,深化民航大数据场景应用,加强跨部门、跨区域、跨层级数据共享交换和衔接汇聚,打造智慧民航数据底座等工作任务。2022 年 10 月 9 日,民航局正式印发《关于民航大数据建设发展的指导意见》,明确了我国未来民航大数据建设发展的路线图和目标任务。

2. 我国民航信息化现状

随着我国民航科技创新水平不断提高,民航信息化建设快速发展,为我国民航持续安全发展提供了坚实的保障。目前我国航空公司基本实现了主要业务的计算机化,如订票系统、离港系统、货运系统、飞行管理系统、行李查询系统、财务系统、结算系统、飞行部门编排航班、机组排班等业务都是用计算机来处理的。随着民航"互联网十"行动深入推进,我国民航实现 100%的电子客票,离港系统 100%覆盖全国机场,自助值机、网上值机、手机值机等值机方式快速普及,中航信客票交易系统实现国产化。

二、航空公司信息系统框架

航空公司信息系统是管理信息系统在航空企业的具体应用,是以计算机和通信网络为基础,通过对航空企业的各项业务活动信息的加工处理来达到对企业运营过程的有效控制和管理,并为企业提供信息分析与决策支持的人机系统。目前航空公司信息系统框架(图 5-6-1)主要有决策层、管理层、作业层。

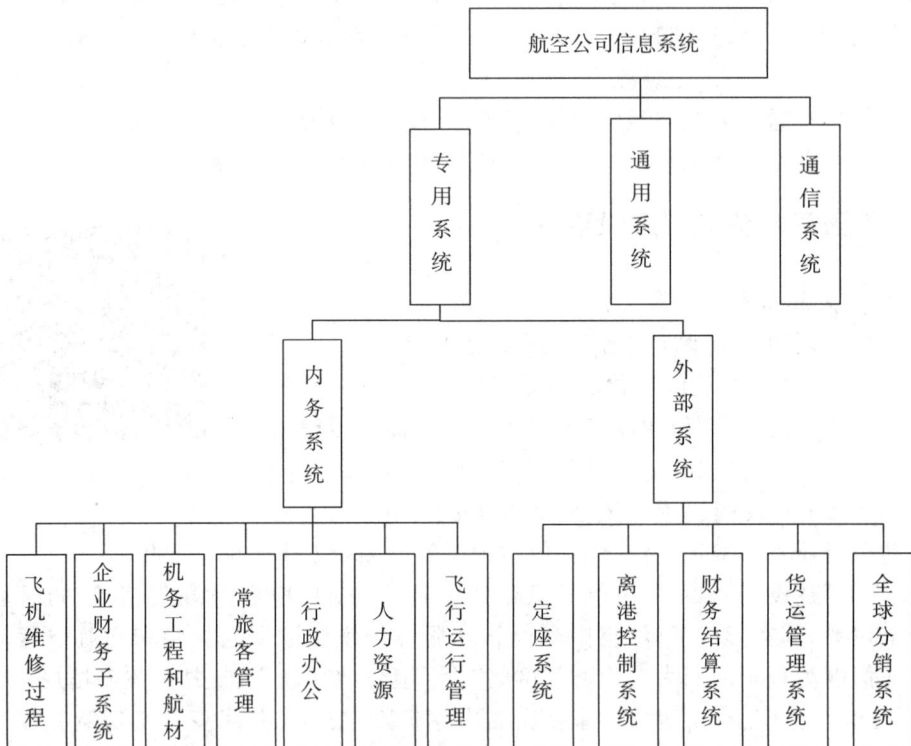

图 5-6-1 航空公司信息系统功能结构图

1. 专用系统

主要面向航空公司的主营业务,是辅助航空公司日常运行的核心部分。分为两部分:内务系统和外部系统。内务系统主要组成部分为飞行运行管理系统、飞机维修工程系统、企业财务子系统、机务工程和航材系统、常旅客管理系统、行政办公系统、人力资源系统。外部系统指跨航空公司的民航计算机业务系统,如航空商务系统。航空公司建立内部系统与外部系统的数据接口,为航空公司提供丰富、可用的数据资源。通过这两类专用系统与通用系统紧密集成,实现航空信息系统的主体功能。

2. 通用系统

面向航空公司的主要职能部门和管理部门,为职能部门的工作人员提供自动化管理手段和信息服务,并提供综合统计分析和决策支持。

3. 通信系统

作为航空公司与外界进行数据交互的接口,一方面是获取报文、航行情报、气象信息等外部资源的通道,同时也是航空公司向外界发布信息的主要渠道。

(一)航空商务系统

航空公司商务信息系统即外部系统,是为制订市场营销策略、指导客货运销售、参与民航市场竞争服务的。同时,也是实现对客票普通机票与电子机票与货运舱单生命周期内全程监控与管理的主要工具。

1. 定座系统(Reservation System)

计算机定座系统是指航空公司处理航空旅客订座和相关业务的大型计算机网络系统。具有显示、订座、航班控制、信息自动处理、管理报告、预付票款、自动出票和票价计算等多种功能。其可靠性高,处理速度快,预订时间长,是对航班管理和旅客服务的重要保障。

计算机定座系统可以通过卫星定位点、代售点连接起来,旅客可以很方便地预订系统内任何航班的座位。一个订座系统可以为多个航空公司提供服务,还可以与其他订座系统连接,通过拍发可用航班座位电报为旅客办理非本系统控制航班的订座业务。

定座系统是包含航空公司最基础销售数据的子系统,也是航空公司销售机票的主要工具。客票首先在定座系统中诞生,并由此开始了对它的全程监控与管理。定座系统是离港值机工作中航班与旅客信息的数据源,也是结算系统销售财务数据相当于一张客票的财务联的数据源。

2. 离港控制系统(Departure Control System)

离港系统又称机场旅客处理系统,是机场为旅客办理乘机手续的关键计算机信息系统。具有离港控制、航班旅客信息提取和处理、超重行李处理、登机牌、行李牌打印等功能,是旅客安检前办理登机手续的必用工具。

离港控制系统涉及航空公司的机场业务,包括接受旅客登机处理、打印登机牌、逾重行李计价、向配平系统与定座系统发布旅客与行李数据。好的系统还应该能够向结算系统提供一张客票的乘机联数据。

3. 货运管理系统(Cargo System)

货运管理系统维护着货运单记录(AWB)与航班舱位记录两种数据库并执行下述

功能。

(1)自动接受航空货运代理人输入的航空货运单记录(AWB),包括货物的件数、容积、重量、价值、航路、目的地。

(2)能将有关客户发货人、代理人、受托人、经济人等的信息自动连接至航空货运单中。

(3)查询运价库并自动计算每批货物的运输费用、累计杂项收费、保价费、仓储费、服务费等,从而计算出预付或到付收费总和,并记入记录中。

(4)舱位预定控制。舱位是用重量、容积或集装箱数表示的一个航班的运货能力。通常按航段或货运类型进行分配。系统维护着每个航班已经使用与尚未使用的航班舱位清单,并及时将尚未分配的运力提供给授权代理人销售。

(5)进出港控制。主要实现对进出港航班与货物的控制,其中包括货物的验收、进库出库管理、航班货物的分配、飞机加载、交货与偏差处理等。

(6)能够将记录自动转送至财务结算系统,以加快货运销售收入的分配与处理工作。

4. 结算系统(Clearing System)

结算系统负责空白机票的管理,也是航空客运机票(普通票与电子票)、货运单(AWB)生命周期的最后一站。一旦经过结算系统的处理,客运机票(普通票与电子票)与货运单(AWB)就完成了它的历史使命,转入历史数据库。

财务结算系统主要有两个基本功能:

(1)回收应收款。即把其他航空公司销售、而由航空公司承运的客货运收入追讨回来。

(2)把航空公司销售、而由其他航空公司承运的客/货运收入转交给承运人。只有财务结算系统向收益管理系统提供准确无误的数据,收益管理系统才能对航空市场作出精确的预测,并对市场运作起到正确的指导作用。航空公司才能在国际民航市场的激烈竞争中求得生存与发展。

5. 全球分销系统(Global Distribution System)

全球分销系统,是应用于民用航空运输及整个旅游业的大型计算机信息服务系统。通过 GDS,遍及全球的旅游销售机构可以及时地从航空公司、旅馆、租车公司、旅游公司获取大量的与旅游相关的信息,从而为顾客提供快捷、便利、可靠的服务。国际上已经有很多知名的 GDS 系统投入使用(如 GALILEO、SABRE、AMADEUS 等)。航空公司完全可以将自己的定座系统与最适合自己市场营销策略的 GDS 系统连接,以扩大自己的销售渠道。

(二)飞行运行管理系统(FOC)

航班运作是航空公司生产运作的最关键的环节,其相应的计算机系统——飞行运行管理系统 FOC(Flight Operation Center)或 SOC(System Operation Center)也是航空公司信息系统的核心。FOC(Flight Operations Control)是一个对航空公司进行运行管理的系统,它囊括了公司运行所涉及的各部门的职能,同时还应与公司进行机务、商务管理的系统建立接口,以及与机场和空管局等相关单位的生产系统建立接口。

FOC 系统功能主要包括航班管理、飞行签派、飞机数据管理、航行情报处理、报文处理、订座/离港信息采集、气象信息处理、运营分析、通用查询、INTERNET 查询、系统管理、飞行计划、配载平衡、飞行跟踪系统和应急备份系统等。

1. 机组管理及排班(Crew Management and Scheduling)

机组管理可分为飞行员管理和乘务员管理。飞行员管理主要是飞行员档案管理、人机比预测、飞行员改装及计划、飞机标准(机组资格)及排班因素设置等;乘务员管理主要是乘务员档案管理、乘务员需求分析、培训计划等。机组排班计划,包括飞行员及乘务员(Cabin Crew)排班,主要功能是根据航班计划中的飞机机型分配执行飞行机组,其因素有飞行小时限制(民航局 35 号令)、飞行标准、优先权、航班搭配、机组人员搭配等。

2. 航班预报(Flight Forecast)

航班预报是航班计划(Flight Schedule)的最后环节。航班计划的具体内容包括:航班时间、飞机机号、机组情况、预计载量等信息。

3. 航行签派(Flight Dispatching)

《中国民用航空飞行规则》规定飞行签派工作的任务是,根据航空公司的运行计划,合理地组织航空器的飞行并进行运行管理,争取航班正常,提高服务质量和经济效益。航空公司签派室由助理飞行签派员、飞行签派员和主任飞行签派员组成。

小　结

智能化是航空物流未来的发展方向。2017 年 8 月 17 日国务院发布的《关于进一步推进物流降本增效促进实体经济发展的意见》提出,年内实现全国通关一体化,将货物通关时间压缩三分之一;加快推进物流仓储信息化、标准化、智能化,提高运行效率等。为迎接全球信息化挑战,提高空管信息资源的综合应用能力,必须加速推进我国空管系统的信息化进程,统一全局信息化建设发展步伐,以进一步促进空管系统的安全水平和服务质量的提高。

案例分析:航空公司机票超售亟待规范解决

2010 年 10 月 22 日,旅客一行七人欲乘某次航班由西安前往上海,在咸阳机场办理登机牌时突然被告知因航空公司客票超售,其中一人不能登机,万般无奈,其中一位消费者只能被迫改乘其他航班。

据了解机票超售系国际航空界通行的一种销售方式,近年来逐渐被我国各航空运输企业所运用,其目的是减少航班中的座位虚耗、减少不必要的资源浪费,为更多旅客提供便利,同时提高航空收益。近年来,由于超售引发的消费者投诉频频上升,引起民航局的高度重视。民航局于 2007 年和 2011 年先后两次下发通知,对规范客票超售工作提出了具体要求:"一是航空公司办理航班座位超订或超售业务,应当充分考虑航线、航班班次、时间、机型、衔接航班等情况。二是航空公司应制定航班座位超订、超售实施办法,实施办法应包含旅客享有权利、优先登机规则和补偿办法等内容。三是航空公司应将实施办法在公司网站、售票场所及办理乘机手续柜台等处予以公告。四是当出现超售时,航空公司应首先寻找自愿放弃座位的旅客,并与旅客协商给予一定的奖励或补偿。五是航空公司制定的优先登机规则不得带有歧视性。当没有足够的旅客自愿放弃座位时,航空公司可以根据优先登机规则拒绝部分旅客登机。六是航空公司应为被拒绝登机的旅客提供相应的服务并给予一定的补偿。补偿的数额由航空公司自行制定并以适当方式公布。"

思考题：

请根据以上案例及本节内容，查阅有关信息，回答以下问题：

1. 请描述民航定座系统的功能。

2. 请问案例中的乘客是否可以求得补偿，如何补偿？

章节习题

一、单选题

1. 以下选项中，(　　)不属于 Area TC1 的范围。

A. 北美洲次区　　　B. 南美洲次区　　　C. 加勒比次区　　　D. 非洲次区

2. 全货机的飞机代号后有字母(　　)。

A. "F"　　　　　B. "P"　　　　　　C. "M"　　　　　D. "A"

3. B747M 属于(　　)

A. 全客机　　　　B. 全货机　　　　　C. 客货两用机　　　D. 客货互换飞机

4. 窄体飞机的下舱不可用于装载(　　)

A. 散装货物　　　B. 行李　　　　　　C. 邮件　　　　　D. 集装货物

5. 我国的主要国际机场都是(　　)级。

A. 2B　　　　　B. 3C　　　　　　C. 4E　　　　　D. 5F

6. (　　)是政府有关部门批准的，使飞机能够在地面通信导航设施的指挥下沿着一定高度、宽度和方向在空中飞行的空域。

A. 航路　　　　　B. 航线　　　　　C. 航班

7. (　　)是指飞机定期由始发站按规定的航线起飞、经过经停站到终点站或不经经停站直达终点的运输飞行。

A. 航路　　　　　B. 航线　　　　　C. 航班

8. (　　)是指在固定航线上按预定时间定期航行的形式。

A. 班级运输　　　B. 包机运输　　　　C. 包舱运输　　　D. 集中托运

9. 以下货物中，(　　)可以采用集中托运。

A. 贵重物品　　　B. 活体动物　　　　C. 服装　　　　　D. 文物

10. 国际民用航空组织的英文缩写为(　　)

A. IATA　　　　B. ICAO　　　　　C. FIATA　　　　D. CATA

11. (　　)全称为《统一国际航空运输某些规则的公约》。

A.《华沙公约》　　　　　　　　　　B.《芝加哥公约》

C.《危地马拉议定书》　　　　　　　　　D.《海牙议定书》

12. 在对航空货物运输的有关规定中,《民航法》吸收了(　　　)的主要精神。

A.《华沙公约》　　　　　　　　　　B.《芝加哥公约》

C.《危地马拉议定书》　　　　　　　　　D.《海牙议定书》

13. (　　　)是航班计划(Flight Schedule)的最后环节。

A. 航班预报　　　　B. 航班时间　　　　C. 飞机机号　　　　D. 预计载量

二、多选题

(　　　)1. 航空运输与其他运输方式相比,具有哪些优势?

A. 速度快　　　　　　　　　　　B. 安全

C. 不受地面条件限制　　　　　　　　D. 节省费用

(　　　)2. 一个国际往返航班必然同时涉及(　　　)航权和(　　　)航权。

A. 第一　　　　　B. 第二　　　　　C. 第三　　　　　D. 第四

(　　　)3. 机场飞行区主要有哪些设施组成。

A. 航路　　　　　B. 跑道　　　　　C. 滑行道　　　　D. 停机坪

(　　　)4. 航行通告按分发范围分为:

A. 国际、国内和地区系列航行通告　　B. S 系列雪情通告

C. V 系列火山通告。　　　　　　　D. 雪情通告

(　　　)5. 航空运单的填写必须做到

A. 详细　　　　　B. 准确　　　　　C. 单货一致　　　D. 单单一致

三、简答题

1. 请简述航空运输的概念和特征。

2. 请罗列航空飞机的分类。

3. 请简述空中交通管理的概念及内容。

4. 集中托运具有哪些优势和使用限制。

模块六　管道运输

"十四五"现代能源体系规划

模块导读：

2022 年，国家发改委印发《"十四五"现代能源体系规划》(下称《能源规划》)，展望 2035 年，我国能源高质量发展取得决定性进展，基本建成现代能源体系。《能源规划》显示，"十三五"以来，国内原油产量稳步回升，天然气产量较快增长，年均增量超过 100 亿 m^3，油气管道总里程达到 17.5 万 km。能源供应保障基础不断夯实，资源配置能力明显提升，有力保障了经济社会发展和民生用能需求。

2015—2020 年，中国地下储气库工作气量从 55 亿 m^3 增至 210 亿 m^3，比既定目标 148 亿 m^3 提高 40％以上。中国天然气需求从 2015 年的 1930 亿 m^3 增至 2020 年的 3260 亿 m^3，年均增长 11％。天然气在一次能源消费结构中的比重从 2015 年的 5.9％提高到了 2020 年的 8.4％。天然气管道总里程从 6.4 万 km 增加到近 11 万 km；跨境天然气管道也取得了重大突破，带来了更多进口天然气，2014 年，年输气能力 250 亿 m^3 的中国-中亚天然气管道 C 线在投产；2019 年，年输气能力 380 亿 m^3 的"西伯利亚力量1号"管道(中俄东线天然气管道)开通。

《能源规划》预计，到 2025 年，原油年产量回升并稳定在 2 亿吨水平，天然气年产量达到 2300 亿 m^3 以上。《能源规划》显示，在"十四五"期间，我国将加强油气跨省跨区输送通道建设，持续完善原油和成品油长输管道建设，优化东部沿海地区炼厂原油供应，完善成品油管道布局，提高成品油管道输送比例。加快天然气长输管道及区域天然气管网建设，推进管网互联互通。到 2025 年，全国油气管网规模达到 21 万公里左右。推进储气库及 LNG 接收站建设，打造华北、东北、西南、西北等数个百亿方级地下储气库群，优先推进重要港址已建、在建和规划的 LNG 接收站项目，到 2025 年，全国集约布局的储气能力达到 550 亿～600 亿 m^3，占天然气消费量的比重约 13％。

管道运输是我国运输体系的重要部分，也是国内五大运输系统之一，在国民经济和社会发展中起着重要作用。近年来，随着天然气及石油工业快速发展，油气管道运输建设规模已相对完整，初步形成了覆盖全国 31 个省(区、市)的原油、成品油和天然气三大主干网络和"西油东送、北油南运、西气东输、北气南下、海气登陆"的油气输送网络，但其地位及各项体系还有待进一步提升和健全。

单元一　管道运输概述

学习目标：

1. 了解管道运输的背景。

2. 掌握管道运输的主要优点和缺点。

3. 了解管道运输的发展前景和发展方向。

情境导入：

西气东输，是我们国家著名的工程项目。它西起塔里木盆地，东至上海，且全线采用自动化控制的方式，供气范围巨大，不仅覆盖了中原和华东地区，还包含了长江三角洲地区。

西气东输工程项目采用管道运输和干支结合的方式进行，根据当时的规模计划，管道运输天然气的规模计划每年建设 120 亿 m³ 的管道。一期工程投资预测为 1200 亿元，除此之外，上游气田的开发、主干道的管道铺设以及城市管网的铺设，使得一期项目投资超过3000 亿元。西气东输工程于 2000 年至 2001 年先后开动，最终于 2007 年全部建设完成。

管道运输是用管道作为运输工具的一种长距离输送液体和气体物资的运输方式，不仅运输量大、连续、迅速、经济、安全、可靠、平稳以及投资少、占地少、费用低，并可实现自动控制。除广泛用于石油、天然气的长距离运输外，还可运输矿石、煤炭、建材、化学品和粮食等。管道运输可省去水运或陆运的中转环节，缩短运输周期，降低运输成本，提高运输效率。随着管道运输的发展，管道的口径不断增大，运输能力大幅度提高；管道的运距迅速增加；运输物资由石油、天然气、化工产品等流体逐渐扩展到煤炭、矿石等非流体。中国已建成大庆至秦皇岛、胜利油田至南京等多条原油管道运输线。

一、管道运输的定义

管道运输是用管道作为运输工具的一种长距离输送液体和气体物资的运输方式，是一种专门由生产地向市场输送石油、煤和化学产品的运输方式，是统一运输网中干线运输的特殊组成部分。

管道运输石油产品比水运方式的费用高，但仍然比铁路运输便宜。大部分管道都是被其所有者用来运输自有产品。有时候，气动管也可以做到类似工作，以压缩气体输送固体舱，固体舱里装着货物，从而完成运输任务。

运输管道按输送物品的不同分为：原油管道（运送原油）、成品油管道（输送煤油、汽油、柴油、航空煤油、燃料油和液化石油气）、天然气管道（输送天然气和油田伴生气）和固体料浆管道（如输送煤炭料浆）。

二、管道运输的特点

在五大运输方式中,管道运输有着独特的优势。在建设上,与铁路、公路、航空相比,投资要省得多。就石油的管道运输与铁路运输相比,沿成品油主要流向建设一条长7000km的管道,它所产生的社会综合经济效益,仅降低运输成本、节省动力消耗、减少运输中的损耗3项,每年就可以节约资金数10亿元;而且对于具有易燃特性的石油运输来说,管道运输更有着安全、密闭等特点。

在油气运输上,管道运输有其独特的优势,首先在于它的平稳、不间断输送,对于现代化大生产来说,油田不停地生产,管道可以做到不停地运输,炼油化工工业可以不停地生产成品,满足国民经济需要;二是实现了安全运输,对于油气来说,汽车、火车运输均有很大的危险,国外称之为"活动炸弹",而管道在地下密闭输送,具有极高的安全性;三是保质,管道在密闭状态下运输,油品不挥发,质量不受影响;四是经济,管道运输损耗少、运费低、占地少、污染低。

成品油作为易燃易爆的高危险性流体,最好运输方式应该是管道输送。与其他运输方式相比,管道运输成品油有运输量大,劳动生产率高;建设周期短,投资少,占地少;运输损耗少,无"三废"排放,有利于环境生态保护;可全天候连续运输,安全性高,事故少;以及运输自动化,成本和能耗低等明显优势。

1. 管道运输的主要优点

(1)运量大

一条输油管线可以源源不断地完成输送任务。根据其管径的大小不同,每年的运输量可达数百万吨到几千万吨,甚至超过亿吨。

(2)占地少

运输管道通常埋于地下,占用的土地很少;运输系统的建设实践证明,运输管道埋藏于地下的部分占管道总长度的95%以上,对于土地的永久性占用很少,分别仅为公路的3%,铁路的10%左右,在交通运输规划系统中,优先考虑管道运输方案,对于节约土地资源意义重大。

(3)管道运输建设周期短、费用低

国内外交通运输系统建设的大量实践证明,管道运输系统的建设周期与相同运量的铁路建设周期相比,一般来说要短1/3以上。历史上,中国建设大庆至秦皇岛全长1152km的输油管道,仅用了23个月的时间,而若要建设一条同样运输量的铁路,至少需要3年时间,新疆至上海市的全长4200km天然气运输管道,预期建设周期不会超过2年,但是如果新建同样运量的铁路专线,建设周期在3年以上,特别是地质地貌条件和气候条件相对较差,大规模修建铁路难度将更大,周期将更长,统计资料表明,管道建设费用比铁路低60%左右。

天然气管道输送与其液化船运(LNG)的比较。以输送$300m^3/a$(立方米/年)的天然气为例,如建设6000km管道投资约120亿美元;而建设相同规模(2000万吨)LNG厂的投资则需200亿美元以上,另外,需要容量为12.5万m^3的LNG船约20艘,一艘12.5万立方米的LNG船造价在2亿美元以上,总的造船费约40亿美元。仅在投资上,采用

LNG 就大大高于管道。

(4)管道运输安全可靠、连续性强

由于石油天然气易燃、易爆、易挥发、易泄露,采用管道运输方式,既安全,又可以大大减少挥发损耗,同时由于泄露导致的对空气、水和土壤污染也可大大减少,也就是说,管道运输能较好地满足运输工程的绿色化要求,此外,由于管道基本埋藏于地下,其运输过程恶劣多变的气候条件影响小,可以确保运输系统长期稳定地运行。

(5)管道运输耗能少、成本低、效益好

发达国家采用管道运输石油,每吨千米的能耗不足铁路的 1/7,在大量运输时的运输成本与水运接近,因此在无水条件下,采用管道运输是一种最为节能的运输方式。管道运输是一种连续工程,运输系统不存在空载行程,因而系统的运输效率高。理论分析和实践经验已证明,管道口径越大,运输距离越远,运输量越大,运输成本就越低,以运输石油为例,管道运输、水路运输、铁路运输的运输成本之比为 1∶1∶1.7。

2. 管道运输的主要缺点

(1)专用性强

运输对象受到限制,承运的货物比较单一。只适合运输诸如石油、天然气、化学品、碎煤浆等气体和液体货物。

(2)灵活性差

管道运输不如其他运输方式(如汽车运输)灵活,承运的货物比较单一,它也不容随便扩展管线。实现"门到门"的运输服务,对一般用户来说,管道运输常常要与铁路运输或汽车运输、水路运输配合才能完成全程输送。

(3)固定投资大

为了进行连续输送,还需要在各中间站建立储存库和加压站,以促进管道运输的畅通。

(4)专营性强

管道运输属于专用运输,其成产与运销混为一体,不提供给其他发货人使用。

三、管道运输的发展历程

管道输油是伴随着石油工业的发展而产生的,1859 年 8 月美国在宾夕法尼亚州打出了第一口油井,所生产的原油用木桶马车送至火车站外运。马车运输,运送能力小,受天气、交通等因素影响大,不能满足油田生产的需要。为了适应油田开采的需要,1865 年 10 月美国修建了世界上的第一条输油管道,用以把原油从油田输送到火车站。该管道直径为 50mm,长 9756m,输送能力为 2.8m³/h(约 2 万吨/年),动力设备为蒸汽驱动的往复泵。为了适应天然气开采的需要,1886 年美国建设了世界上第一条工业规模的长距离输气管道。该管道从宾夕法尼亚州的凯恩到纽约州的布法罗,全长 140km,管径为 200mm。

早在公元前 3 世纪,中国就创造了利用竹子连接成管道输送卤水的运输方式,可以说是世界管道运输的开端。到 19 世纪末,四川自流井输送天然气和卤水的竹子管道长达 200 多 km。但由于旧中国长期封建制度的束缚和帝国主义列强的侵略、掠夺,直到解放,我国没有建成一条工业规模的油气输送管道。新中国成立后,随着新疆、四川等地油、气田的发现与开采,我国于1958年建设了第一条原油输送管道。该管道从新疆克拉玛依油田到独山子炼油厂,全长147km,管径150mm。又于1963年建设了第一条天然气输送管道,从重庆巴县石油沟气田至重庆孙家湾,简称巴渝线。

20世纪60年代以来,随着大油田的相继开发,在东北、华北、华东地区先后修建20多条输油管道,总长度达5998多km,其中原油管道5438km,成品油管道560多km。主要有:大庆—铁岭—大连港;大庆—铁岭—秦皇岛—北京;任丘—北京;任丘—沧州—临邑;濮阳—临邑;东营—青岛市黄岛;东营—临邑—齐河—仪征等,基本上使东北、华北、华东地区形成了原油管道网。此外,新疆克拉玛依—乌鲁木齐,广东茂名—湛江等地也建有输原油管道。1976年还建成了自青海格尔木到西藏拉萨的1100km成品油管道。1961年建成中国第1条输气管道:四川省綦江县至重庆市的巴渝输气管道,1991年在辽东湾海域铺设长距离海底输气管道(锦州—兴城连山湾),还建成了位于秦皇岛市境的中国第1条最长液氨地下管道。

西气东输管道走向示意图

我国油气长输管道网络已初步建成。2006—2015年十年间,我国累计新增油气长输管道里程数为6.47万km,其中,"十一五"期间新增3.45万km,"十二五"期间新增3.02万公里。截至2018年年末,我国累计建设油气长输管道里程数为13.6万km,其中,天然气管道累计达到7.9万km。

资源进口方面,我国资源进口通道日趋完善。其中,西北方向:中哈原油管道、中亚天然气管道A线/B线/C线,未来将增加D线;东北方向:中俄原油管道一线/二线、未来将增加中俄东线/西线天然气管道;西南方向:中缅原油管道、中缅天然气管道;沿海方向:LNG配套管道未来将陆续增加。我国存量"一带一路"沿线国家油气长输管道见表6-1-1所列。

中亚天然气管道走向示意图

表6-1-1 我国存量"一带一路"沿线国家油气长输管道

序号	管道名称	长度(km)	设计输气能力(亿立方米/年) 设计输油量(万吨/年)	投运时间
1	中亚天然气管道A线	A线与B线并行 单线1833km	300	2009
2	中亚天然气管道B线			2010
3	中亚天然气管道C线	1840	250	2014
4	中缅天然气管道	2520	120	2013
5	中缅原油管道(国内段)及安宁支线	658	1000	2017
6	中俄原油管道一线	999	1500	2010
7	中俄原油管道二线	942	1500	2017
8	中哈原油管道	2798	2000	2005

知识链接

中国−中亚天然气管道

　　中国−中亚天然气管道 A、B 两线基本为同期双线敷设,起点在阿姆河右岸的土、乌边境,经乌兹别克斯坦中部和哈萨克斯坦南部,从阿拉山口入境,成为西气东输二线。A 线于 2009 年 12 月投入运行,B 线于 2010 年 10 月投入运行。A、B 两线输气能力 300 亿 m³/a。土库曼斯坦的天然气经这一管道进入中国后,从新疆霍尔果斯向东抵达上海,向南抵达广州。C 线与 A、B 线并行敷设,起于土乌边境格达依姆,经乌兹别克斯坦、哈萨克斯坦,在新疆霍尔果斯口岸入境,到达霍尔果斯计量站。与西气东输三线相连,输气能力 250 亿 m³/a。D 线起始于土、乌边境,不再从霍尔果斯入境,而是从与吉尔吉斯斯坦接壤的天山南麓与昆仑山两大山系接合部的新疆乌恰入境。D 线设计输气量为 300 亿 m³/a,与西气东输五线相接。D 线 2014 年开工,设计年输量 300 亿 m³。

案例分析:"西气东输二线"的建设与发展

　　中国−中亚天然气管道起于阿姆河右岸的土库曼斯坦和乌兹别克斯坦边境,经乌兹别克斯坦中部和哈萨克斯坦南部,从霍尔果斯进入中国,成为"西气东输二线"。

　　中国−中亚天然气管道分 A、B 双线敷设,单线长 1833km,是世界上最长的天然气管道。C 线也已铺设完毕,D 线正在铺设中。从 2009 年 12 月投产以来,每年从中亚输送到国内的天然气约占全国同期消费总量的 15% 以上。截至 2020 年 3 月 7 日,累计输送进口天然气达到 3046 亿 m³。

　　中亚天然气管道是我国首条从陆路引进的天然气跨国能源通道,与同期建设的西气东输二线衔接,管道全长约一万 km,是迄今为止世界上距离最长的天然气大动脉。其中土库曼斯坦境内长 188km,乌兹别克斯坦境内长 530km,哈萨克斯坦境内长 1300km,其余约 8000km 位于中国境内。西气东输二线在我国境内首站为新疆的霍尔果斯,途经新疆、湖北、浙江等省份,向东抵达上海,向南抵达广州,并最终到达香港,为中国经济社会发展和人民生活提供更多清洁高效的天然气资源。(材料来源:央广网,2020−03−08)

思考题:

管道运输在我国综合运输发展中处于怎么样的地位?

单元二　管道运输系统的基本设施及其分类

学习目标：

1. 了解管道运输系统的基本设施。
2. 掌握输油管道的类别和主要设施。
3. 掌握天然气输送的主要设施设备。
4. 了解固体料浆管道运输设备的主要组成。

情境导入：

截至 2017 年底，我国长输天然气管道总里程达到 7.7 万 km，其中，中国石油天然气股份有限公司（简称中国石油）所属管道占比约 69%、中国石油化工股份有限公司（简称中国石化）占比约 8%、中国海洋石油总公司（简称中国海油）占比约 7%、其他公司占比约 16%，干线管网总输气能力超过 2800 亿 m³/年。

2017 年，我国新建成天然气管道主要包括中俄东线天然气管道试验段、陕京四线天然气管道（简称陕京四线）、西气东输三线天然气管道（简称西三线）中卫—靖边联络线，以及如东—海门—崇明岛、长沙—浏阳、兰州—定西等天然气管道，长度超过 2000km。

我国进口天然气管道陆续开通，国家基干管网基本形成，部分区域性天然气管网逐步完善，非常规天然气管道蓬勃发展，"西气东输、北气南下、海气登陆、就近外供"的供气格局已经形成，互联互通相关工作正在全面开展。

中俄天然气管道

一、管道运输的基本设施

管道运输系统的基本设施包括管道线路设施、管道站库设施和管道附属设施。管道线路设施是管道运输的主体，主要有输油管道、输气管道和固体料浆管道。由于管道运输的过程是连续进行的，因此管道两端必须建造足够容纳其所承载货物的储存库。

1. 管道线路设施

（1）输油管道

输油管道（也称管线、管路）是由油管及其附件所组成，并按照工艺流程的需要，配备相应的油泵机组，设计安装成一个完整的管道系统，用于完成油料接卸及输转任务。输油管道系统，即用于运送石油及石油产品的管道系统，主要由输油管线、输油站及其他辅助相关设备组成，是石油储运行业的主要设备之一，也是原油和石油产品最主要的输送设备。与同属于陆上运输方式的铁路和公路输油相比，管道输油具有运量大、密闭性好、成本低和安全系数高等特点。

输油管道的管材一般为钢管,使用焊接和法兰等连接装置连接成长距离管道,并使用阀门进行开闭控制和流量调节。输油管道主要有等温输送、加热输送和顺序输送等输送工艺。管道的腐蚀和如何防腐是管道养护的重要环节之一。目前输油管道已经成为石油的主要输送工具之一,且在未来依旧具有相当的发展潜力。

(2)输气管道

输气管道指主要用于输送天然气、液化石油气、人工煤气的管道。在长距离运输中,输气管道专指输送天然气介质。在城镇中,输气管道指输送天然气、液化石油气、人工煤气等介质。

(3)固体料浆管道

将固体破碎成粉粒状,与适量的液体配制成浆液,利用管道进行长距离输送,这种管道称为固体料浆管道。因输送的物质是用液体载着固体的浆液,又称浆液管道。现代固体料浆管道运输中输送的固体主要是煤,此外还有铁、磷、铜、铝矾土和石灰石等矿物,所用液体一般为水,用增压设备为输送浆液提供压力,运距远,运输量大。

2. 管道站库设施

(1)站点

站点一般分为首站、中间站和末站三种。

首站位于管线的首端,其作用一般为汇集货物并将其变成流体然后加压送往中间站。除加压设备外,首站还应具备较强的储存能力和运输中的计量和预处理能力。

中间站位于管线上首站和末站之间,长距离运输时中间站不止一个,中间站的作用主要是给管道加压,为管道运输提供能量。对于某些货物还需进行其他处理。例如:运输易凝高粘原油,中间站还必须给原油加热以增加其流动性。

末站位于管线的末端,其作用是接收管道输送的货物,然后送往使用单位或用其他运输方式转运出去。有些货物在末站还需进行处理,例如:煤浆的脱水、成型。因此,管道的末站应具备较强的储存能力和转运能力以及必要的作业能力。

(2)泵站布置

油品在输油首站加压进入管道后,在流动中要克服摩擦阻力,能量不断减少,长距离输送油品,必须建立中间加压泵站。每个泵站供给油品的最大压力能,受泵的管材性能和强度的限制。

输送距离愈长,所需的中间泵站愈多。在地形起伏较大的地区,输油管道的末段通过高峰时,油品自该高点至终点所得的位能可能大于为克服流动时的摩擦阻力所需的能量,这样的高点称为翻越点。油品过翻越点后不仅可以自流,还会因位能有余而使流速加快,从而在管道中出现不满流。不满流不仅浪费能量,还会使冲击压力增大,在顺序输送的管道上,则会导致混油量增大。

为避免不满流的危害,防止停输时管内油品的静水压力可能超过管道强度的容许值,在翻越点之后要采取措施增加摩擦阻力,如在管道沿线高差很大的管段上设减压站,并设置分隔静水压力的截断阀等。

(3)压气站设置

货物经由管道从甲地输送到乙地、必须靠压力来推动,压力站就是管道运输动力的

位于宁夏的中卫联络压气站

来源。一般管道运输压力的来源有气压式、水压式、重力式及最新的超导体磁力式。通常气体的输送动力来源靠压缩机来提供,这类压力站彼此的设置距离一般为 80~160km,液体的输送动力来源则是靠泵提供,这类的压力站设置距离为 30~160km。

为提高天然气压力或补充天然气沿管道输送所消耗的压力,需要设置压气站。是否需要建设起点压气站,取决于气田压力。当气田压力能满足输气的需要时,可暂不建站。长距离输气管道必须在沿线建设若干个中间压气站。中间压气站的数目主要由输送距离和压缩比决定。

二、输油管道运输设备

1. 输油管道的种类

（1）等温输油管

输送轻质油或低凝点原油的管道不需加热,油品经一定距离后,管内油温等于管线埋深处的地温,这种管道称为等温输油管,它无须考虑管内油流与周围介质的热交换。

（2）热油输油管

对易凝、高黏油品,不能采用等温方法输送,因为当油品凝固点远高于管路周围环境温度时,每千米管道的压降将高达几个甚至几十个大气压,这种情况下,加热输送是最有效的办法。

因此,热油输送管道不仅要考虑摩擦阻力的损失,还要考虑散热损失,输送工艺更为复杂。

2. 输油管道的组成

长距离输油管道设施组成图如图 6-2-1 所示。

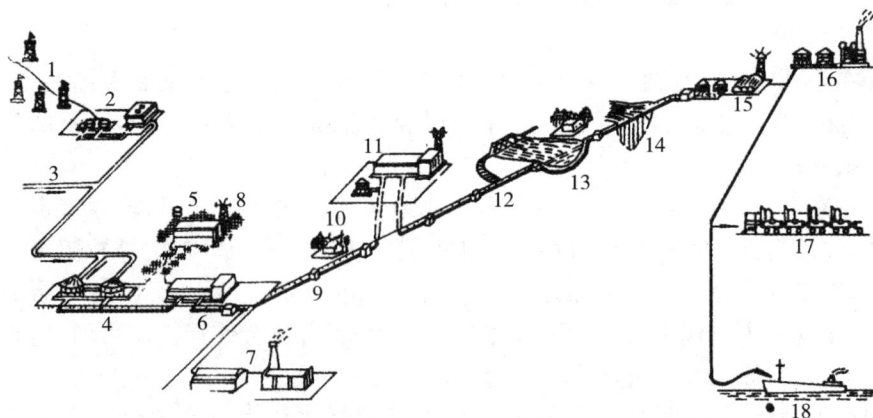

1—井场;2—输油站;3—来自油田的输油管;4—首站罐区和泵房;5—全线调度中心;6—清管器发放室;
7—首站锅炉房;8—微波通讯塔;9—线路阀室;10—维修人员住所;11—中间输油站;12—穿越铁路;
13—穿越河流;14—跨越工程;15—车站;16—炼厂;17—火车装油线桥;18—油轮码头。

图 6-2-1　长距离输油管道设施组成图

(1)输油站——沿管道干线为输送油品而建立的各种站场。

包括:首站、中间站、末站。

首站:长输管道的起始点,主要任务是集油、输送。

中间站:为油流提供能量,即加压泵站和加热站。

末站:位于管道的终点,往往是受油单位的油库或转运油库。

(2)管线

管道、沿线阀室、穿越设备、管道防腐保护措施、供电和通信设施等。

3. 输油管道的主要设备

(1)离心泵与输油泵站

离心泵:是输油站的核心设备,是将机械能变成液体动能的动力装置。一般采用电动机、柴油机或燃气轮机驱动。离心泵和驱动机组成泵机组,通常一个泵站设几个泵机组,根据需要采用串联或并联连接。

输油泵站:设于首站和中间站,为油流提供能量。

(2)输油加热炉

在输送原油的过程中,为降低能量消耗,防止凝结,减少结蜡,通常采用加热炉加热。

加热方法有直接加热和间接加热两种方式。直接加热方法是使原油在加热炉炉管内直接加热,即低温原油先经过对流室炉管被加热,再经辐射室炉管被加热到所需要的温度。间接加热炉,也称热煤炉,它利用某种中间热载体(又称热媒)通过换热器加热油品(原油)。间接加热炉的优点是安全、可靠,但系统复杂,不易操作,造价亦较高。

(3)储油罐

用来储存石油和产品,是 19 世纪 60 年代发展起来的一种储存石油及其产品的设备。

油罐按建造方式,可分为地下油罐(罐内油品最高液面比邻近自然地面低 0.2m 以上者)、半地下油罐(油罐高度的 2/3 左右在地下)和地上油罐(油罐底部在地面或高于地面者)三种。按建造材料,分为金属油罐、非金属油罐。按罐的结构形式,分为立式圆柱形油罐、卧式油罐、双曲率形油罐三类。

(4)管道系统

输油系统一般采用有缝或无缝钢管,大口径者可采用螺旋焊接钢管。

无缝钢管壁薄、质轻、安全可靠,但造价高。多用于工作压力高、作业频繁的主要输油管线上。无缝钢管的规格标称方法是:外径×壁厚,如 ϕ108×4 表示外径为 108mm、壁厚为 4mm 的无缝钢管。无缝钢管常用碳素结构钢轧制,常用 10 号－45 号钢,长度在 4~12m,承受压力在 20~40kg/cm²。

焊接钢管又称有缝钢管,是目前输油管路的主要用管。制造材料多为普通碳素钢和合金钢,制造工艺有单面焊和双面焊两种,一般可耐压 30~50kg/m²。其规格标称方法采用公称口径的毫米或英寸数,如 Dg100 表示公称直径 100mm 管(即 4 in 管)。

(5)清管设备

清理管道结蜡,保证管道通畅。

（6）计量及标定装置

掌握油品的首发量、库存量、损耗量。在现代化的管道运输系统中，还可以调整运行状态、矫正压力与流量、检查泄露等。

知识链接

天然气输送管道材料

钢管是管道的主要材料。天然气输送钢管是板（带）经过深加工而形成的较特殊的冶金产品。管材广泛采用 X-60 低合金钢（强度极限 42 千克力/厘米^2），并开始采用 X-65、X-70 等更高强度的材料。为降低管道内的摩擦阻力，426 毫米以上的新钢管已普遍采用内涂层。

20 世纪 60 年代，一般采用 X52 钢级，70 年代采用 X60、X65 钢级，八九十年代以 X70 钢为主。外国一些国家输气管道已开始采用 X80 钢。随着管道钢研究的不断发展，加拿大等国已铺设了 X100 和 X120 管道钢的试验段。我国在冀宁联络线管道工程中，首次把 X80 级管道钢用于 7.71km 的试验段。长达 4843km 的西气东输二线干线管道全部采用了直径为 1219mm 的 X80 钢级管道钢，将输气压力提高到 12MPa。对于天然气管道的管材来说，强度、韧性和可焊性是三项最基本的质量控制指标。

三、输气管道运输设备

我国是世界上最早使用管道输送天然气的国家之一。第一条现代意义的输气管道是 1963 年在四川建成的、管径 426mm、长度 55km 的巴渝管线。到 20 世纪 80 年代，全世界的输气管道约 90 万 km，美国、西欧、加拿大及苏联等国家均建成了规模较大的输气管网甚至跨国输气管道。

1. 输气管道的组成

输气管道系统主要由矿场集气管网、干线输气管道（网）、城市配气管网以及与此相关的站、场等设备组成。

这些设备从气田的井口装置开始，经矿场集气、净化及干线输送，再经配气管网送到用户，形成一个统一的、密闭的输气系统。

2. 输气管道的主要设备

1）矿场集气

集气过程指从井口开始，经分离、计量、调压、净化和集中等一系列过程，到向干线输送为止。集气设备包括井场、集气管网、集气站、天然气处理厂、外输总站等。

一般气田的集气有单井集气和多井集气两种流程。

（1）单井集气。单井集气方式下的每一口井场除采气树外，还有一套独立完整的截流（加热）、调压、分离、计量等工艺设施和仪表设备。

（2）多井集气。主要靠集气站对气体进行截流、调压、分离、计量和预处理等工作，井场只有采气树；气体经初步减压后送到集气站，每一个集气站可汇集不超过十口井的气体；集气站将气体通过集气管网集中于总站，外输至净化厂或干线。多井集气处理的气体质量好，劳动生产率高，易于实现管理自动化；多用于气田大规模开发阶段。

2）输气站（或压气站）

输气站又称压气站。核心设备是压气机和压气机车间。任务是对气体进行调压、计量、净化、加压和冷却，使气体按要求沿着管道向前流动。

由于长距离输气需要不断供给压力能，故沿途每隔一定距离（一般为110～150km）设置一座中间压气站（或称压缩机站），具体是：

（1）首站也是第一个压气站，当地层压力大至可将气体送到第二站时，首站也可不设压缩机车间。

（2）第二站开始称为压气站，最后一站即干线网的终点——城市配气站。

3）干线输气

干线是指从矿场附近的输气首站开始到终点配气站为止。由于输气管道输送的介质是可压缩的，其输量与流速、压力有关。

压缩机站与管路是一个统一的动力系统。压缩机的出站压力就是该站所属管路的起点压力，终点压力为下一个压缩机站的进站压力。一般地，输气管线可以有一个或多个压缩机站。高压、大管径是长距离输气管道的发展方向。

4）城市配气

城市配气是指从配气站（即干线终点）开始，通过各级配气管网和气体调压所按用户要求直接向用户供气的过程。配气站是干线的终点，也是城市配气的起点与枢纽。气体在配气站内经分离、调压、计量和添味后输入城市配入管网。

城市配气管网形式可分树枝形和环形两类，按压力则可分高压、次高压、中压和低压四级。由于不同级别的管网上管道等设施的强度不同，上一级压力的管网必须调压后才能输向下一级管网。

城市一般均设有储气库，可调节输气与供气间的不平衡。

四、固体料浆管道运输设备

1. 固体料浆管道系统的组成

固体浆料管道运输是指将待运的固体物质破碎成粉粒状，用适量的液体配制成可输送的浆液，通过长输管道输送浆液到目的地，再将固体与液体分离后送给用户。

主要输送物为煤、铁矿石、磷矿石、铜矿石、铝矾土、石灰石等；

配制浆液主要是水，还有少量的燃料油或甲醇；

组成部分：浆液制备厂、输送管道、浆液后处理系统。

以煤浆管道为例，包括：煤水供应系统、制浆厂、干线管道、中间加压泵站、终点脱水与干燥装置。

2. 固体料浆管道的主要设备

料浆管道的基本组成部分与输气、输油管道大致相同，但还有一些制浆、脱水干燥设备。以煤浆管道为例,整个系统包括煤水供应系统、制浆厂、干线管道、中间加压泵站、终点脱水与干燥装置。

它们也可分为三个不同的组成部分:浆液制备厂、输送管道、浆液后处理系统。以煤为例,其制浆过程为:煤浆制备过程包括洗煤、选煤、破碎、场内运输、浆化、储存等环节;为清除煤中所含硫及其他矿物杂质,一般要采用淘选、浮选法对煤进行精选,也可采用化学法或细菌生物法;从煤堆场用皮带运输机将煤输送至储仓后,经振动筛粗选后进入球磨机进行初步破碎,再经第二级振动筛筛分后进入第二级棒磨机掺水细磨,所得粗浆液进入储浆槽,由提升泵送至安全筛筛分,最后进入稠浆储罐。图6-2-2为黑迈萨管道制浆流程示意图。

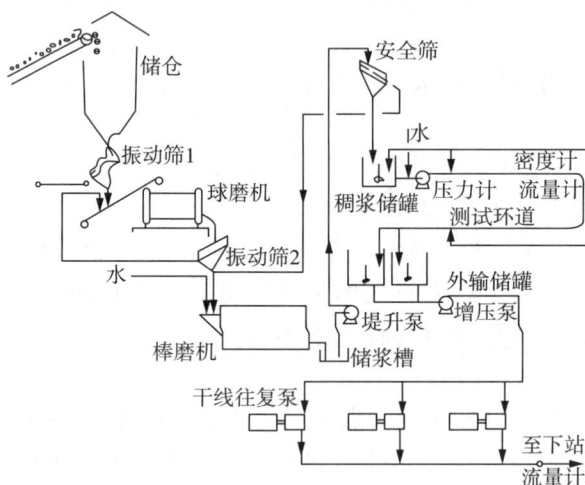

图6-2-2 黑迈萨管道制浆流程示意图

小 结

  管道运输是国际货物运输方式之一,是随着石油生产的发展而产生的一种特殊运输方式。具有运量大、不受气候和地面其他因素限制、可连续作业以及成本低等优点。随着石油、天然气生产和消费速度,铺设地下运输管线的增长,管道运输发展步伐不断加快。管道运输业是中国新兴运输行业,未来10年是中国管道工业的黄金期,得益于中国经济的持续快速发展和能源结构的改变,建设的中俄输气管线、内蒙古苏格里气田开发后兴建的苏格里气田外输管线、吐库曼和西西伯利亚至中国的输气管线等,不仅为中国,也为世界管道业提供了发展机遇。

中俄东线天然气管道
累计输气逾100亿 m³

案例分析:中俄东线天然气管道成功穿越国境线

  2018年7月11日凌晨,全长1127m的管道成功穿越国境线,与俄罗斯境内的接收井平稳对接。据了解,这是中俄东线天然气管道工程首条黑龙江盾构隧道管道安装工程,这种新的安装工艺填补了我国小断面盾构隧道安装大口径管道的技术空白,创造了历史。中俄天然气管道工程是我国能源战略中重要的一项工程,是我国引进境外油气资源所建设的最大口径、最高钢级、最大输送压力的管道工程。这项工程在我国境内及俄罗斯境内都要经过高寒地区,对施工要求异常严格。同时,这项工程也是我国首条智能管道建设的试点工程,可实现管道全数字化移交、全智能化运营、全生命周期管理。

　　以往,盾构隧道管道安装采用在隧道内进行管道组对焊接的方式。此次管道安装工程按照设计要求,隧道直径 2.44m,管道口径 1.42m。管道进入隧道后,左右缝隙不足 50cm,人根本无法进入。因此,此次采用的是竖井内组对焊接,而这样的技术目前国内还没有成功经验可借鉴。为保障焊接质量,适应中俄东线智能管道建设的要求,施工现场的每台焊接设备、防腐设备都安装了工艺参数采集系统、数据储存器、数据传输系统,将生产工艺过程信息进行采集、储存与上传。通过工程建设管理系统,管理人员可以查看每一道焊口在焊接过程中的实时视频和关键数据,便于现场施工的远程监控和管理。历经 2499.5 个小时不间断连续焊接作业,随着隧道内平巷段管道最后一道焊口焊接完毕,宣告小断面盾构隧道施工顺利完成。(黑龙江日报 2018—07—19 第三版)

思考题:

我国长距离管道运输建设和发展的趋势如何?

单元三　管道输油(气)工艺

学习目标:

1. 掌握管道油品顺序输入方法和易凝高粘油品输送方法。
2. 熟悉和理解油品输送流程。
3. 了解管道输油泵站的布置。
4. 掌握管道输气流程。
5. 了解管道输气中的相关工艺。

情境导入:

2019 年中国天然气消费同比增长 9.4%,远超同期能源消费总量增速。2020 年 9 月,《中国天然气发展报告(2020)》出炉,综合预测结果显示,2020 年全国天然气消费量约 3200 亿 m^3,比 2019 年增加约 130 亿 m^3。预计全国天然气(含非常规气)新增探明地质储量约 8000 亿 m^3;国产气量(含非常规气)1890 亿 m^3(不包括煤制气),同比增长约 9%,总体保持较快增长态势。进口天然气 1400 亿 m^3 左右,与 2019 年基本持平或略有增长,预计进口管道气 500 亿方、进口 LNG900 亿方左右。预计 2040 年前,天然气消费仍将

中国天然气发展报告 2020

保持快速增长。近 20 年来,中国天然气消费量从 2000 年不足 300 亿 m^3 扩大到超 3000 亿 m^3,年均增速高达 10.3%,远高于同期能源消费总量 6.5% 的增速。尽管如此,天然气占我国能源消费总量的比重仍仅为 8.1%,远低于 24% 的全球水平。"十四五"期间,国内天然气市场潜力巨大。

2014 年 5 月,中国石油与俄罗斯天然气工业股份公司签署《中俄东线供气购销合同》,投资金额高达 4000 多亿美元,被俄罗斯总理梅德韦杰夫称为"世界上最大的能源合作项目之一"。根据此"世纪大单"约定,从 2018 年起,俄罗斯将每年向中国输送天然气,最终年输送量将要达到 380 亿 m^3。作为全球主要的天然气出口国、毗邻中国的俄罗斯,无疑是最有望成为中国天然气市场扩大的最大受益者。2019 年 12 月 2 日,中俄东线天然气项目("西伯利亚力量")已经正式投产,据 Gazprom(俄罗斯天然气公司)官网的信息,该项目最终每年将可以对华出口 380 亿 m^3 的天然气。以中国 2018 年 1262 亿 m^3 的天然气进口量来计算,380 亿 m^3 已经

中国天然气发展报告 2021

相当于我国天然气进口量的 30% 以上,这无疑将令俄罗斯成为我国天然气一大重要供应渠道。2020 年 7 月 28 日当天,中俄东线天然气管道南段(永清—上海段)长江盾构穿越工程正式动工,标志着中俄东线天然气管道南段建设迎来全新阶段。据悉,按照计划此项目将在 2025 年 6 月投产,预计建成后可为我国上海等长三角地区的城市供气,规模将达 189 亿 m^3(折合约 2400 万吨)。

一、管道输油工艺

1. 油品输送的方法

(1)油品顺序输送

在一条管道中按一定顺序连续输送多种油品的管道输油工艺,称为油品顺序输送,亦称为"交替输送"或者"混油输送"。

多种油品顺序输送与多条单一油品管道输送相比,可以有效提高管道输送效率,最大限度地满足不同用户的需求,具有明显的经济效益。19 世纪末,美国首先采用顺序输送工艺,输送了 3 种品级的煤油。20 世纪 40 年代,随着顺序输送的混油机理和计算理论的逐步完善,世界上各长距离成品油管道广泛采用顺序输送工艺,其顺序输送的油品品种多达 10 余种,包括的品级或牌号则有上百种,取得巨大的经济效益。

国内对顺序输送技术的研究始于 20 世纪 70 年代,直到 2002 年,我国才真正建设成第一条具有一定规模的长距离、大口径、多分输的顺序输送成品油管道——兰成渝管道。

能否顺序输送的关键是能否保证油品质量和能否避免混油损失。让相互能溶解的油品(如汽油和柴油)在管道中连续流动数百甚至数千千米,它们在界面处发生混合是不可避免的。当安排油品的输送顺序时,通常使性质相近的油品相邻,从而允许掺入更大比例的混油,例如汽油或柴油允许掺入的煤油量,远大于汽油允许掺入的柴油量或柴油允许掺入的汽油量。我国格拉管线利用比例泵、喷嘴把混油直接掺进管道内的纯油中,在 $3000m^3$ 的纯油中掺入 $3\sim6m^3$ 的混油,油品质量仍合格。

(2)易凝高黏油品输送方法

是指采取降凝、降黏和减阻等措施输送易凝高黏油品的方法。

易凝油品是指凝固点高于管道所处环境温度的高含蜡量的原油和重油;高黏油品是指黏度值高达数沲(运动黏度单位,Stokes)的油品。这两类油品的输送须采用降黏和减阻等管道输油工艺。迄今为止,中国已建的原油输送管道所输送的大多是易凝高黏原油。

易凝高黏油品常采取降黏和减阻等方法输送。目前用于工业生产的有下列方法。①加热:将油品加热以提高蜡和胶质在油中的溶解度,降低输送时的黏度。②高速流动:利用油品在管道中高速流动时产生的摩擦热,使油品保持在一定的温度范围内输送。③稀释:将易凝高黏油品与低凝原油、凝析油或轻馏分油混合输送,以减少输送时的摩阻,并降低油品的凝固点。④改变蜡在油品中的结构形态:常用热处理方法。在蜡晶形成和长大过程中,加热温度的高低,冷却速度的快慢,剪切力大小或搅动作用的强弱都会影响结晶形态。因此,利用热处理方法,将油品加热到某一温度后,按一定条件和速度冷却,使蜡在重新结晶时形成强度较低的网络结构,从而降低凝固点,改善流动性。⑤用水分散易凝高黏油品或改变管壁附近的液流形态:有水悬浮和乳化降黏两种方法。水悬浮是将易凝油品注入温度远低于凝固点的水中,形成凝油粒与水组成的悬浮液,输送时摩阻仅略大于水。乳化降黏方法是将表面活性剂水溶液或浓度 $0.05\%\sim0.2\%$ 的碱性化合物加入高黏油中,在适当的温度和剪切力作用下,形成水包油型乳化液,可显著降低高黏原油的黏度。这种方法目前常用于高黏原油的输送。

2. 油品输送流程

长距离输油管道由输油站和线路组成。输油站就是给油流一定的能量(压力能和热力能),按所处位置分首站、中间站、末站,中间站按任务不同分加热站、加压站、热泵站(加压、加热)。首站:输油管道起点的输油站,任务是接受(计量、储存)原油,经加压、加热向下一站输送;输油管道终点的输油站称末站,接受来油和把油品输给用油单位,配有储罐、计量、化验及运转设施。

西气东输中卫压气站实景图

(1)"旁接油罐"式输送流程:上站来油可进入泵站的输油泵也可同时进入油罐的输送工艺,油罐通过旁路连接到干线上,当本站与上下站的输量不平衡时,油罐起缓冲作用,特点:各管段输量可不等,油罐起缓冲作用;各管段单独成一水力系统,有利于运行调节和减少站间的相互影响;与"从泵到泵"相比,不需较高的自动调节系统,操作简单。

(2)"从泵到泵"式输送流程:为密闭输送工艺,中间站不设缓冲罐,上站来油全部直接进泵,特点:可基本消除中间站的蒸发损耗;整个管道成一个统一的水力系统,充分利用上站余压,减少节流,但各站要有可靠的自动调节和保护装置;工艺流程简单。

3. 泵站的布置

输送流程管道沿线上下两泵站之间的连接方式,有开式流程和密闭流程两种(图6-3-1)。

(1)开式流程:上站来油通过中间泵站的常压油罐输往下站的输送流程。目前普遍采用的开式流程是上站来油直接进入油泵的进口汇管,与汇管旁接的常压油罐仅仅用于缓冲上下油泵站输送量的不均衡,不作计量用。开式流程的各泵站只为站间管道提供压力能,不能调制各泵站的压力。

(2)密闭流程:密闭输送也叫"从泵到泵"输送。它是上一站来的输油干线与下一站输油泵的吸入管道直接相连。这种输油流程的特点是全线各站的输量相等,全线构成一个统一的水力系统。

从20世纪40年代开始,随着输油自动化水平的提高和离心泵的广泛使用,输油管道逐渐改用密闭流程。密闭流程是在中间泵站不设油罐,上站来油直接进泵,沿管道全线的油品在密闭状态下输送。密闭流程的优点是,避免油品在常压油罐中的蒸发损耗,减少能量损失;简化泵站流程;在所要求的输送量下,可以统一调配全线运行的泵站数,最经济地实现输油目的。

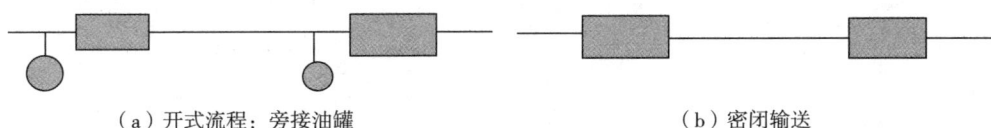

（a）开式流程：旁接油罐　　　　　　　　　　　　（b）密闭输送

图 6-3-1　两种输送流程

知识链接

燃料油最重要的性能指标——黏度

　　黏度是燃料油最重要的性能指标，是划分燃料油等级的主要依据。它的大小表示燃料油的易流性、易泵送性和易雾化性能的好坏。对于高黏度的燃料油，一般需经预热，使黏度降至一定水平。油品运动黏度是油品的动力黏度和密度的比值。运动黏度的单位是 Stokes，即斯托克斯，简称斯，或沲。当流体的动力黏度为 1 泊，密度为 $1g/cm^3$ 时的运动黏度为 1 斯托克斯。CST 是 Centistokes 的缩写，意思是厘斯（或厘沲），即 1 沲的百分之一。

二、管道输气工艺

1. 管道输气流程

　　天然气从开采到使用要经过五大环节：采气（集气）—净气—输气—储气—用气。管道输气工艺主要是根据气源条件及天然气组分，确定输气方式、流程和运行方案，现代天然气管道输送则普遍采用压气机提供压力能，对所输送的天然气的质量也有严格的要求。

　　长距离输气管道的构成与长距离输油管道类似，也包括首站、中间站、末站、干线管道以及辅助设施等部分，流程图如图 6-3-2 所示。

　　输气管道首站的主要功能是对进入管线的天然气进行分离、调压和计量。与输油不同的是，输气管道的首站可能不需增压（靠气井压力输至下一站），如陕京线的第一个增压站就设在离管线起点 100km 处。

　　来自气井的天然气先在集气站进行加热、降压、分离，计量后进入天然气处理厂，脱除水、硫化氢、二氧化碳，然后进入压气站，除尘、增压、冷却，再输入输气管道。在沿线输送过程中，压力逐渐下降，经中间压气站增压，输至终点调压计量站和储气库，再输往配气管网。气田井口压力降低时，则需建矿场压气站增压。输气管道系统流程如图 6-3-2所示。

　　根据功能不同，输气管道的中间站可分为接收站、分输站和压气站等。接收站的功能是接收沿线支线或气源的来气，分输站的功能是向沿线的支线或用户供气，压气站的功能是给气体增压。

　　天然气深冷到低于其沸点温度而成液态，称为液化天然气。它的体积只是气态的

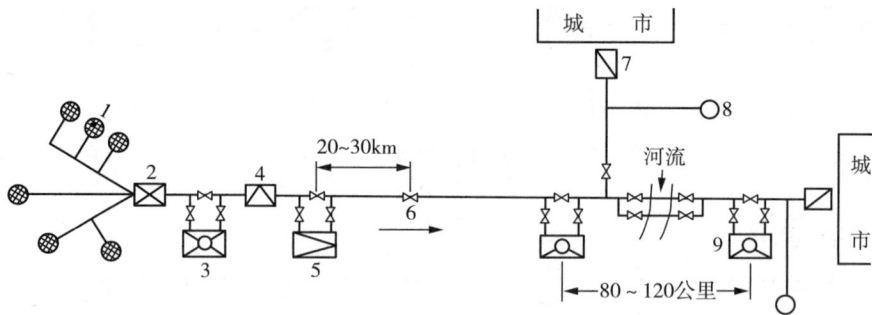

1—井场装置；2—集气站；3—矿场压气站；4—天然气处理厂；5—首站
6—截断阀；7—调压计量站；8—地下储气库；9—中间压气站

图 6-3-2　输气管道系统流程图

1/600，比重为 0.415～0.45。液化天然气储罐有地上和地下两种。大型地上液化天然气储罐多用低温韧性好的铝、镍合金或不锈钢的金属罐，也有用预应力钢筋混凝土建造的。地上的金属储罐均外包有聚氨酯泡沫塑料的绝热层。

在低温下长距离输送液化天然气的管道还处于试验阶段。大宗的液化天然气目前都用液化气船运输。液化天然气由船上卸入储罐中，经加温气化后使用。通常用海水加温，这一换热过程可作为巨大的工业冷源加以利用。液化天然气经气化后，进入管道系统，输往配气中心供给用户。

2. 压气站的设置

为提高天然气压力或补充天然气沿管道输送所消耗的压力，需要设置压气站。是否需要建设起点压气站，取决于气田压力，当气田压力能满足输气的需要时，可暂不建站。长距离输气管道必须在沿线建设若干个中间压气站，中间压气站的数目主要由输送距离和压缩比决定。站距主要由输气量确定，每个压气站都要消耗一部分天然气作燃料，因此输气量逐站减少，从而使各站距也有所不同。在确定站距时，应根据通过该站的实际输气量和进出口压力值，按输气量公式计算，还应综合考虑压气站址的地理、水源、电力、交通等条件。

3. 末端储气

利用输气管道末端的工作特点作为临时储气手段。末端长度对管道管径及压气站站数的确定有影响，因此也是输气工艺应考虑的问题。输气管道末端与中间各段的工作条件的差别是：中间各段的起终点流量基本相同，而末端的起终点天然气流量和压力则随终点外输量的变化而变化。气体外输量少时，多余的天然气就积存在末端；外输量大于输气管前段的输气量时，不足就由积存在末端中的天然气来补充。末端天然气流量变化的同时，其压力也随之变化，末端起终点压力的允许变化幅度决定末端储气量值。

案例分析：我国西北西南地区的"能源大动脉"——兰成渝成品油管道

兰成渝成品油管道是中国首条大口径、高压力、长距离成品油输送管道，于 1998 年 12 月开工，2002 年 9 月投产，被誉为西北西南地区的"能源大动脉"，也是西部大开发十大重点工程之一。

兰成渝成品油管道起于兰州、止于重庆,全长1250km,途经甘肃、陕西、四川、重庆等4个省市的40个县市区,沿途设分输泵3座,分输站10座,独立清管站1座,全线共有18个油库,总库容量为79.2万m³。兰成渝是一条大口径、长距离、高压力、大落差、自动化程度高、多介质顺序密闭输送的成品油管道。兰州至江油段管径508mm,江油至成都段管径457mm,成都至重庆段管径323.9mm。运输量由2012年以前的500万吨实际年输量,先后突破600万吨、700万吨,2018年实际年输量达到734.5万吨。

该管道是我国科技含量最高的输油管道,其全线采用计算机数据采集控制系统,通过全球卫星定位(GPS)系统对输油全程进行在线监控,并在我国首次采用超声波和注入荧光剂的方法区分油品界面,可在一条输油管道内进行汽油、柴油、煤油等多种石油产品的顺序输送。

2019年9月10日,中国石油西南管道公司成都分控中心监控数据显示,途经甘、陕、川、渝4省市的40个县市区的兰成渝成品油管道,已累计向沿线西北、西南地区输送成品油1亿吨。

思考题:

查阅资料思考,油品顺序输送时,需要考虑哪些影响混油的因素?

单元四　管道运输技术的发展与展望

学习目标:

1. 了解国外原油、成品油、天然气管道输送技术的发展趋势。
2. 了解我国油气管道技术的发展。
3. 认知和了解中国油气管道技术水平。

情境导入:

"十三五"末,中国输油气管道总里程长已超过16万km,储气库工作气量达到210亿 m³,LNG接收能力超过1900万吨/年,国内主干管网趋于完善,形成调度灵活,运行稳定,供应可靠的全国性油气储运网络。当前和今后一个时期,我国管道事业仍处于大有可为的发展机遇期,未来五年中国石油将新建管道6700km。

2023 年我国油气管道数据将实现全国一张网

国家管网集团于2019年12月9日挂牌成立。国家管网集团将全面接管原分属于三大石油公司的相关油气管道基础设施资产(业务)及人员,正式并网运营。该集团致力于将管道输送这一中间环节与上游资源、下游销售分开运营,并向第三方市场主体公平开放,更好地体现能源商品属性,发挥市场在资源配置中的决定性作用,释放竞争性环节市场活力,从而更好地服务国家战略、服务人民需要、服务行业发展。

过去,油气管网分属于不同公司,一般只服务于各自主体。国家管网集团成立后,将形成全新产业格局,实现管网的互联互通,构建"全国一张网",更好地在全国范围内调配油气资源,统筹规划建设运营,有利于促进管网建设,改善管网投资建设效益,有利于实现管网的全面互联互通。减少重复投资,促进加快管网建设,提升油气运输能力,保障油气能源安全稳定供应。

一、国外管道输送技术的发展

1. 输油泵调速节能技术

国内的输油泵运行效率要低于国外先进水平的10%~20%,有着大量的泵处在部分负荷的工作情况,工作流量比额定流量低,而工作压力比额定压力高。一般来说,使用阀门节流虽然在实际使用过程中非常有效率,但是会导致大量的能源出现浪费,是非常不经济的运行方法。当前,国外使用的大型输油泵普遍利用电机调速控制,节电率达到了

40％，节能效果非常明显。

2. 原油储罐的自动计量系统

当前，原油储罐的计量方式主要包含两种：一种是根据体积的计量方式，另外是基于质量的计量方式。国外很多石油公司大多是利用体积计量的方式，当中油罐自动计量系统是由测量系统和计算机监控系统两方面构成，当中对罐内油品的平均温度测量成了决定计量精度的关键问题。对于油气混输管道来讲，当前国外正在研究开发多相流质量流量计，这样的流量计能够让工艺变得更加简单，不需要直接对油、气、水进行分离就可以直接进行测量，将计量分离器和计量管汇取消，降低了建设和维护费用。

二、我国油气管道技术的发展

1. 石油管道防腐技术的新突破

石化装备腐蚀问题由来已久，在油田勘探与开发、油气管道输送、炼油化工等领域，随着生产工况环境的日益苛刻，腐蚀问题也不断加剧，行业急需提升装备防腐水平，推广先进防腐技术与材料，用新技术解决旧问题。石油管材及装备在油气勘探开发、输送储运、炼油化工中的投资比例占50％以上，而在服役过程中因腐蚀导致的失效占总失效事故的60％以上。全世界每年因金属腐蚀造成的直接经济损失超过7000亿美元，是地震、水灾、台风等自然灾害造成损失总和的6倍。

在国内长输管道建设中，热煨弯管防腐施工通常采用双层环氧粉末涂层、无溶剂液态环氧涂层，这种传统防腐层存在机械强度不足、绝缘强度不足、涂层破损严重、维修量大、与直管段3PE/3PP防腐质量不匹配等缺点，而热煨弯管3PE/3PP防腐层涂层恰好能够解决这些问题。

2. 热煨弯管国产化提速管道建设

弯管被管道建设者形象地称为管道的"腰"。没有各种角度的弯管，管道就不能蜿蜒千里、纵贯南北，管道建设也就只能是纸上谈兵。X80钢级直径1219mm管件及弯管产品是西气东输二线的重要组成部分，也是工程建设的技术关键点之一。我国管道机械公司针对弯管及管件在生产中存在的技术瓶颈难题进行攻关，成功开发了工程急需的X80钢级直径1219mm热煨弯管、管件等多项新产品，形成了规模化生产能力。西气东输一线直径1016mm、X70钢级的热煨弯管和快开盲板，需要依赖进口。西气东输二线管道直径变成了1219毫米，钢级增加到了X80，西二线西段工程建设中，我国公司热煨弯管中标超过50％，到了东段，几乎承担了全部的弯管生产任务。

目前，我国国产热煨弯管在广东LNG项目、西部原油成品油管道工程、川气东送管道工程、兰郑长成品油管道工程、永唐秦输气管道项目、西气东输二线管道工程、涩宁兰复线工程、中亚管道工程、兰成管道等大型重点工程项目上发挥了巨大的支撑和保障作用。

三、中国油气管道智能化建设的发展

2020年9月，山东省发展和改革委员会、山东省能源局、山东省科技厅等九部门联合印发我国首个《关于加快石油天然气管道智能化发展的意见》（简称《意见》）。油气管道智能化是在标准化、信息化和数字化基础上,深度融合人工智能、工业物联网、云计算、大数据等新一代信息技术,形成全面感知、综合预判、一体管控、自主学习、分析决策的智能系统,实现油气管道全生命周期的智能化运行。

目前,山东省油气管道智能化建设刚刚起步,存在标准规范不统一、技术装备不完备、平台支撑不完善等问题。《意见》提出,到 2025 年,初步形成全省统一的数字化和智能化标准体系。新建管道全面实施数字化交付,在役管道逐步实现数字化恢复。到 2030年,各类油气管道基本实现智能化。全面推广智能感知设备以及大数据、人工智能等技术应用,建立较为完备的智能化标准体系,实现管道的全数字化移交、全智能化运营、全生命周期管理。

案例分析:中俄东线天然气管道工程进气投产

2019 年 12 月 2 日,备受瞩目的中俄东线天然气管道工程(黑河—长岭段)进气投产。这条管道是我国当前管径最大,压力、钢级、输量最高的天然气管道,将与陕京输气系统、秦沈线等管道,以及沿线接收站、储气库等相连,形成互联互通。中俄东线是智能管道建设的试点,它的"大"和"高"是油气管道建设史上的又一次重大挑战,在建设过程中创新应用了一系列新技术、新设备、新材料,引领我国长输管道迈入新时代。

按照中俄两国签署的协议,俄罗斯每年向我国供气 380 亿 m^3。为安全高效完成这一输送任务,最终确定采用 1422mm 管径、X80 钢级、12MPa 设计压力、单管输送的方案。以中俄东线为例,在年输量相同的条件下,可比双管 1219mm 管径、X80 钢级、12MPa 输送方案节约投资 46 亿元,节省土地 2.27 万亩。

由于管径、钢级和压力的限制,主要材料和设备国际上除俄罗斯外鲜有供货业绩,为保证工程建设,自 2013 年开始,中国石油陆续开展多项国产化研制工作。在西二线压缩机组、大口径全焊接球阀国产化研制的基础上,进一步扩大国产化研制范围,各类产品性能达到国际先进水平。这些成果的应用,使中俄东线成为我国首条全面实现国产化的大口径高钢级天然气管道。

这些技术和装备主要有:一是 X80 管线钢及热煨弯管、全焊接球阀、快开盲板、绝缘接头、全自动焊机的研制,将口径从 1219mm 提高到 1422mm。二是管道设计院牵头开展了站场低温环境(零下 45 摄氏度)用 D1422 X80 钢管、感应加热弯管、三通等产品的研制,将低温性能从 −30℃ 降低到 −45℃,刷新了我国长输管道站场用管材、管件的制造能力。

这些国产技术与装备的全面应用,在保证管道安全可靠的同时,有效降低了工程建设和运营管理成本,为后续工程全面国产化提供借鉴,同时也促进了我国装备制造业水平的进一步提升。

思考题:

查阅资料,分析近年来我国油气管道建设在哪些技术上取得明显进展?

章节习题

一、填空题

1. 管道按照所在位置分为架空管道、_____和_____。
2. 管道运输按照运输对象分为：_____，_____，水浆管道。
3. 管道运输的组成部分包括：_____、压力站、_____、储存库。

二、单选题

1. 以下不属于管道运输的优点的是(　　)。

A. 运量大 　　　　　　　　　B. 稳定性强

C. 耗能低、效率高、成本低 　　　D. 灵活性强

2. 管道运输的特点有(　　)。

A. 运输时间短 　　B. 具有广泛性 　　C. 机动灵活 　　D. 限于单方向运输

3. 固定成本占总成本的比例最高的运输方式是(　　)。

A. 铁路运输 　　B. 水路运输 　　C. 管道运输 　　D. 航空运输

三、判断题

1. 管道不能运输固体。
2. 现代化的交通运输系统由铁路、公路、水路、航空四个部分组成。

四、简答题

1. 管道运输的优缺点主要有哪些？
2. 提高管道输送效率的措施有哪些？

主要参考文献

[1]孙启鹏,王庆云. 不同交通方式技术经济特性可比性研究框架设计[J]. 长安大学学报(社会科学版),2010,12(1):29-33.

[2]张雪芹,曹立新. 各种运输方式的技术经济特征比较分析[J]. 交通与运输(学术版),2013(1):170-172.

[3]钱民峰,王勇. 以多式联运为切入点　推进综合运输体系建设[N]. 中国交通报,2013-06-26(001).

[4]赵娜,袁家斌,徐晗. 智能交通系统综述[J]. 计算机科学,2014,41(11):7-11+45.

[5]真虹. 港口管理[M]. 2版. 北京:人民交通出版社,2009.

[6]沈玉如. 船舶货运[M]. 2版. 大连:大连海事大学出版社,2006.

[7]佟立本. 铁道概论[M]. 7版. 北京:中国铁道出版社,2016.

[8]杨浩. 交通运输概论[M]. 2版. 中国铁道出版社,2009.